피터 드러커

리더의
도전

혁신 기업을 만드는 경영의 기술

피터 드러커

PETER F. DRUCKER MANAGEMENT CASES

리더의 도전

피터 드러커 지음 | **김홍식** 옮김

한국경제신문

이 일을 어떻게 처리할 것인가

책에 담은 50가지의 경영사례는 하나같이 구체적 상황, 구체적 문제, 구체적 결정을 다루고 있다. 그 각각이 기업계와 공적서비스 조직에서 아주 빈번하게 벌어지는 전형적인 사례다. 각 사례가 다루는 상황, 문제 및 결정은 실제 경영의 상황, 경영의 문제, 경영의 결정과 상통한다. 다시 말해, 사람들이 경영 현장에서 현실로 대면해야 할 것, 해결해야 할 것, 결정해야 할 것들이다. 따라서 각 사례는 경영에 몸담은 사람이라면 늘 직면하게 되는 전형적인 상황과 문제와 결정을 다루고 있다. 또한 오늘의 경영자들과 학생들이 내일 또다시 부딪치게 될 전형적인 상황과 문제와 결정이기도 하다.

그러므로 이 책으로 공부하는 사람이든 가르치는 사람이라면 각 사례를 대할 때 "이 일을 어떻게 처리해야 할 것인가?"라는 질문에 대한 답을 구한다는 관점에서 접근해야 한다.

사례들은 개정한 《매니지먼트Management: Revised Edition》의 흐름에 맞춰 열 묶음으로 분류했다. 즉, 각 사례에는 주된 초점이 하나씩 있다. 또 경영에 수반하는 상황과 문제와 결정이 모두 그렇듯이 여기에서 다루는 사례들도 한 회사로서의 '조직'과 한 사람으로서의 '개인'에 관심을 둔다. 각 사례를 하나의 주된 포인트와 목적에 맞춰서 읽고 토론하면서 활용해도 좋고, 조직 내 인간행동의 복잡성을 들여다볼 관점을 얻기 위한 자료로 읽고 토론 하며 활용해도 좋다.

각 사례는 모두 실제 상황 속의 실제 사람들이 당면한 과제들을 다룬 다. 이 책의 독자들은 사례들을 그룹 토론의 주제로 삼아도 좋고, 소론을 쓰기 위한 주제로 삼아도 좋다. 주 교재 《매니지먼트》에서 독자들은 경영 의 원칙에 관한 여러 가지 정보와 예제를 습득했을 것이다. 이러한 내용 을 실무에 적용해보아야 비로소 자기 지식이 된다. 무엇보다도 자기 몸에 익은 진짜 지식을 얻도록 독자들을 돕는 데 이 사례들이 활용되는 것이야 말로 가장 바람직할 것이다.

—피터 드러커

리더는 지금 어떤 위치에 있는가

아무리 봐도 피터 드러커를 대신할 만한 사람은 없다. 일찍이 드러커 같은 사람은 없었고, 드러커는 유사한 사례를 찾기 어려운 그만의 전형으로 살았다. 그 전형의 모습이란 대단한 능력, 유일무이하고 독특한 자질, 무릎을 치지 않을 수 없는 숙달의 경지다. 이따금 우리에게 다가오는 그를 보면서, 그가 존재한다는 게 복이라고 느낄 정도였다. 그의 뒤를 따르려고 하는 우리들이 보기에 드러커의 미덕은 언젠가 뉴턴이 했던 그 말로 표현할 수밖에 없을 듯하다. "우리 난쟁이들은 거인의 어깨 위에 올라서서 더 멀리 볼 수 있는 축복을 받았다."

드러커와 인연을 맺은 지는 꽤 오래됐다. 내게 많은 가르침을 주었던 스승 더글러스 맥그리거Douglas McGregor가 나를 드러커에게 소개해줬다. 내가 메사추세츠 공과대학에서 박사학위를 막 마치고 맥그리거 교수님의 주선으로 처음 만난 뒤부터 드러커와 나는 가까운 사이로 지냈다. 내가 캘리포니아 남부로 거처를 옮긴 것은 1980년의 일인데, 그때 드러커와 그의 아내 도리스는 클레어몬트에서 살고 있었다. 캘리포니아로 옮겨간 직후 저녁식사나 같이 하자고 드러커가 나를 초대했는데, 그날 오후를 그의 집 수영장 옆에서 보내다가 저녁을 나누었다.

나는 드러커에게서 마치 형제와 같은 친근감을 느꼈다. 그와 함께 보낸 나날은 늘 재미있고 편안했다. 어언 20여 년을 같이 지내다 보니 꼭 큰형 같은 느낌이어서 기회가 날 때마다 나는 우리가 형제 사이나 다름없지 않느냐고 드러커에게 묻곤 했지만, 속 시원한 대답은 듣지 못했다. 태도는 비록 부드러웠지만 딱 잘라 말하는 그의 답을 들으면 항상 기분이 야릇했다. 드러커의 대답은 늘 이런 식이었다. "음…. 워런, 그렇지는 않아." 드러커는 늘 나에게 긴장을 놓지 못하게 하는 인물이었다.

이 책《피터 드러커 리더의 도전》을 자리매김하기에 앞서 "경영학 교육이 지금 어떤 위치에 있는가?"라는 질문을 먼저 던지고 싶다. 우리는 지금 놀랄 만큼 흥미로운 시기를 지나고 있다. 경영학(특히 경영학 석사과정)을 공부하고 가르친다는 게 도대체 무슨 의미가 있는 것인지 지켜보노라면 더욱 생각이 많아진다. 시시각각 수많은 논문이 쏟아지고 논쟁도 끊이지 않고 있다. 그 거반이 현실과 별 관련이 없다. 경영학 교육의 번창을 생각해보라. 지난 5년만 따져보아도 124퍼센트나 성장했다. 당연히 학교의 규모가 커지고 많아졌다는 게 중요한 것은 아니다.

1959년 매사추세츠 공과대학 역사상 처음으로 경영학 박사과정이 생겼을 때의 일이다. 이때 그 유명한 포드재단 보고서가 나왔고, 이 보고서로 인해 여러 경영대학원의 사정이 확 바뀌었다. 포드재단에서 보고서를 냈다는 사실에 더하여 거액의 후원금을 내놓았기 때문이다. 그 돈 덕분에 경영대학원 여러 곳이 새로 생겼다.

내가 경영학 교육에 몸담은 지는 꽤 오래됐다. 그동안 엄밀함과 현실 적합성은 언제나 팽팽한 긴장 관계에 있었다. 법과대학원이든 경영대학원이든 의과대학원이든, 모든 전문교육기관은 현업 실무자와 연구자 간의 긴장을 다룬다. 이 쌍방의 긴장이 전제될 때 비로소 창의적이고 건설적인 대안이 나올 수 있다.

이것은 이미 오래되고 해묵은 문제다. 시간을 거슬러 1950년대 말 1960년대 초의 일이 생각난다. 연구자 생활을 막 시작할 때였는데 하버드경영대학원에 아주 유명한 경영학 교수 한 분이 있었다. 그는 지금도 여전히 명성을 떨치고 있는 하워드 라이파Howard Raiffa인데, 경영학뿐 아니라 수학과 통계학에도 두루 조예가 깊었다. 당시 라이파는 인기 절정이었고 초빙하고자 하는 데도 많았다. 의사결정모델이 그의 연구 분야이고, '라이파 의사결정모델Raiffa Decision Model'로 유명한 분이기도 하다. 그가 어느 날 스탠포드대학교로부터 매우 구미가 당기는 제의를 받고 하버드경영대학원 학장을 찾아가 그 사실을 털어놓았다. "스탠포드로부터 어마어마한 제의가 왔습니다. 도무지 마음을 정할 수가 없군요." 당시 학장을 맡고 있던 조지 베이커George Baker는 이렇게 대꾸했다고 한다. "하워드, 의사결정모델을 많이 만들었잖소. 그걸 당신 사례에 적용해보면 되지 않겠소?" 하워드의 답은 이랬다. "물론 그렇겠지만, 이건 중요한 문제예요!"

이 일화에서도 드러나듯이, 학문에서 엄밀함과 현실 적합성 사이의 긴장은 매우 현실적인 문제다.

피터 드러커의 《매니지먼트》는 경영학 교육의 엄밀함을 구현하면서도 동시에 현실 적합성의 문제를 다루고 있다. 매니지먼트 사례들을 엮어 새로 편집해 펴내는 《피터 드러커 리더의 도전》은 현실 적합성을 엄밀함에 더 근접시킨다는 점에서 경영학 교과서 《매니지먼트》를 보완한다. 이제 세상에 나온 《매니지먼트》와 《피터 드러커 리더의 도전》이 두 권이 21세기를 맞은 학생과 경영자들이 엄밀함과 현실 적합성의 긴장을 풀어가는 데 훌륭히 쓰일 것이라 믿는다.

워런 베니스 Warren G. Bennis
로스앤젤레스에서, 2008년 2월

차례

Part 1

기업경영의 새로운 국면 · 15

Part 2

성공하는 기업이란 무엇인가 · 23

Part 3

조직의 위기와 가능성 · 43

Part 4

왜 일하는가 · 121

Part 5

기업의 사회적 책임 · 165

기업경영의
새로운
국면

・ C A S E ・

01

유한킴벌리의 새로운 패러다임: 인간존중*

Yuhan-Kimberly's New Paradigm: Respect for Human Dignity

인적자원 분야 컨설팅회사 휴잇어소시에이츠Hewitt Associates가 《월스트리트저널 아시아》의 의뢰로 수행한 연구에서 유한킴벌리는 2003년 '아시아 최고 고용주' 10대 회사에 이름을 올렸다. 유한킴벌리의 손승우 홍보실장의 말에 따르면 이러한 성과의 밑바탕은 유한킴벌리의 기업문화에서 찾을 수 있다.

유한킴벌리의 기업문화는 창업주 유일한 박사의 경영철학에 뿌리를 두고 있다. 그의 경영원칙 다섯 가지는 '인간존중', '고객만족', '사회적 책

---

* 이 사례는 피터드러커마사토시이토 경영대학원Peter F. Drucker and Masatoshi Ito Graduate School of Management의 민 S. 신Min S. Shin이 작성했고, 조지프 마셔리엘로 교수가 감수를 맡았다. 2008년 1월, 유한킴벌리의 최고경영자인 문국현 사장의 배려로 사례연구에 쓰인 일차 자료를 입수했다.

임', '가치창조', '혁신추구'다.

이 사례에서는 유한킴벌리의 첫 번째 경영원칙인 '인간존중'이 회사의 성과에 가져온 결과를 살펴보고자 한다. '인간존중'이라는 경영원칙은 한마디로 말해 회사가 피고용자를 생산원료(즉 사업비용)로 취급하지 않고 함께 성장할 가족의 일원으로 여기는 것을 뜻한다.

'4조 2교대 시스템'과 '평생학습 패러다임'은 이 경영원칙을 적용한 결과다. 유한킴벌리는 '인간존중'이 생산성과 직결된다고 보았다. 아래의 [그림 1.1]은 이를 예시한 것이다.

대다수 평론가들이 유한킴벌리가 거둔 경제적 성공의 부분적 이유를 경영원칙의 밑바탕인 '인간존중'의 실천에서 찾고 있다.

유한킴벌리의 전직 최고경영자 겸 사장인 문국현은 조직의 구조조정과 대량해고를 가리켜 **낡고 비생산적인 관행**이라고 힘주어 강조한다. 그는

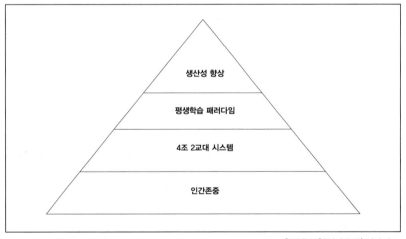

생산성 향상

평생학습 패러다임

4조 2교대 시스템

인간존중

[그림 1.1] '인간존중' 피라미드

피고용자 계발에 투자하는 **새 관행**이야말로 회사가 활용할 수 있는 가장 이로운 행동이라는 사실을 요즘 경영환경의 대다수 지도자들이 이해하지 못한다고 안타까움을 토로한다.

4조 2교대 시스템

유한킴벌리는 1990년대 말(1997~1999년 즈음) 아시아 경제위기를 맞아 일부 생산라인을 6개월 넘게 중단해야 하는 초유의 사태에 직면했다. 이러한 상황은 '인간존중' 원칙을 현실에 적용하게 되는 결정적 계기가 되었다.

이 기간에 유한킴벌리가 공장을 돌리는 조업시간은 50퍼센트 넘게 줄었다. 구조조정만이 유일한 해결책처럼 여겨졌다. 하지만 구조조정이 화제에 오르는 즉시 노사 간에 팽팽한 긴장감이 유발됐다.

해고해야 할 '잉여 노동력'이 전체 인력의 약 40퍼센트에 달했다. 잉여 노동력이 이 정도라면 대다수 기업체가 주저 없이 대량해고를 택할 것이다. 하지만 문국현 사장은 혁신적인 해결책을 모색했다.

문국현 사장이 대량해고 대신에 생각해낸 것은 일자리를 공유하는 시스템이었다. '4조 2교대 시스템'이 그것이다. 이러한 시스템을 채용할 경우, 실제 노동비용이 오히려 늘어날 수도 있어서 재정난이 더 악화될 가능성이 있었다. 그러나 문국현 사장은 해고 논의를 철회하고 인간 본위의 경영을 밀고 나가는 게 궁극적으로 비용증가를 극복하는 길이라고

민었다.

 4조 2교대 시스템을 처음 도입했을 때 종업원들조차도 새 시스템에 회의적이었고 심지어 반대하는 분위기였다. 시간 외 근무수당이 줄어들면 급여 또한 줄어들 것을 두려워했기 때문이다. 하지만 아시아 경제위기의 골이 깊어짐에 따라 종업원들도 회사 방침을 따르기 시작했다.

 4조 2교대 시스템은 주간근무팀 한 조가 나흘 동안 오전 7시부터 오후 7시까지 일하고, 야간근무팀 한 조가 교대하여 오후 7시부터 다음 날 오전 7시까지 일하는 방식이다. 이렇게 나흘이 지나면 다른 두 조가 짝을 이루어 주간근무와 야간근무를 넘겨받는다. 먼저 일한 두 조는 이 나흘 동안 근무를 쉰다(사흘간의 휴식 및 하루의 유급 훈련).

 '4조 2교대 시스템'은 도입과 거의 동시에 효과를 나타내기 시작했다. 근로자들의 생산성이 극적으로 상승했던 것이다. 이들은 충분한 휴식기간 동안 활력을 되찾을 수 있었고, 교육훈련을 지속적으로 이어갈 시간적 여유도 충분했다. 더불어 유한킴벌리는 생산라인을 중단할 필요도 없었다.

 새 근무 시스템의 성과로 매출은 1996년 3억 3,200만 달러에서 2003년

	월	화	수	목	금	토	일	월	화	수	목	금	토	일
A 팀	주간	주간	주간	주간	훈련	비번	비번	비번	야간	야간	야간	야간	비번	비번 …
B 팀	비번	비번	비번	훈련	주간	주간	주간	주간	비번	비번	비번	비번	야간	야간 …
C 팀	야간	야간	야간	야간	비번	비번	비번	훈련	주간	주간	주간	주간	비번	비번 …
D 팀	훈련	비번	비번	비번	야간	야간	야간	야간	비번	비번	비번	훈련	주간	주간 …

[그림 1.2] 4조 2교대 시스템의 근무 일정

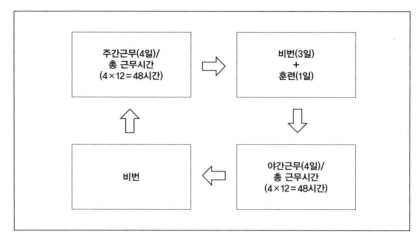

[그림 1.3] 16일 조업 주기의 흐름

7억 400만 달러로 두 배 넘게 증가했다. 순이익 또한 같은 기간에 1,440만 달러에서 9,040만 달러로 여섯 배가 증가했다. 하지만 일자리 공유 시스템 초기부터 개인 근무시간은 연간 150시간 단축됐고, 개인 급여는 불과 6퍼센트 감소했다.

평생학습―패러다임의 변화

유한킴벌리는 회사 예산으로 초급 및 고급 컴퓨터, 외국어, 직능 교육과 같은 사내교육 기회를 근로자들에게 제공했다. 사외교육도 진작하기 위해 교육비용의 70퍼센트를 회사가 부담하기로 했다. 새 시스템과 더불어 근로자들 사이에 '평생학습 패러다임'이 자리 잡았다. 문국현 사장은 육체근로자를 지식근로자로 전환하는 데 지속적인 교육이 절실하다는 신념을 고수했다. 이러한 근로자들은 아이디어도 많이 내고 주도적으로 판단하는 일도 많아진다는 것이다.

새 시스템을 도입하고 패러다임을 전환한 직후 1년 동안 근로자들이 내놓은 업무개선 및 혁신 아이디어는 전보다 1,200건이나 늘어났다. 그 다음 해인 2년차부터 생산성이 눈에 띄게 높아졌고 근로자 개인별로 지급하는 생산성 격려금 또한 늘어났다. 결과적으로 새 시스템을 도입하기 전보다 근로자들이 받아가는 급여가 많아지게 됐다. 이와 같은 인상적인 결과와 더불어 새 시스템은 성공적인 혁신을 가져왔다. 고용이 늘었을 뿐 아니라 생산성도 향상됐고 근로자들의 지식기반도 확충됐다.

질문

- 유한킴벌리의 근무교대 시스템이 성공하게 된 배경에는 인간 본성의 어떠한 측면이 작용했던 것일까?
- 이와 같은 유한킴벌리의 시스템으로 높은 생산성과 수익성을 달성할 수 있다면, 왜 더 많은 기업들이 이 시스템을 활용하지 않는 것인가?
- 당신이 잘 알고 있는 기업을 생각해보라. 이러한 시스템의 도입을 가로막는 요인은 무엇이겠는가?

Part 2

성공하는
기업이란
무엇인가

PETER F. DRUCKER MANAGEMENT CASES

02

우리 사업의 개념은 무엇인가
What is Our Business?

빌 캘러핸Bill Callahan의 머릿속에는 소매 매장에서 일했던 기억밖에 없다. 사실 그는 소매 매장에서 살다시피 했다. 그의 아버지는 필라델피아 남부에 작은 정육점을 운영하는 주인이었다. 빌은 걸음마를 하던 어린 시절부터 정육점에서 놀았고, 빗자루질을 할 수 있는 나이가 되고부터 그곳에서 일했다. 학교를 다니고 대학에 들어가서도 주말마다 가게에서 일했다. 군대에 입대해서는 곧바로 영내 판매점의 운영을 맡게 됐다. 소매 업무 하나하나를 즐겼던 빌은 현금등록기가 쉴 새 없이 울려대는 커다란 슈퍼마켓의 주인이 되겠다는 꿈을 갖고 있었다.

빌은 8~9세 때부터 소매 매장을 연쇄점으로 키워가자는 생각을 했다. 1960년대 중반 군에서 제대하던 날, 빌은 이 목표를 향해 첫발을 내딛었다. 아울러 그가 차릴 연쇄점은 다른 곳들과 아주 차별되게 만들자고 마음먹었다. 그에게는 소매 사업의 성공 요인에 대한 확고한 믿음과 자신감이 있었다. 빌은 "소매상 입장에서 아무리 날고뛰어봐야 더 좋은 상품은 물론, 색다른 상품을 내놓을 재주가 없다"고 자기 생각을 피력했다. "소매상이 할 수 있는 일은, 첫째로 장 보는 일이 즐겁고 친근하고 재미있게끔 만드는 것이다. 둘째로, 매장을 직원들이 일하고 싶어 하는 곳이자 각자 자기 사업으로 여기도록 만드는 일이다."

빌 캘러핸은 세 가지 방식으로 이 목표를 추진하고자 했다. 첫째, 단위 연쇄점 사업마다 많은 매장을 둘 수 없도록 규정했다. 즉, 연쇄점 사업의 소유주 겸 경영자 한 사람이 모범을 보이는 한편, 자주 방문해 직접 관리할 수 있는 매장의 개수를 제한해야 한다는 것이다. 둘째, 각 매장마다 다른 곳들과 구분되는 강점이 있어야 한다는 점이다. 셋째, 각 매장의 핵심인력인 점장과 파트장에게는 매장의 성과를 나눠 가질 소유지분이 주어져야 한다는 점이다. 캘러핸은 첫 매장으로 대도시권 외곽에 중형 규모의 슈퍼마켓을 차렸다. 입주 건물의 이전 사업자가 파산한 덕분에 그는 값싸게 임대 공간을 얻을 수 있었다.

캘러핸의 매장은 세 달이 채 지나기 전에 번창하기 시작했다. 이에 대한 캘러핸의 설명을 들어보면 이렇다. "모름지기 슈퍼마켓에서 돋보여야 할 분야를 중심으로 생각했을 뿐입니다. 바로 육류와 신선식품이지요. 다른 것들은 전부 제조업자들에게서 받아오는 포장제품들이니까요. 그래서 육류와 신선식품 코너는 누가 보더라도 훌륭하다고 칭찬할 때까지 제가 직접 경영했습니다. 둘째로, 작은 매장을 부각시킬 만한 특징을 고민했습니다. 생각 끝에 그 동네 슈퍼마켓으로서는 처음으로 화훼 코너를 설치했습니다. 화훼 코너가 들어서니까 매장 분위기가 생기 있어지고 눈길도 끌게 됐죠, 화훼 코너 자체도 큰돈을 벌었습니다. 셋째로, 고객이 어느 매장을 다시 찾게 되는지, 그 이유를 저는 잘 알고 있었죠. 어떻게 대해주느냐에 따라 고객들의 마음은 달라지기 마련입니다. 그래서 직원들 하나하나에게 손님의 마음에 새길 때까지 친절하고, 친절하고, 또 친절하라고 강조했습니다."

첫 매장 문을 열고 아홉 달이 지나 캘러핸은 두 번째 매장을 열었다. 본인은 새로 연 매장의 관리자로 옮기기로 하고, 첫 번째 매장의 점장을 맡을 후임자에게 매장 이익의 상당한 지분이 돌아가도록 배려했다. 점장 아래 각 파트장부터 밑으로 계산대 담당 직원에 이르기까지 차등을 둬서 매장 이익이 고루 분배되도록 지분을 할당했다.

그리고 나서 캘러핸은 슈퍼마켓 매장을 더 이상 열지 않고, 새로운 업종인 화원 연쇄점을 열기로 했다. 화원 연쇄점에서도 이전과 똑같은 방식을 따랐고, 이어서 자기 집을 직접 관리하는 주택 소유자들을 겨냥해 수작업 공구와 소형 전동공구들을 판매하는 집수리 센터 연쇄점을 차렸다. 그다음에는 각종 인사장과 카드를 판매하는 소형 1인 매장 연쇄점을 시작했다. 매출 회전율이 높은 사업이었다.

첫 슈퍼마켓 매장을 연 지 30년 뒤 캘러핸은 네 종류의 연쇄점 사업과 총 40개 매장을 거느린 회사로 캘러핸어소시에이츠Callahan Associates를 설립했다. 총매출이 연간 1억 5,000만 달러가 넘었다. 각 연쇄점 사업마다 한 사람의 본부장을 지명해 경영을 맡겼다. 이들 모두 계산대 직원이나

점원으로 시작해 매장 관리를 하면서 성장한 사람들이었다. 재무담당 임원과 인사담당 임원도 밑바닥에서부터 성장한 매장 관리인이었고, 이들과 캘러핸과 본부장 네 사람이 캘러핸어소시에이츠의 경영위원회를 구성했다. 각 연쇄점 사업의 본부장은 캘러핸어소시에이츠 본사 이익에도 참여하고 동시에 자기가 직접 경영하는 연쇄점의 이익에도 참여했는데, 본사 참여지분은 적고 자기 담당 연쇄점의 참여지분은 컸다. 마찬가지로 각 본부장 산하의 점장들은 연쇄점 전체 이익의 적은 지분에 참여하고, 자기 매장 이익의 큰 지분에 참여했다. 이런 식으로 차등을 둬서 18개월 이상 근속한 직원들 모두가 이익분배에 참여하도록 했다.

캘러핸은 직원들에게 승진 기회를 주기 위해서는 회사가 성장해야 한다는 생각이 확고했다. 반면 어느 연쇄점 사업이라도 한 사람이 사업의 구석구석까지 잘 파악해서 용이하게 관리할 수 있는 규모 이상으로 성장해서는 안 된다는 것도 잘 알고 있었다. 그 말은 결국 6~7년마다 한 번씩 신규 사업에 진출해야 함을 뜻했다.

사정이 이렇다 보니 그가 슈퍼마켓 첫 매장을 연 지 정확히 30년이 지난 1995년 가을(6년을 한 주기로 치면 5번째 주기를 맞게 된 시점), 새로 진출해야 할 신규 사업을 찾아야 하는 시점이 왔다. 캘러핸은 고민 끝에 가장 유망한 업종으로 두 개를 골랐다. 하나는 청바지, 부츠, 웨스턴셔츠 등을 다루는 야외복 연쇄점이었고, 다른 하나는 스테이크, 로스트비프, 닭요리를 다루는 간이 레스토랑 연쇄점이었다. 하지만 신규 사업은 한 번에 하나만 선택하여 집중해야 한다는 사실을 캘러핸도 잘 알고 있었다. 신규 사업을 정상 궤도에 올려놓는 게 얼마나 어려운지 충분히 배웠고, 사업 초기 첫 2~3년 동안 자기 시간의 대부분을 투자해야 한다는 점도 경험으로 알고 있었기 때문이다.

캘러핸어소시에이츠는 주된 사안을 모두 경영위원회에서 만장일치로 결정하는 정책을 고수했다. 예전에는 정책이랄 것도 없이 경영위원들이 캘러핸의 통솔을 따르다 보니 자연스럽게 그리됐었다. 하지만 캘러핸이 새로운 사업확장안을 제시하자 예상 밖으로 반대가 거셌다. 그 시점이 신규 사업에 들어가야 할 때라는 점은 모두가 인정하는 바였다. 또 한 번에 한 가지 사업에만 집중해야 한다는 생각도 똑같았다. 게다가 캘러핸이 선정한 두 업종 모두 전망이 아주 좋다는 점에 대해서도 모든 경영위원의 생각이 일치하는 것 같았다. 하지만 경영위원의 절반이 패션(야외복 판매)과 관계된 사업에는 한사코 반대했다. 또 나머지 절반은 개인서비스 사업(레스토랑) 진출에 대해서 한사코 반대했다.

"식품과 가정용 제품에 대해서는 아는 게 많다"고 주장하는 첫 번째 그룹은 다음과 같이 이야기했다. "우리 고객들은 가정주부와 주택 소유자들입니다. 야외복은 일단 아이들 옷이 주류를 이루며, 스타일과 광고 판촉 그리고 성적 매력을 다루는 일이죠. 우리가 잘하는 일이 아닙니다." 두 번째 그룹은 다음과 같이 주장했다. "레스토랑은 우리에게 잘 맞는 일이 아닙니다. 물건을 파는 일은 우리가 잘 아는데, 레스토랑은 서비스와 분위기가 중요한 일이고, 요리도 해야 하는 데다 손님 시중을 들어야 합니다. 우리가 잘하는 일이 아닙니다."

캘러핸은 화를 억누르며 말했다. "좋습니다. 여러분들은 뭐가 우리 사업이 **아닌지** 말해주었습니다. 우리 사업이 무엇이고 어떤 것이어야 하는

지 결정하려면 어떻게 풀어가야 할까요? 두 업종 모두 사업 기회가 좋다는 데 여러분도 동의하셨습니다. 그렇다면 우리가 따져봐야 할 일은 **우리가 할 일**이 무엇이고, **우리가 무엇을 할 수 있으며, 우리가 확신하는 게 무엇인가** 하는 문제입니다."

질문

- 마지막에 나온 질문을 어떻게 풀어가면 좋겠는가?

성장기업이란 무엇인가
What Is a Growth Company?

미국 대도시권 한 곳에 빵과 케이크를 만드는 역사가 오래된 제빵회사가 있었다. 이미 성공적으로 자리를 잡아 곳곳에 매장도 많이 거느린 상장회사였다.

증시에 상장된 대형 사모투자회사private-equity firm가 이 제빵회사를 주목하고 있다가 전격 인수하기로 결정을 내렸다. 제빵회사는 주식이 순이익의 8배에 거래되던 상장회사였는데(즉 주가수익비율=8), 인수를 제의한 사모투자회사 측에서는 제빵회사의 주식 값을 순이익의 14배로 쳐서 매입하겠다고 나섰다. 그야말로 거절하기 어려울 만큼 호의적인 매수가였다.

사모투자회사는 주가수익비율이 22에 달하는 자사 주식으로 인수대금을 치렀다. 그러니 합병은 양측 모두에게 좋은 일이었다.*

이 제빵회사는 스웨덴 출신 이민자가 1890년에 창업했는데, 중년에 접어든 그 손자가 사장을 맡아 활발하게 경영하고 있었다. 그는 회사를 매각하면서 5년 계약으로 사장직에 머물기로 했다.

인수합병이 성사되고 여섯 달이 지났을 때였다. 사모투자회사 사장이 긴히 이야기할 게 있다며 제빵회사 사장을 뉴욕 본사로 불러들였다. 사모투자회사 사장이 먼저 말을 꺼냈다.

"존, 봅시다. 우리 회사의 정책을 잘 아시겠지만, 각 사업 부문마다 매년 10퍼센트 성장을 통해 적어도 세전 투자수익률 15퍼센트를 달성하는 게 목표입니다. 지금 제빵회사 부문은 연간 성장률이 1~2퍼센트에 불과하고 세전 수익률도 7퍼센트밖에 안 됩니다. 정기예금 수익률에 불과한 수준이죠. 당신 사업의 성장률과 이익률이 우리 목표에 부합하게끔 개선 방안을 마련하고자 사내 전문가들을 불러 모았습니다. 이들과 머리를 맞대고 협의해주셔야겠습니다."

이 말에 제빵회사 사장은 다음과 같이 대답했다. "염려가 되는군요. 그런 논의는 그 전문가들의 시간뿐 아니라 제 시간도 낭비하게 될 것 같습

---

* 주가수익비율price-earnings ratio(PER)은 주가를 주당 순이익earnings per share(EPS)으로 나눈 값으로, 해당 기업의 이익성장력을 주식시장이 얼마나 높게 평가해주는지 보여주는 지표다. PER이 높은(즉 주가에 비해 EPS가 낮은) 기업이 PER이 낮은(즉 주가에 비해 EPS가 높은) 기업을 매입해 합병하면 합병 후 기업의 EPS가 높아지는 효과가 나타난다. 따라서 인수 측 회사의 주가수익비율에 변동이 없다고 가정하면 인수 측 회사 주주는 주가가 올라 이득을 보게 되고, 피인수 측 회사 주주는 회사지분을 매각할 때 매도차익으로 이득을 보게 된다(옮긴이).

니다. 제빵사업은 성장사업이 아닙니다. 제빵사업을 성장사업으로 바꿔 놓을 마법은 없지요. 사람들이 먹는 빵의 양은 갑자기 늘어나지 않습니다. 케이크는 더욱 그렇고요. 소득이 늘면 오히려 소비량을 줄이는 게 빵과 케이크입니다. 그 대신에 제빵사업은 경기가 안 좋아질 때 잘 버티는 속성이 있습니다. 혹독한 경기침체가 닥칠 때면 우리 사업 실적이 가장 돋보이게 될 겁니다. 하지만 우리 사업의 성장 속도가 인구 성장률을 앞지를 수는 없습니다. 이익에 관해서 보자면, 우리가 버는 이익은 효율성에서 나오기 때문에 효율성을 더 높일 필요는 분명히 있습니다. 하지만 그러기 위해서는 자동화를 도입해야 하기 때문에 상당한 액수의 투자금이 필요합니다. 우리의 주가수익비율로는 그만한 투자에 필요한 자금을 조달할 수 있다고 생각해본 적이 없습니다. 또 자동화를 도입한다고 해도 우리의 세전 수익률은 기껏해야 12퍼센트를 넘지 못할 겁니다."

"그건 용납할 수가 없습니다!" 본사 사장은 화가 나 소리를 질렀다. 제빵회사 사장은 침착하게 고개를 끄덕이며 "그렇군요"라고 하더니 말을 이었다. "사실 우리 회사를 사들이시겠다는 제의를 선뜻 받아들였던 건 바로 지금 말씀드린 그 이유 때문이었습니다. 저희 집안 돈은 전부 이 회사에 들어가 있었는데, 그 돈을 빼내서 좀 더 매력적인 데 투자하고 싶었거든요. 인수대금으로 치러주신 본사 주식을 우리 집안사람들이 모두 매도했던 것도 그 때문입니다. 또 사장님이 제 고용계약을 수용해주시길 희망했던 것도 마찬가지 이유에서였고요. 제빵회사를 성장기업으로 키우고 싶으시다면, 이번에는 제 몸과 머리도 사들이셔야 하겠군요. 정말이지 그런 방도는 떠오르지 않으니 말입니다."

질문

- 최저 자본비용(즉 금리비용)보다 수익성이 낮고 효율화에 필요한 자본 조달마저 불가능한 기업체에 만족할 수 있겠는가? 만족할 수 없다면 어떤 시도를 해야겠는가?

- 이 사례에서 누구의 이야기가 옳은가? 제빵회사와 같은 사업에서는 15퍼센트의 이익률을 거둘 수 없다고 말하는 사람이 옳은가, 아니면 시장이 있는 한 투자 자금을 유치할 정도의 수익률을 내는 게 경영진의 임무라고 하는 사람이 옳은가? 두 사람 다 틀린 것인가? 아니면 둘 다 옳다고 할 수도 있는가?

04

소규모 다국적기업으로 성공하기

Success in the Small Multinational

다국적기업은 규모가 아주 커야 한다는 게 일반적인 생각이다. 무릇 다국적기업이라면 매출이 적어도 2억 달러는 되어야 한다는 것이 통념적인 기준이기도 하다. 하지만 실상을 보면 일부러 작은 규모를 유지하는 기업들도 있고, 작다는 그 이유 때문에 탁월한 성공신화를 만들어낸 소기업들도 아주 많다.

규모가 작으면서도 매우 성공적인 다국적기업을 찾아보자면 스위스 회사 우라니아Urania A.G.가 좋은 사례다. 스위스 동부에 글라루스Glarus라는 작은 도시가 있는데, 도시라기보다는 마을이라고 부르는 게 더 어울리는 작은 곳이다. 우라니아는 바로 이곳에 자리 잡고 있는 작은 회사다. 우라니아의 역사는 아주 특이하다. 본래 성공과는 전혀 거리가 먼 회사였고,

1960년대 말 거의 파산 상태에 이르러 청산 직전까지 간 전적이 있다.

이 회사의 이야기는 한 사람으로부터 시작된다. 이제 90대에 접어든 크리스천 블런칠리Christian Bluntschli라는 사람이다. 그는 스위스 취리히에서 공학을 공부했고, 1930년대 초에 교환학생으로 미국 필라델피아 소재 와튼경영대학원에 갔다. 이곳에 눌러앉아 쭉 공부한 끝에 석사학위도 마치고 박사학위까지 받았다. 그리고 나서 스위스로 돌아가자마자 스위스의 첫 경영대학원인 코머셜유니버시티Commercial University(장크트갈렌St. Gallen에 위치함)에 교수로 채용됐다. 그는 대학에서 아주 특출 나고 학생들로부터 인기 있는 재무학 교수로 이름을 떨치며 1960년대 말까지 학교에 머물렀다. 이후 그는 교편을 놓고 스위스 대형은행 한곳에 이코노미스트로 자리를 옮겼는데, 은행에서 하는 일은 지루하기 짝이 없었다. 때마침 와튼경영대학원에서 교수로 와 달라는 제의를 받았고, 블런칠리는 이참에 훌훌 털고 필라델피아로 떠나야겠다고 마음먹었다.

그런데 블런칠리가 사직서를 제출하기 직전, 행장이 그를 불렀다. "이보게, 좀 특이한 일이긴 한데 자네가 좀 맡아주었으면 해서 말이야. 정밀기어를 만드는 작은 회사에 큰돈을 융자해준 건이 있네. 글라루스에 있는 우라니아라는 회사인데 우리가 회사 지분의 약 35퍼센트나 가지고 있어. 그런데 이 회사 사정이 아주 심각한 것 같아. 사실은 이미 완전히 파산한 건 아닌지 미심쩍다네. 청산밖에는 다른 길이 없어 보이지만, 가난한 시골 지역에서 가장 큰 고용주다 보니 회사 문을 닫게 만들면 우리 이미지가 실추될까 봐 고민이라네. 자네가 글라루스에 직접 가서 그 회사 속사정 좀 살펴볼 수 있겠나? 과연 구제해줄 가치가 있는 회사인지 아닌지 자네 생각을 알려주게."

블런칠리가 글라루스에 가보니, 그가 짐작했던 것보다 사정은 훨씬 심각했다. 이 회사는 20세기 초에 한참 유행하던 톱니궤도식 철도용 기어를 공급하던 세계적인 회사였다. 하지만 톱니궤도식 철도는 이미 유행이 지나서 케이블카와 회전로프로 교체되었다. 그런데도 우라니아는 새로 교체된 철도시스템에 공급할 만한 제품이 변변히 없었고, 있다고 해도 어떻게든 팔아보겠다는 의욕마저 없었다. 그 대신에 구식 톱니궤도식 철도회사의 유지보수에 필요한 서비스 인력과 부품 재고를 엄청난 규모로 세계 곳곳에 구축해놓고 있는 실정이었다. 예를 들어 일본에만 부품 공급과 유지보수 업무를 보는 유급 기사로 스물여덟 명을 두고 있었는데, 고객 회사라고 해봐야 열두 곳에 불과했고, 이들 모두 적자를 내면서 망해가는 형편이었다. 그뿐 아니라 우라니아를 경영하는 사람들은 그들의 시간과 회사자금을 여기저기 다양한 분야에 계획 없이 써버렸다. 확보해놓은 특허는 상당히 많았지만, 그걸로 이익을 창출하려는 어떤 노력도 기울이지 않았다. 특허사용권을 주고 다른 업체를 활용할 생각은 못하고 그저하던 대로 제품 만드는 일에만 주력할 뿐이었다. 특허권을 따낸 분야 중제조역량이 따라주는 경우도 별로 없었는데, 제조역량이 안 되면 그냥 손을 놓은 채 아무 일도 하지 않았던 것이다.

블런칠리 입장에서는 문제를 따져보면 따져볼수록 갑갑하기만 했다. 하지만 고무적인 게 하나 있었는데, 전 세계에 구축해놓은 서비스 역량이 대단히 탁월하다는 점이었다. 마침내 그는 최종 결정을 내렸다. 그의 말인즉 "잠시 정신이 나갔는지" 우라니아를 직접 경영하고 싶어졌다는 것이었다. 그는 은행으로 돌아와 관계자들에게 말했다. "전혀 가망이 없는 회사입니다. 이 회사 지분을 사려면 전부 얼마나 들까요?" 블런칠리는 잠시 잃었던 제정신을 되찾지 못하고, 파산 상태의 회사 지분을 전부 매입했다. 영업기반도 없고, 운전자본도 없으며, 자산도 없는 회사였다. 단 하나의 장점이 있다면 세계에 두루 퍼져 있는 뛰어난 서비스 인력뿐이었다.

이것이 실제로 1960년대에 일어났던 일이다. 오늘날 우라니아는 규모는 작지만 세계적으로 수익성이 뛰어난 회사로 알려져 있다. 고용 인력은 여전히 900명 정도에 불과하다. 하지만 특수운송 분야의 정밀기어 장치에서 가장 앞서가는 선두업체로 손꼽힌다. 특수운송 분야라고 하면 케이블카, 스키회전로프, 광산 곤돌라와 같은 분야들이고, 그 밖에 선박용 컨테이너 적재 장비에 필요한 특수기어 장치 등 다양한 분야에서 선두업체로 활약하고 있다. 우라니아는 현재 약 30개국에 제조공장을 가동하고 있다. 특허권을 획득해 판매하는 장비가 여러 종류에 달하지만, 직접 제조하는 것은 각 장비에 들어가는 한두 개 부품뿐이다. 부품 가운데 표준화된 것들은 즉각 외주조달로 돌려서 회사 바깥에서 제조해 들여온다. 우라니아가 집중하는 것은 여전히 서비스이고 특히 디자인 서비스를 핵심역량으로 삼고 있다. 게다가 지금은 유지보수에 그치는 것이 아니라 돈을 받는 서비스를 제공하고 있으며, 여기에서 전 세계 고용 인력에 급여를 지급하고 남는 이익을 거두고 있다. 서비스 외에 직접 판매하는 장비 전 품목에서도 납품업체들에게 지불해주는 원가를 제외하고 흑자를 내고 있다.

어떻게 그 길을 가게 되었냐고 블런칠리에게 물어보면 그는 웃으며 이렇게 말한다. "누가 보더라도 뻔한 일이었죠. 어느 교과서에나 나오는 것들을 했던 것뿐입니다."

질문

- 우라니아의 이전 소유주, 경영진, 은행 관계자들은 회사에 전혀 손도 대지 못했다. 이들과 달리 블런칠리가 했던 일은 무엇이었겠는가?

05

사업으로서의 의료서비스
Health Care as a Business

첨단기술 분야를 오랫동안 주도하면서 미국의 주력 제조업체로 자리 잡은 회사의 이야기를 소개한다. 이 회사는 1985년경 미래의 성장 여력은 그들의 주력 분야인 전통적인 '하드웨어'가 아니라 지역사회 서비스에서 나올 것이라고 판단했다. 그들이 주된 성장산업으로 지목한 업종 가운데 하나가 의료서비스였다.

그들은 병원을 연구할 목적으로 특수임무팀task force를 조직했다. 병원이란 곳과 병원 경영에 대해 알아보고, 무엇이 필요하며, 어떻게 지휘해야 하는지 살펴볼 목적이었다. 이들은 첫 과제로 병원의 속사정을 들여다보기로 했고, 일단 사업성이 얼마나 좋을지는 따지지 않기로 했다. 특수임무팀은 먼저 병원이 갖추어야 할 올바른 모습과 그 가능성을 판단하는

데 중점을 두기로 했다. 병원의 사업성 자체는 나중에 가서 따져보자고 줄기를 잡았다.

1년 동안의 연구 끝에 특수임무팀은 병원의 사정을 알아보기 위한 가장 좋은 길은 병원 컨설팅을 시작하는 것이라고 결정했다. 이에 따라 소규모 인력으로 병원 컨설팅 업무를 구축했다. 곧이어 이 조직은 다양한 유형의 병원들로부터 과제를 수임하면서 병원 컨설팅 분야의 주력 회사로 성장했다. 물론 수임한 과제들도 성공적으로 수행했다.

이와 병행하여 '이상적인 병원'을 연구하고 설계하는 작업도 계속 진행됐다. 병원 컨설팅 업무가 성공적인 사업으로 자리를 잡은 뒤에 특수임무팀은 최고경영진에게 다음과 같이 보고했다. "저희 생각에 병원이 대대적인 구조조정을 겪어야 한다는 데는 더 이상 의문의 여지가 없습니다. 병원의 잘못된 점이 무엇이고 필요한 게 무엇인지는 이미 저희 팀에서 파악해놓았습니다. 우리 팀은 이제 의료서비스의 질을 높이고 좀 더 경제적으로 운영할 수 있는 병원을 설계할 만한 실력을 갖추었습니다. 우리가 설계할 병원은 기존 병원과는 아주 다른 병원이 될 겁니다. 하지만 수 년 내에 국가적으로 병원에 대한 커다란 혁신을 고려할 때가 올 것입니다. 그러기까지 기존 의료서비스 시스템에 대한 심각한 신뢰 위기가 찾아올 게 분명합니다."

특수임무팀의 보고는 계속 이어졌다. "접근할 수 있는 방법은 세 가지가 있습니다. 우선 미래 병원들이 쓸 하드웨어를 설계하는 일을 할 수 있습니다. 고도의 첨단기술이 뒷받침되어야 하는 일이지만, 이는 우리 회사의 기존 역량으로 충분히 소화할 수 있는 일입니다. 우리 회사의 전통과도 맥을 같이하는 일이기도 합니다. 그동안 산업계의 고객과 기관 등 다양한 회사들을 대상으로 첨단장비를 공급했던 실력이 있으니까요. 따라서 첫 번째 길은 우수한 최첨단 의료장비를 만들고 그 기술에 정통한 회사로 방향을 잡는 길입니다."

"두 번째 방법은 병원을 설계하는 일과 병원을 짓는 일입니다. 그러니까 원자로 분야의 제너럴일렉트릭General Electric이나 웨스팅하우스 Westinghouse와 같은 길을 택하는 방법입니다. 정부든 지역병원community hospital 이사회든 그들로부터 수주를 받아 병원을 통째로 지어주고, 그들 발주자에게 직접 운영하라고 하면 됩니다. 이 방향에서 고려할 사업이 하나 더 있다면 낡고 비효율적인 병원을 리모델링하는 것입니다. 이 사업의 성과가 더 좋을지도 모릅니다. 지금 대부분의 병원들이 낡고 비효율적인 상태이니까요."

"세 번째 방법은 우리가 병원을 직접 운영하는 일입니다. 병원이 발행하는 청구서를 지불해주는 당사자는 점점 '제3의 관계자(정부, 건강관리회사, 블루크로스, 보험사)'로 변해가고 있습니다. 이 현금수입으로 영업비용을 결제하게 되므로, 쉽게 말해 병원의 영업비용 지출은 제3자의 지급보증을 받아둔 셈입니다. 투자에 소요되는 자본비용도 마찬가지입니다. 따라서 이 점이 사업기회가 될 수 있습니다. 우리가 병원을 인수하는 일을 생각할 수 있지요. 특히 의료서비스가 많이 부족하거나 열악한 중소 규모 지역에 위치한 병원들을 인수 대상으로 검토할 수 있습니다. 이런 병원을 인수한 뒤에 제대로 된 병원으로 재정비한 다음, 꽤 높은 수익률로 병원을 경영할 수가 있습니다. 더불어 우리 회사의 하드웨어를 판매할 내부시장으로 활용하는 것도 가능합니다."

질문

- 이와 같은 세 가지 방법 모두 병원과 관련된 것이지만, 가야 할 길은 서로 아주 다르다. 각 길마다 뒤에 놓여 있는 전체상을 이해하려면 최고경영진 입장에서 어떤 질문을 물어야 할 것인가?

- 어떤 종류의 문제들을 고려할 수 있겠는가? 검증이 필요한 사실, 숫자, 추론이 있다면 어떤 것들인지 따져봐야 하고, 각 방법마다 전제된 가정이 있다면 그 가정이 옳은지도 따져봐야 할 것이다. 달리 말해 최고경영진이 무언가 결정을 내리기 전에, 알아야 할(적어도 토의해야 할) 것은 무엇인가?

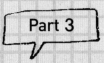

Part 3

조직의
위기와
가능성

PETER F. DRUCKER MANAGEMENT CASES

·CASE·
06

목적과 임무를 정의하기
The University Art Museum: Defining Purpose and Mission

크고 유명한 어느 대학교가 있었다. 이곳의 교내 미술관은 학교 차원에 서 대단한 자랑거리였다. 손님들이 학교 교정을 찾을 때면 학교 측은 언 제나 이 대학미술관을 안내했고, 학교 홍보물과 소개책자에는 신고전주 의 건축양식으로 멋지게 지은 대학미술관 사진이 오래전부터 겉표지를 장식하곤 했다.

대학미술관 건물을 짓도록 후원한 인물은 이 학교를 졸업한 동문 가운 데 한 사람으로, 1932년경에 엄청난 금액을 기부금으로 내놓은 일이 있 었다. 이 기부자는 투자은행가로서 성공해 큰돈을 모은 부자였는데 이 학 교 초대 총장의 아들이기도 했다. 그는 또 수량은 많지 않아도 소장하고 있던 값비싼 고급 미술품들을 학교에 기증했다. 그중에는 에트루리아 조각상도 하나 있었고, 미국에는 딱 하나밖에 없는 라파엘 전파 영국 화가들의 회화 작품도 한 점 있었다. 그는 또한 자신이 설립한 미술관의 관장직을 맡아 죽을 때까지 무보수로 일했다. 그는 관장으로 재직하는 동안 같은 대학교 동문들에게서 약간의 미술품을 더 사들였다. 그 외에는 미술관에서 새로운 소장품을 구입하는 경우는 아주 드물어서, 작품 숫자도 많지 않았고 작품의 질에도 차이가 많이 났다. 설립자가 초대 관장을 맡았던 당시에는 교내 미술사 교수진 몇 명만이 미술관 작품들을 관람할 수 있었고, 그마저도 관장이 이들을 사적으로 초대하는 형식으로 미술관을 개방했다.

1940년대 말 미술관 설립자가 세상을 떠난 뒤 학교 측은 전문적인 미술관 관리자를 초빙하고자 했다. 설립자가 미술관을 기증할 때 학교 측과 맺은 약정에도 이 조항이 들어가 있었다. 적임자를 물색하는 인선위원회를 소집할 예정이었는데, 그 사이에 미술관에 관심도 많고 자기 시간도 많이 할애했던 미술사 전공 대학원생이 잠정적으로 미술관장 대행 업무를 맡았다. 커크호프Kirkhoff라는 여학생이었는데, 처음에는 급여는 고사하고 직함도 없었다. 하지만 그렇게 미술관장직을 대행하다가 30년의 세월이 흐르다 보니 직함도 차츰 바뀌게 되어 어느새 공식적인 미술관장 자리에 앉게 됐다. 하지만 그녀는 첫날부터 직함과는 상관없이 미술관장이 하는 일을 도맡았다. 또 일을 맡자마자 미술관을 완전히 새 모습으로 바꾸기 시작했다. 소장품 목록도 발행했고 새 기증품도 찾아 나섰다. 기증품은 전과 마찬가지로 주로 동문들이나 학교와 가까운 사람들로부터 조금씩 받아들였다. 기부금을 마련하기 위한 활동도 조직했다. 하지만 커크호프는 무엇보다도 미술관을 대학의 업무와 통합하는 일을 시작했다. 대학교의 공간이 부족해지자 미술사 교수진에게 미술관 3층을 연구실로 내주었고, 미술관의 남는 공간을 개조해 강의실도 새로 만들었으며 잘 꾸민 현대식 강당도 만들었다. 또 미국에서 최고 수준에 드는 미술사 도서관을 짓기 위한 기금도 모금했다. 전시회도 여러 차례 개최했는데, 미술관 자체 소장품에다 외부에서 대여한 소장품들을 보태서 특수한 성격의 전시회들을 고안했다. 이러한 전시회를 열 때마다 커크호프는 미술사를 가르치는 뛰어난 교수들에게 전시품 안내책자를 의뢰했다. 이렇게 제작되는 안내책자들은 발행되는 족족 미술사 분야에서 돋보이는 학술교재로 인정받았다.

커크호프는 근 반세기 동안 관장으로서 대학미술관을 운영했다. 하지만 나이가 들어 더 일을 할 수 없게 됐다. 68세에 접어들어 심각한 중풍(뇌졸중)에 걸린 뒤 은퇴할 수밖에 없었다. 퇴임의 뜻을 밝히는 서한에서 커크호프는 자신이 관리하는 동안 미술관이 이룩한 성장과 업적을 자랑스럽게 언급했다.

"우리 미술관 자산은 이제 몇 배나 더 큰 미술관에 뒤질 게 없습니다. 학교가 가입한 보험에서 우리 몫의 보험료 말고는 예산 문제로 학교에 손을 벌릴 일도 없었습니다. 우리 소장품들은 숫자는 많지 않아도 우리의 특징이 돋보이는 분야들에서 최고의 예술적 가치와 중요성을 자랑합니다. 무엇보다도 비슷한 규모의 어느 미술관보다도 많은 이용자들이 찾아주는 미술관으로 자리 잡았습니다. 미술사 교수진이 강사로 참여하는 우리 미술관 강좌는 굵직하고 주요한 주제들을 연이어 다루고 있습니다. 강좌를 들으러 오는 대학생과 대학교수들이 매번 300명에서 500명에 달하고 있으며, 여유 공간만 더 있다면 청중의 규모는 얼마든지 늘어날 것입니다. 우리 미술관에 관람과 연구 목적으로 방문하는 이용자들은 초대형 미술관에서 큰돈을 들여 홍보하는 여느 전시회의 관람객보다 그 숫자가 많습니다. 이용자들도 대부분 학계 구성원들입니다. 무엇보다도 미술관에서 개최하는 강좌와 세미나는 그동안 우리 대학교에서 인기도 높고 교육적 의미가 큰 문화공간으로 빠르게 성장했습니다." 커크호프 관장은 이어서 다음과 같이 말을 맺었다. "이 나라뿐 아니라 세계 어느 곳의 순위권 대학교를 보더라도 학교생활 속에 예술을 심고 미술관 안으로 학교생활을 들여오는 일을 우리 미술관만큼 효과적으로 해냈던 곳은 없었습니다."

커크호프는 후임자로 전문적인 미술관장을 초빙할 것을 학교 측에 강력히 권고하며 다음과 같이 썼다. "미술관은 이제 45년 전의 저처럼 또 한 사람의 아마추어가 맡아보기에는 너무 커졌고 또 중요해졌습니다. 미술관을 이끌어가고 뒷받침하는 일이나 앞으로 대학교와의 협력관계에 있어서도 미술관에 대한 세심한 배려가 필요합니다."

학교 측은 커크호프의 조언을 받아들였다. 관장 후보를 뽑기 위한 인선위원회가 발족됐고, 1년 동안 후보를 물색한 끝에 인선위원들이 모두 승인하는 관장 후보를 선정하게 됐다. 새 관장후보 역시 같은 대학교를 졸업한 동문이었고, 졸업 후 미술사 박사학위를 받았으며 학교 측의 승인을 얻어 미술관 업무도 맡아왔던 사람이었다. 새 관장후보는 교수 이력은 물론이고 탄탄한 행정적 업무 이력을 자랑했다. 중형 규모로 커진 도시권의 미술관을 이끌어가기에 부족함이 없었기 때문에 순조롭게 관장 자리에 앉게 됐다.

관장으로 부임한 그는 오랜 역사로 유명하기는 하지만 쥐 죽은 듯 조용하고 엄숙하던 미술관을 지역사회와 함께 숨 쉬는 활발한 박물관으로 바꿔놓았다. 전시회도 적극적으로 홍보했고 대단위의 관람객을 불러 모았다.

신임 관장은 2001년 9월, 우렁찬 팡파르 소리가 울리는 가운데 미술관장에 취임했다. 그런데 3년이 채 지나기 전에 팡파르 소리는커녕 무성한 잡음 속에 미술관을 떠났다. 사임한 것인지 해고된 것인지조차 분명하게 드러나지 않았다. 하지만 관장과 학교 측 사이에 큰 불화가 있었던 것만은 분명했다.

아무튼 신임 관장은 부임하자마자 미술관을 '지역사회의 중요한 자원'으로 자리매김하겠다고 선언했고, "미술관에 엄청나게 축적된 예술적 · 학술적 자원을 시민과 학계 모두에 활짝 열어놓겠다"고 밝혔다. 그가 대학신문과 나눈 대담기사에서 이러한 생각을 밝혔을 때는 모든 이들이 수긍하며 받아들였다. 하지만 '지역사회 자원'이라고 말할 때 신임 관장이 뜻하는 바가 교수진과 학생들이 받아들이는 의미와 서로 다르다는 게 곧 분명히 드러났다. 그동안 미술관이 언제나 "시민들에게 열려 있기"는 했지만, 실제로 미술관을 이용하고 미술관의 강좌, 전시회, 자주 열리는 세미나에 참석하는 사람들은 대학교 사람들이었다.

신임 관장이 추진했던 첫 번째 일은 지역 내 초·중·고 학생들의 관람을 장려하는 것이었다. 이에 따라 전시회 정책도 바꾸기 시작했다. 그동안 관내 주요 소장품 위주로 학술적인 안내책자에 비중을 두어 개최했던 소규모 전시회 대신에, '역사적인 여성 미술가'와 같이 일반 시민들의 관심을 끌 만한 화제를 중심으로 대중적인 전시회를 조직하기 시작했다. 그는 이들 전시회를 신문, 라디오, TV 대담을 통해 정력적으로 홍보했고, 특히 지역 학교들에 널리 알렸다. 이로 인해 활기는 있어도 조용했던 미술관 주변이 갑자기 초·중·고 학생들로 붐비게 됐고, 학생들을 실어 나르는 전세버스들이 미술관 주변과 학교 전역에 진을 치는 현상도 나타났다. 이로 인한 소음과 법석이 그리 달갑지 않았던 교수들은 짜증스럽기만 했다. 그러던 중 미술사학과의 고명한 원로 교수가 아이들로 붐비는 미술관 홀을 가로질러 연구실로 가다가 장난꾸러기들의 물총 세례를 받는 소동이 벌어지자 교수들의 인내심은 폭발하는 지경까지 갔다.

게다가 신임 관장은 자체 전시회를 기획하는 게 아니라 다른 대형 미술관의 이동 전시회를 유치하는 데 더 집중했다. 덩달아 대형 미술관의 안내책자를 그대로 들여오다 보니 미술사 교수진이 전시회 안내책자를 발행하던 관행도 예전 일이 돼버렸다.

미술관이 변하기 시작하면서 신임 관장은 대학의 유명 인사처럼 되어 가고 있었지만, 그렇게 6~8개월이 지나자 학생들 사이에서도 미술관에 대한 애정이 식어갔다. 미술관에서 개최하는 강좌와 세미나에 참여하던 학생 수가 눈에 띄게 줄어들었고, 야간강좌 수강생들의 발길도 뜸해졌다. 대학신문 편집진이 미술관에 대한 학생들의 의견을 취재할 때면 똑같은 비판의 목소리가 들려왔다. 미술관이 너무 시끄러워졌고 지나치게 '시선 끌기'로 흐르는 탓에 학생들이 강의를 듣고 배움의 기회를 얻기가 곤란해졌다는 이야기였다.

이러한 모든 갈등과 불만이 절정에 달했던 사건은 2003년 말에 있었던 이슬람 미술 전시회였다. 미술관에는 이슬람 미술작품이 거의 없었기 때문에 이동 전시회 개최를 반대하는 사람은 아무도 없었다. 또 아랍권 몇몇 정부에서 배려해준 호의적인 재정 지원 덕분에 저렴한 비용과 유리한 조건으로 전시회를 유치할 수 있었다. 문제는 개막 연설자를 선정하는 데서 발생했다. 통상 전시회를 열 때는 교내 미술사 교수진이 개막 연설을 하는 게 관례였는데, 신임 미술관장은 학교 교수가 아닌 미국 주재 아랍권 대사관 한 곳의 문화담당관을 초청했다. 사람들의 이야기로는 이 연사가 개막 연설을 기회 삼아 이스라엘과 미국의 이스라엘 지원 정책을 강력하게 비판하였다고들 하였다.

그러고 나서 일주일 뒤, 대학이사회는 미술사 교수진 위주로 자문위원회를 구성하기로 결정했다. 그리고 앞으로 미술관에서 주관하는 모든 전시회와 강좌 계획은 이 자문위원회의 승인을 받도록 조치했다. 이러한 일방적인 통보에 분개한 미술관장은 곧바로 대학신문과 나눈 대담에서 미술사 교수진들이 '엘리트주의'와 '비속한 우월주의'에 젖어 있으며 '예술이 부자들의 것'인 양 착각하고 있다고 날카롭게 공격했다. 그로부터 여섯 달 뒤인 2004년 6월, 미술관장의 사임 소식이 알려졌다.

대학교에서 특정 직무의 담당자를 선발할 때는 대학이사회가 학칙에 따라 인선위원회를 연다. 하지만 이런 절차는 대개 형식에 지나지 않는다. 보통은 그 직무를 관장하는 해당 학부 학장이 지명자를 인선위원회에 제출하고, 이에 대해 별다른 이의 없이 승인이 떨어지면서 선발이 마무리된다. 하지만 새 학기 초부터 대학이사회에 인선위원회 개최가 안건으로 제기되었다면, 이는 전혀 '정상적'인 상황이 아니다. 인선위원회가 모인 자리에서 위원장은 이상한 낌새를 채고 무난하게 넘어가자는 생각에서 다음과 같이 말했다. "지난번에는 적합하지 못한 인물을 골랐던 게 분명합니다. 이번에는 선발에 신중을 기울여야겠습니다."

위원장의 말이 끝나기도 전에 한 경제학 교수가 말허리를 끊고 입을 열었다. 대중적 입장을 표방하는 것으로 널리 알려진 교수였다. "전임 미술관장이 적합한 인물이 아니었을 거라는 데는 저도 동감합니다. 하지만 근원적인 문제는 단지 어떤 인물이었느냐 하는 개인의 문제가 아니라고 생각합니다. 전임 관장은 할 필요가 있는 일을 추진했던 것이고, 그로 인해 교수진과 갈등을 빚었습니다. 그가 추진했던 일은 우리 미술관을 지역사회의 자원으로 만드는 것이었습니다. 지역사회를 미술관으로 불러들여 예술이 보다 광범위한 사람들에게 다가설 수 있도록 애썼습니다. 그것은 아프리카계 미국인들이나 푸에르토리코 출신 이민자들, 도심 빈민지역 아이들과 그 밖에 예술을 잘 모르는 일반인들에게 예술의 문호를 개방하는 일이었습니다. 바로 이 일이 우리의 적개심을 불러일으켰던 것입니다. 그 일을 추진하는 과정에서 그가 그다지 노련하지는 못했던 것 같습니다. 솔직히 그가 대학신문과 했던 인터뷰 사건만 없었더라면 넘어갈 수도 있는 일이었다고 봅니다. 하지만 그가 하려 했던 일은 바람직한 일입니다. 그가 추진하고자 했던 정책만큼은 우리가 지켜 나가야 마땅합니다. 그렇지 않는다면 우리더러 '엘리트주의'와 '비속한 우월주의'라고 비판했던 그의 말은 반박할 여지가 없을 것입니다."

"그런 비판은 말도 안 됩니다." 대학이사회의 한 임원이 끼어들었다. 그는 평소 말수가 적고 조용한 미술사학과 교수였다. "방금 발언하신 고명하신 교수님께서는 전임 관장과 같은 생각이신 모양입니다만, 우리 미술관이 지역사회의 자원을 지향하는 것은 전혀 의미가 없는 일입니다. 우선 그럴 필요가 없습니다. 이 도시에는 세계적인 수준의 큰 미술관이 하나 있으며 말씀하신 그 역할을 이미 수행하고 있고 또 아주 잘하고 있습니다. 둘째, 지역사회에 두루 봉사할 만한 예술적 자원이나 재정적 자원이 우리 미술관에는 없습니다. 지역사회에 봉사하는 일과는 성격이 다르지만 우리는 그에 못지않게 중요하고 독특한 일을 할 수 있습니다. 우리 미술관이 미국에서 또 아마도 전 세계에서 유일하다고 말할 수 있는 특징은 학계와 긴밀하게 통합되어 있으며 진정한 교육기능을 담당하는 기관이라는 것입니다. 우리가 원하는 것은 이 대학의 미술관을 학생들 모두를 위해 긴요한 교육적 자원으로 활용하는 것입니다. 적어도 불행했던 최근 몇 년 이전에는 그렇게 해왔습니다. 미국은 물론이고 제가 아는 한, 세계 어느 곳에도 우리 미술관처럼 학부 학생들을 예술의 세계로 끌어들였던 미술관은 없습니다. 우리 미술사학과 교수진은 학술 작업과 대학원 교육에 더하여 예술이나 미술사를 전공하지 않을 학생들을 대상으로 학부 과정을 가르치는 일도 하고 있습니다. 그러니까 공과대학생들을 가르칠 때는 우리가 하는 보전과 복원을 보여주고, 건축과 학생들을 가르칠 때는 여러 시대에 걸친 건축의 발전상을 보여줍니다. 무엇보다도 미술관에 와 보기 전에는 예술을 접하지 못했던 학생들을 위해 교양과목을 가르치는데, 학생들은 단지 '미술 감상' 차원에서가 아니라 학술적이라는 점에서 우리 강좌를 더욱 선호합니다. 이러한 모습이야말로 아주 독특한 특징이자, 우리 미술관이 할 수 있는 일이고 또 해야 할 일입니다."

"과연 이 일이 우리가 해야 할 일인지 미심쩍습니다." 수학과 학과장이 말했다. "제가 보기에 미술관 관리는 대학원에서 주관해야 할 일입니다. 미술관은 미술사 박사과정 훈련, 학술작업, 연구에 중점을 둬야 합니다. 미술관은 대학원(특히 박사과정) 교육에 부속하는 기능으로 봐야 하고, 여기에 미술관 업무를 국한해야 한다고 주장하고 싶습니다. 따라서 대학 안에서나 밖에서나 '대중적'인 접근은 모두 배제해야 한다고 봅니다. 미술관을 돋보이게 하는 것은 우리 교수진이 만드는 학술적인 안내책자가 그 하나이고, 전국 곳곳의 대학 미술사학과에서 서로 모셔가겠다고 하는 박사과정 졸업생들입니다. 미술관의 임무는 이것입니다. 일반 학생은 물론 대중과의 관계에서 '대중성'을 추구해서는 이 일을 그르치기 쉽습니다."

인선위원장은 여전히 사태를 수습하기에 바빴다. "매우 관심이 가고 중요한 말씀들을 해주셨습니다. 하지만 이 논의는 누가 다음번 미술관장이 될지 정해질 때까지 기다리는 게 좋겠습니다. 그때 가서 신임 미술관장과 함께 이 문제들을 논의해야 할 것입니다."

그러자 교수진 가운데 한 원로 교수가 말했다. "위원장님, 저는 좀 다른 생각을 말씀드리고 싶습니다. 이번 여름을 보내는 동안 이 문제에 관해 오랜 친분을 나눈 이웃 사람과 토의해봤습니다. 그분은 사실 미국에서 손꼽히는 미술관의 관장을 지내고 있기도 합니다. 그분이 저에게 이렇게 말씀하시더군요. '그건 사람의 문제가 아닙니다. 경영상의 문제이지요. 선생님 대학교에서는 학교 차원에서 미술관의 임무, 방향, 목적에 대해 책임 있는 입장을 정하지 못한 상태로 보입니다. 그 문제를 해결하기 전에는 어떤 인물을 미술관장으로 앉혀놓아도 잘하지 못할 겁니다. 그리고 그 문제는 **여러분**이 결정해야 할 일입니다.' 사실, 학교 차원에서 보는 미술관의 기본목적이 무엇인지 분명하게 말해줄 수 없다면, 적합한 관장 후보를 찾자는 생각도 공허한 이야기가 아니겠습니까? 전임 관장은 저도 알고 있는 사람이고 그가 까칠한 면이 있다는 것도 잘 알고 있습니다. 하지만 전임 관장에게 잘못이 있다면, 학교 측에서 미술관 경영에 대한 기본 원칙을 정하지 않은 상태에서 그 일을 덥석 맡았다는 것입니다. **무엇**을 관리해야 할 것인지 또 그 목적은 무엇인지가 분명해지기 전에는 **누가** 관리해야 하는지 거론해봐야 소용없는 일입니다."

이야기가 여기까지 이르자 인선위원장은 회의가 난장판으로 흐르기 전에 일단 토의를 미뤄야겠다고 생각했다. 또 한 달 후 다음번 회의를 개최하기 전에 토의할 문제와 결정할 의제를 정해둬야 한다는 것도 분명해졌다. 그날 저녁 회의가 끝나고 인선위원장은 문제를 다음과 같이 정리했다.

1. 대학미술관이 추구해야 할 목적은 무엇인가?
   · 미술사학 대학원과 그 박사과정 학생들의 연구 활동을 지원한다.
   · 미술사학 전공은 아니지만, 교양교육을 받고 싶어 하고 책에 파묻혀 살아야 할 대다수 과목과 달리 이색적인 공부거리를 원하는 학부 학생들을 위한 '풍요로운 교양'을 지원한다.
   · 대학 교정 외부로 눈을 돌려 광범위한 지역사회(특히 지역 내 초·중·고 학교들)를 지원한다.

2. 대학미술관의 고객은 누구인가(혹은 누구여야 하는가)?
   · 미술사학과 교수가 될 목적으로 전공 공부를 하는 대학원생들
   · 학부 학생들, 혹은 더 광범위한 대학교 전체
   · 광범위한 지역사회, 특히 초·중·고 학교의 교사와 어린 학생들
   · 그 밖의 고객이 있다면?
3. 이러한 목적 가운데 서로 양립 가능하고 동시에 추구할 수 있는 것
   은 어떤 것들인가? 이러한 목적 가운데 서로 양립 불가능한 것들(아
   니면 서로에게 방해가 될 공산이 큰 것들)은 어떤 것들인가?
4. 위에서 기술한 각 목적에 비추어 볼 때 미술관의 구조, 미술관장의
   자질, 또 대학과 미술관의 관계에서 어떤 함의를 찾을 수 있는가?
5. 지혜로운 정책 결정을 위해서 다양한 잠재 고객들의 욕구와 필요에
   대해 알아야 할 사실이 더 있는가? 이 문제는 어떤 식으로 취급할
   수 있겠는가?

인선위원장은 이 질문 목록을 교수진에게 나누어주면서 다음번 회의를
개최하기 전에 곰곰이 생각하고 토의해주기를 당부했다.

질문

- 당신이라면 이 질문을 어떻게 풀어가겠는가?
- 질문 내용은 올바른 것인가?

07

위기와 가능성이 공존하는 사업에의 진출[*]

Rural Development Institute: Should it Tackle the Problem of the Landless Poor in India?

1999년 10월, 촌락개발연구원Rural Development Institute(RDI)의 설립자 겸 원장 로이 프로스터먼Roy Prosterman과 상임이사 팀 핸스테드Tim Hanstad는 RDI의 활동을 인도로 확대하는 일을 놓고 찬반 논쟁을 벌이느라 어느 오후 내내 회의실에서 보냈다. 두 사람은 오랫동안 성공적으로 이끌어온 RDI의 역사를 배경으로 RDI의 인도 진출 여부를 결정하느라 골머리를 앓았

[*] 이 사례는 킴 종커Kim Jonker가 작성했고 윌리엄 미핸William Meehan 교수가 지도를 맡았다. 수업에서 토의할 재료로 작성된 것이며, 특정 기관의 행정적 업무 처리가 효과적인지 아닌지를 밝히려는 것은 아니다. 저작권정보 ⓒ 2007. 리랜드스탠포드주니어 대학교Leland Stanford Junior University 수탁관리자이사회 Board of Trustees가 모든 저작권을 보유함. 이 인쇄물은 스탠포드대학교 경영대학원의 허가 없이 어떠한 부분도 복사, 재생시스템 내 저장, 스프레드시트를 통한 활용을 금하며, 어떤 형태의 수단(전자적, 기계적, 사진 복사, 저장 등)으로도 전송하는 것을 금한다. 사전 허가를 거쳐야만 활용할 수 있음. 문의처:cwo@gsb.stanford.edu

다. 1970년대 초부터 RDI는 세계 촌락 지역의 빈곤층에게 토지권리를 확보해줌으로써 빈곤 문제를 완화시키는 임무를 성공적으로 수행해왔다. 이 임무를 위해 RDI는 '연구', '개혁 설계', '정책 제안', '실행'이라는 네 가지 활동을 전개했다.

이중 가장 중요하고 공이 많이 들어가는 일은 개혁 설계일 것이다. 개혁 설계를 위해 RDI의 원내 변호사들은 개발도상국 촌락 농민들에게 토지를 나눠주는 프로그램을 짜기 위해 외국에 거주해야 했고 해당국 정부와 직접 협력하며 일했다. 지금까지 RDI는 전 세계에 걸쳐 40개국과 성공적으로 일했다. 그럼에도 RDI가 여태껏 인도에 발을 들여놓지 않았다는 것은 특기할 만한 일이었다.

인도에는 일할 거리들이 그야말로 무궁무진했다. 인도는 빈곤층 인구가 세계에서 가장 많았고, 빈곤과 토지 무소유가 서로 밀접하게 연결돼 있었다. 하지만 넘어야 할 산도 만만치 않았다. 지난 경험에서 보자면 개혁을 추진하자는 정치적 의지가 성공에 꼭 필요한 조건이지만, 인도는 어느 모로 보나 그렇지 못했다. 결국 거둘 수 있는 결실이 커서 매력적인 반면, 어려움 또한 그에 못지않게 커보였다. 프로스터먼과 핸스테드는 결실을 거둘 가능성을 위험과 견주어 치밀하게 저울질했다.

■ 촌락개발연구원

토지소유가 촌락 빈곤층에 지니는 중요성

촌락 빈곤층에게 토지는 가장 중요한 자산이다. 그해 먹고살 소득, 재산 형성, 신변의 안전, 사회적 지위 이 모든 것의 원천이 토지이기 때문이다.

가난한 촌락 가계는 토지 몇 필지만 분배받아도 두고두고 그 땅의 덕을 많이 누렸고 시간이 흐를수록 땅에서 얻는 이로움이 불어나기도 했다. 땅에서 얻을 수 있는 이로움은 아주 많았다. 대표적인 몇 가지만 들자면 영양 상태와 건강의 개선, 소득 증대, 경제적 안전, 신용 접근의 향상, 자존감과 사회적 지위의 향상 등이 있다. 작은 텃밭을 가꾸거나 나무 몇 그루를 심을 만한 토지 몇 필지만 있어도 먹을 수 있는 음식의 양과 질에 대한 걱정을 덜 수 있으므로 수혜 가계의 가족 모두 영양 상태와 건강이 좋아졌다.

토지가 생기면 가계소득과 경제적 안전도 확보할 수 있었다. 소출이 늘면 시장에 내다팔 여력도 생겼고, 아주 어려운 시기를 만나도 입에 풀칠할 작물을 땅에서 얻을 수 있기 때문이다. 게다가 투자 목적이든 어려운 시기를 견뎌볼 목적이든 땅을 담보로 활용하면 융자를 받을 수 있기 때문에 여러 모로 땅은 가계의 경제적 지위 향상에 큰 보탬이 됐다. 토지를 소유하게 되면 촌락 가계의 자존감과 사회적 위상도 향상됐다. 이러한 지위 향상과 함께 전반적인 행복감도 나아졌고, 마을의 큰일에 참여할 수 있는 입지도 개선되었다. 더불어 마을 사람들을 통해 비공식적으로 융자를 얻는 데도 도움이 됐다.

애초에 RDI는 토지소유가 세계 각지의 빈곤층이 가난을 감소시키는데 중요한 역할을 할 수 있다는 인식에서 설립되었다.

RDI의 출발

프로스터먼은 미국에서 일류 법무법인에 꼽히는 설리번앤드크롬웰 Sullivan and Cromwell에서 잘나가는 변호사였다. 그러나 그는 자신의 법적 지식을 세계의 빈곤을 해소하는 데 활용하고 싶다는 원대한 꿈을 좇아 1965년 회사를 그만뒀다.

그는 평화적인 토지개혁을 통해 빈곤을 줄이고 고충을 해소해보자는 혁신적인 생각을 바탕으로 새로운 모험을 시작했다. 일례로, 1967년 프로스터먼은 이러한 관점에서 남베트남에 가서 베트남전쟁의 사회·경제적 근원을 치유할 방법이 없는지 알아봤다. 토지를 소작 농민에게 분배해주고 지주들에게는 합리적인 보상을 해주자는 게 그의 생각이었다. 베트남에서의 갈등을 정치적으로 진정시킬 방안을 찾고 있던 미국 정책결정자들은 프로스터먼의 생각을 관심 있게 지켜봤다. 프로스터먼이 이 일을 시작하고 얼마 지나지 않아 베트남전쟁의 포성은 절정으로 치달았다. 그즈음 그는 '경자유전耕者有田:land-to-the tiller' 프로그램을 추진하는 법안을 입안했다. 내용은 주로 메콩강 유역에 거주하는 100만 소작 농가에 토지소유권을 분배해주는 것으로, 1970~1973년 사이에 티우Thieu 정부가 이를 실행에 옮겼다. 갈등을 중지시키기에는 때늦은 조치였지만, 이 프로그램 덕분에 남베트남의 무장투쟁 세력인 베트콩의 인력 확보가 80퍼센트나 줄어들었고 쌀 생산량은 30퍼센트 늘어났다.

해를 거듭할수록 RDI의 조직과 사업은 규모도 커지고 내용도 다채로워졌지만, 여전히 그들은 촌락 빈곤층의 토지소유권을 중점 과제로 삼았다. 예를 들어, 1990년대에 RDI는 구공산주의권 국가들을 대상으로 집단 농장과 국유농장의 자발적 해체를 촉진시키고 농가의 장기적인 사적 토지권리(매매권, 임대권, 상속권 포함)를 확립하는 데 중점을 뒀다. 이러한 프로그램들의 핵심은 토지를 공적 소유에서 사적 소유로 전환하거나, 사적 소유에 버금가는 장기 점유권으로 전환하는 것이었다. 세계의 환경 변화에 발맞춰서 RDI의 프로그램도 계속 변화를 겪기는 했지만, RDI는 오랜 세월 한결같은 기본 임무를 추구했다.

RDI의 임무와 활동

RDI의 임무진술서를 보면 다음과 같이 적혀 있다. "RDI는 개발도상국의 촌락 빈곤층이 토지에 대한 법적 권리를 획득하도록 지원하는 변호사들의 비영리조직이다." RDI는 이 임무를 위해 주로 네 가지 활동을 펼쳐 왔다. 연구, 개혁 설계, 정책 제안, 실행이다([예시 1]참조).

1. 연구

RDI는 책상에서 연구만 하는 인력도 물론 두고 있지만, 촌락의 빈곤층을 비롯한 거주자들과 집중적인 면담을 실행하는 현장 연구 인력을 많이 활용하고 있었다.

이러한 연구결과를 발간해 두루 알리는 것도 그들의 역할이었다. RDI 연구팀은 토지개혁과 토지소유의 혜택에 관해 발견한 새로운 사실과 모범사례들을 널리 전파했다.

2. 개혁 설계

RDI는 40개국의 토지개혁 프로그램을 조사했고 이 나라들에서 토지개혁의 필요성을 조사했다. 또 이 나라들 다수에서 새로운 토지개혁 정책을 설계하는 데 힘을 보탰다. 이러한 방대한 경험을 토대로 RDI는 다양한 국제기구 사이에 촌락의 토지문제에 관한 전문지식의 본원지로 자리 잡게 됐다.

이렇게 RDI를 인정해주는 국제기구는 세계은행World Bank, 미국국제개발처U.S. Agency for International Development(USAID), 국제연합개발계획 U.N. Development Program(UNDP), 국제연합식량농업기구U.N. Food and Agricultural Organization(UNFAO) 등이다.

3. 정책 제안

RDI의 정책 제안 활동은 빈곤 완화를 논하는 자리에서 토지권리 문제를 가장 중요한 현안으로 올려놓는 중추적 역할을 했다. 프로스터먼과 동료들은 빈곤층을 위해 토지소유권(혹은 그에 버금가는 안정적인 토지권리)을 확립해주는 실질적인 조치야말로 경제 발전과 폭력 예방의 중요한 부분임을 많은 나라 지도자들에게 이해시켰다. 이러한 생각은 해외원조 분야의 주요 기증기관으로도 확대됐다. 일례로, RDI의 설득 덕분에 미국 정부 산하 새천년과제기구Millennium Challenge Agency의 해외원조 프로그램은 촌락 빈곤층의 기본적 토지권리를 미국 세계원조 활동에서 기본 과제 중 하나로 삼았다.

4. 실행

실행은 극히 중요했다. 효과적인 실행이 따라주지 않으면 RDI의 토지
개혁 설계가 촌락 빈곤층에게 아무런 보탬이 되지 못했기 때문이다. 그런
데 RDI가 실행에서 효과를 거둘 만한 기회는 나머지 활동에 비해 상대적
으로 적었다. 왜냐하면 다른 원조기관과 국제개발 사업자가 많기도 했고
그들도 RDI가 하는 일을 잘할 수 있었기 때문이다. 결국 RDI는 수립한
토지개혁 설계의 실행을 다른 기관에 맡기고 지휘와 감독이 필요할 때만
개입하는 경우도 많았다.

RDI의 비교우위: 네 가지 활동의 결합

토지에 주목했던 다른 기관들도 여럿 있었지만, 그들과 달리 RDI는 위
에서 언급한 네 가지 활동을 모두 전개했다는 점에서 중요한 의미를 갖는
다. 다른 기관들은 대부분 이 네 가지 중 한두 가지만을 수행하는 데 그
쳤다. 연구 활동을 했던 기관들은 아주 많았고, 개혁 설계를 했던 곳도
서넛 있었다. 정책 제안을 하고 실행도 했던 곳도 많았다(실행에 참여한 기
관은 보통 국제개발 사업자들이었다).

토지에 주목했던 기관 가운데 연구, 개혁 설계, 정책 제안 세 가지 활
동을 모두 전개했던 곳은 RDI 말고는 전무했다. 네 번째 활동인 실행까
지 같이 했던 곳 역시 RDI 외에는 없었다(본 사례의 말미에 함께 소개되고
있는 79페이지의 [예시 2]에는 1999년 현재, RDI의 프로그램을 통해 혜택을 입은
촌락 인구의 통계가 나와 있다).

RDI가 주창하는 민주적 토지개혁

토지개혁에 대한 인식 재고와 전 세계에 걸쳐 토지개혁의 효과를 입증하는 데 있어서 RDI의 영향력은 대단했다. RDI는 민주적인 토지개혁을 주창했는데, 이는 부정적인 인식이 널리 퍼져 있는 다양한 변종의 마르크스식 토지개혁과는 정면으로 대립된다.

민주적 토지개혁은 법에 의거하여 폭력 없이 수행됐고, 토지를 가져가는 만큼 지주들에게도 공정한 보상을 해주었다. 민주적 토지개혁은 땅을 받는 사람들에게 원하는 대로 경작할 수 있는 자유도 허락했다(땅을 얻어 간 거의 모든 수혜자들은 집단농장이나 협동농장과는 달리 가족 단위의 농가로 경작하는 방식을 택했다).

예컨대 남베트남에서 1970~1973년 사이에 RDI의 작업으로 추진된 '경자유전' 개혁은 메콩강 유역 100만 소작 농가에게 분배된 땅값으로 대규모 토지 소유주들에게 소출 가치의 2.5배에 달하는 금액을 8년 만기 국채로 지급해주었다.

이 개혁은 아주 성공적이어서 베트남의 공산당 정부가 1980년대에 집단농장을 포기하고 남베트남의 가족농장 모델을 전국에 확대 적용하는 주된 계기로 작용했다.

토지개혁 모델이 진화함에 따라서 필요한 땅을 확보하기 위해 '토지수용권'을 행사해 땅을 징수해야 할 경우도 줄어들었다. 또한 중국에서는 공적 소유의 토지를 농민들이 이미 점유하고 있으면 농민들이 그 땅에 대한 일차적인 권리를 보장받도록 해주는 제도도 생겼다.

결정해야 할 일: RDI 사업을 인도로 확장할 것인가?

인도에서의 사업 기회

RDI가 활동 지역을 선정할 때 가장 중요하게 검토하는 두 가지 기준이 있다. 이 기준에서 볼 때 인도는 가능성이 어마어마했기 때문에 RDI 입장에서는 특히 매력적인 나라였다.

우선, 첫 번째 기준에서 볼 때 RDI의 활동으로 수혜를 받을 수 있는 잠재 인구가 굉장히 많다는 점이 눈길을 끌었다. 둘째 기준인 토지와 빈곤의 관계도 매우 밀접하게 나타났다. 인도는 세계에서 두 번째로 인구가 많을 뿐 아니라 1999년 자료에 따르면 빈곤층 인구가 가장 많은 나라다. 즉, 소유한 땅이 없거나 거의 없는 촌락 가구가 어느 나라보다도 많다(6,200만 가구). 더욱이 땅이 없기 때문에 가난에 찌드는 상관관계가 아주 높게 나타났다. 사실 1997년 세계은행 보고서에는 빈곤의 가장 큰 원인으로 카스트 제도나 문맹보다 땅이 없다는 점이 지적되었다. 이러한 근거에서 프로스터먼과 핸스테드는 인도 진출이 불가피할 거라고 내다봤다. "큰 성과를 내고 싶어 하는 비영리조직의 지도자들을 꿈에 부풀게 만들 만한 도전"이었다고 핸스테드는 말했다.

인도 진출의 위험과 도전

그렇지만 그와 같이 "얻을 게 많은" 기회라고 해도 큰 위험이 따랐고 풀어야 할 숙제도 많았다. 프로스터먼과 핸스테드는 어떻게 하면 그러한 장애물들을 잘 극복할 수 있을지 곰곰이 생각했다. 무엇보다도 현지의 '정치적 의지'가 큰 걱정거리였다. RDI는 항상 어느 나라에 들어가기에 앞서 RDI가 추진하려는 작업을 받쳐주고 실행하려는 현지 정부의 정치적 의지가 충분한지를 반드시 따져봤다. 핸스테드는 다음과 같이 설명했다.

우리는 늘 다음 질문을 자문해봤습니다. 정치세력이 우리 방향과 같거나 아니면 적어도 강력히 반대하는 입장은 아닌가? 그런데 1980~1990년대에는 토지개혁을 위한 인도의 정치적 의지가 미약하다는 게 통설이었습니다. 일례로 1999년 세계은행의 토지정책 세미나에서 촌락개발을 담당하는 세계은행 책임자가 하는 말은 다음과 같았습니다. "인도에서는 토지에 관한 계획을 일절 추진하지 않을 겁니다. 토지를 둘러싼 논란이 너무 많고 정치적 의지가 전혀 없기 때문입니다."

프로스터먼과 핸스테드는 인도의 정치권 중에 RDI에게 힘이 되어줄 만한 지원세력이 있을 거라고 낙관하면서도, 어려운 상황인 것만은 분명하다고 생각했다.

두 번째 걱정거리는 자금 확보였다. RDI는 인도에서 새 사업을 벌이기 위한 용도로 확보해둔 예산이 없었다. 또 장기적으로 큰 효과를 거두려면 그만큼 큰돈이 들어가야 할 텐데 그만한 자금을 얻을 수 있을지 프로스터먼과 핸스테드는 장담할 수 없었다. 인도 진출이 의미가 있다고 판단하더라도 자금 확보가 불확실하다면 RDI가 현지에서 일을 지속할 수 있을지 알 수 없는 노릇이었다.

　인도 사업에는 아주 많은 투자가 필요할 것으로 보였다. 왜냐하면 인도의 토지개혁에는 이리저리 얽힌 문제들이 많아서 이에 대응할 현지 사무소를 설치해야 했기 때문이다. 이제껏 RDI는 사업 대상 국가에 자기 돈으로 자체 현지 사무소를 설치한 적이 없었다. 결국 인도에 발을 들여놓으려면 추가적인 자금을 확보하든가, 아니면 RDI의 다른 사업영역에서 자원을 빼내야 할 처지였다. 많은 RDI 직원들은 이러한 상황을 매우 위협적으로 받아들였다. RDI가 인도 사업을 시작하면 자신들의 일자리가 위험에 처할 수도 있다고 봤기 때문이다.

　반면, RDI의 제한된 자원을 인도가 아닌 다른 지역에 집중하면 RDI 직원들의 일자리 안정성은 훨씬 높아질 수 있었다. 예컨대 구소련 국가들에서는 RDI의 사업 기반을 이미 탄탄하게 다져놓은 터라 어렵지 않게 자금을 확보할 수 있었다. 이 나라들에서는 보수를 청구할 수 있는 유료서비스 업무를 많이 개발해둔 상태였고, 당시 이 지역에는 외부에서 유입되는 자금도 많았다. 핸스테드는 다음과 같이 평가했다.

　　인도 진출은 없던 일로 하고 그냥 구소련에 머무는 게 속편한 일이었을 것이다. 그런데 단 하나 마음에 걸리는 문제가 있었다. 바로 우리의 구소련 사업이 이미 수확체감 지점에 도달했다는 점이었다. 우리가 구소련에서 환상적인 성과를 거두기는 했어도, RDI가 보탤 만한 주된 부가가치는 이미 완료된 상태였다. 반면 인도는 그 끝을 짐작하기 어려울 만큼 가능성이 엄청난 미개척 시장이었다.

세 번째로 넘어야 할 큰 숙제는 그동안 취해왔던 단계적인 접근방법을 인도의 상황에 맞게 바꾸어 적용하는 일이었다. 인도는 다른 나라들과는 상황이 판이하게 달라서 바꿔야 할 요소가 아주 많았다. 인도에서 땅이 없는 사람들의 숫자만 헤아려보더라도 RDI가 활동했던 어떤 나라들보다 압도적으로 많았다. 땅 없는 촌락 가구가 너무 많기 때문에 전통적인 토지개혁에 준해서 가구 당 2~5에이커 정도의 충분한 농지를 분배해주려면 국토 면적의 20~40퍼센트에 달하는 엄청난 토지를 확보해야 했다. 2~5에이커 정도의 면적은 RDI가 해왔던 토지개혁 사업이나 아시아 다른 곳에서 있었던 토지개혁 사례에서도 표준적인 크기였다. 물론 이렇게 많은 토지를 분배해주는 것은 불가능했다. 사정이 이러하니 RDI는 수혜 가구의 숫자를 줄이든가, 가구당 분배 면적을 줄이든가, 더불어 아직 충분히 고려하지 못한 토지개혁의 다른 변수들을 다시 검토해야 했다. 더욱이 인도의 28개 각 주마다 토지사용권 규정과 개혁 규정이 제각각이어서, RDI는 중앙의 단일 의사결정자가 아니라 여러 의사결정자들과 각각 따로 협의해야 할 상황이었다.

■ 역사적 상황: 과거 RDI의 핵심적 의사결정

인도 진출 여부를 저울질하면서 프로스터먼과 핸스테드는 RDI의 최근 역사와 지난날 채택했던 주된 결정사항 몇 가지를 다시 검토했다. 그동안 여러 해에 걸쳐 RDI의 중점 과제와 성과를 좌우했던 핵심적인 의사결정을 두루 점검하다 보니, 유리한 기회를 맞아 적극적으로 뛰어들었던 결정도 중요했지만, 이에 못지않게 피하거나 포기하기로 결정했던 일들도 중요했음을 알게 됐다.

선택과 집중

자금 확보 면에서 RDI는 지난 몇 년 동안 상당한 어려움을 겪었지만, 본래의 임무에 집중하면서 웬만큼 견뎌왔다. 1997년에는 RDI의 전체 예산 100만 달러 가운데 70퍼센트가 러시아 사업 예산으로 잡혀 있었다. 그러다 러시아에서 RDI가 추진하던 대규모 사업이 그해 위기에 처함에 따라 러시아 사업 예산도 큰 난관에 봉착했다. RDI가 러시아 사업 예산으로 확보했던 70만 달러는 대부분이 하버드국제개발연구소Harvard Institute for International Development에서 해마다 나오는 기부금으로 마련되었는데, 하버드국제개발연구소는 다시 미국국제개발처USAID로부터 자금 지원을 받고 있었다. 그즈음 USAID가 하버드에 주는 자금을 대폭 삭감할 가능성이 커지면서, 하버드가 RDI의 구소련 사업에 지원하는 자금도 위태로워질 전망이었다.

이러한 상황에서 RDI는 1998년에 상당히 큰 다른 자금원을 얻을 사업 기회를 접했다. 사업 내용도 매력적이고 예산도 이미 확보되어 있는 일이었다. USAID와 손잡고 일하는 다른 사업자가 구소련의 도시권 토지개혁을 추진하는 프로젝트를 가지고 RDI에 접근해왔다. RDI는 그때까지 농촌의 촌락 환경에서만 일했기 때문에 도시권은 이제까지와는 다른 새로운 사업영역이었다.

이 사업 기회가 매력적이었던 이유는 첫째, RDI의 사업소득 흐름을 다양화할 수 있다는 점과 둘째, 과거 러시아 사업에서 얻은 배움을 활용할 여지가 많다는 점이었다. RDI는 농촌 토지개혁 작업을 통해서 러시아 토지법 분야의 전문지식을 폭넓게 개발했다. 이렇게 습득한 전문지식과 법적 장치를 도시 환경에 적용한다면 성공할 가능성이 높았다. 하지만 이러한 학습의 경제효과와 시너지에도 불구하고, RDI가 도시권 토지개혁이 초래할 영향을 이해하기 위해서는 새로운 현장연구에 많은 시간과 노력을 투입해야 했다. 이 점에서는 새로 시작해야 하는 일이나 마찬가지였다. 이 프로젝트에 착수할 경우, 프로스터먼과 핸스테드는 RDI가 촌락 빈곤층의 토지권리를 진작시키자는 RDI만의 기존 임무에서 벗어나게 될까 봐 걱정스러웠다. 핸스테드는 이때의 정황을 다음과 같이 설명했다.

농촌권만을 대상으로 잡아도 해야 할 일이 무지 많았습니다. 결론적으로 도시권을 대상으로 한 사업은 하지 않기로 했습니다. 왜냐하면 도시권은 우리의 임무와는 거리가 있다고 생각했고, 원칙적으로 자금 확보를 목표로 사업을 추진해서는 안 된다는 생각이 강했기 때문입니다. 지내놓고 보니 이렇게 판단했던 것이 RDI를 위해서 옳은 일이었습니다. (…) 결과적으로 우리는 본래의 사업 영역으로 설정한 농촌 토지개혁을 대상으로 구소련에서 탄탄한 발판을 구축했습니다. (…) 보수를 청구할 수 있는 유료서비스 업무를 다양하게 확보해둔 덕분에 자금 확보의 기반을 다졌고 본래의 우리 임무에 집중할 수 있는 힘이 되었습니다.

동티모르의 적정규모 미달 사업 포기

RDI는 그들의 사업성과를 여러 기준으로 평가했는데, 내부적으로 가장 많이 쓰는 잣대는 RDI의 도움으로 토지권리를 획득하게 된 사람들의 숫자였다. 이렇게 수혜자의 숫자가 중요한 평가 기준이 되다 보니 새로 진출할 국가를 결정할 때 늘 수혜자 규모가 결정적인 변수로 작용했다. RDI는 오랜 기간에 걸쳐 수혜자 규모가 충분하지 못하다는 이유로 많은 사업기회를 포기해왔다. 예컨대 동티모르East Timor는 심각한 토지문제를 겪고 있기는 하지만 워낙 작은 나라여서 진출하지 않기로 결정했다. 핸스테드는 다음과 같이 설명했다. "동티모르에서 사업을 잘 수행한다고 해도 규모가 아주 작은 나라이기 때문에 거둘 수 있는 성과도 작았을 겁니다. (…) 우리가 투입하는 노력과 자원에는 큰 기회비용이 따르기 때문에 가장 큰 효과를 거둘 수 있는 지역에 힘을 집중해야 합니다."

수확체감 지점에 도달한 키르기스스탄에서의 철수

RDI는 1992년 키르기스스탄에서 시작한 사업을 7년 동안 이어간 끝에 큰 성과를 거두었다. 하지만 목표한 성과를 이루고 나자 추가적인 노력에 비해 사업성과가 줄어드는 수확체감 지점에 도달했다. RDI가 네 가지 주요 활동 중 세 가지(연구, 개혁 설계, 정책 제안)를 완료했을 때 이 순간이 찾아왔다. 핸스테드의 설명을 들어보면 이렇다.

RDI는 네 가지 주요 활동 중 주로 첫 세 가지 활동에서 노력 대비 가
장 큰 효과를 거둡니다. 특히 작은 나라에서는 더욱 그렇습니다. 네 번
째 활동인 실행은 더할 나위 없이 중요하지만, RDI 입장에서는 나머
지 세 활동에 비해 노력 대비 효과가 떨어집니다. 우리를 대변해 실행
해줄 만한 훌륭한 조직이 많다는 게 그 큰 이유이지요. 그래서 당면한
문제는 RDI가 실행을 위해 키르기스스탄에 더 머물러야 하느냐는 것
이었습니다. (…) 우리가 결국 떠나기로 결정한 것은 키르기스스탄에
원조기관들이 많이 진출해 있기도 했고, 우리가 진행 중이던 실행을
감독할 능력이 그들 모두에게 충분했기 때문입니다. 이미 그들이 맡아
추진하던 실행 작업도 잘 진척되고 있다고 판단했습니다.

국제적 환경에서 비영리조직의 운영

인도의 비정부기관(NGO) 활동 환경

1999년 RDI가 인도 진출을 검토하고 있던 당시, 인도에서는 다른 비정
부기관non-governmental organization(NGO)이 여럿 활동하고 있었다. 하지만 토지
개혁 사업을 직접 다루는 곳은 거의 없었고, RDI처럼 네 가지 활동을 모
두 실행하는 곳은 전혀 없었다. 더욱이 NGO와 정부기관 모두 전통적으
로 써왔던 토지개혁 조치는 별 가망이 없다고 보고 거의 포기한 상태였다.

개발도상국 정부와 손잡고 일할 때의 어려움:
관료주의, 요식성 규정, 부패

핸스테드와 프로스터먼은 개발도상국에서 비영리조직을 운영할 때 부딪치는 여러 가지 어려움을 익히 알고 있었다. 두 사람은 오랫동안 일하면서 다양한 일을 겪었다. 거대한 몸집으로 불어난 관료사회, 사면초가의 '요식성 규정', 극에 달한 부패가 그것이다. 핸스테드와 프로스터먼은 인도에서의 사업도 이러한 문제들을 피해갈 수는 없을 거라고 생각했다. 사실, 국제투명성기구Transparency International가 집계하는 체감부패지수 Corruption Perceptions Index에서도 인도의 부패 문제는 심각한 수준으로 나왔다. 더욱이 핸스테드와 프로스터먼은 인도에서 활동하는 다른 NGO들로부터 여러 일화를 전해 듣고 말문이 막힐 정도여서 망설이기도 했다. 변호사 자격을 등록하는 간단한 일마저 인도에서는 거액의 뇌물 요구 때문에 처리하기 어렵다는 이야기였다.

핸스테드는 RDI가 인도에 들어가기로 한다면 인도사무소의 설치와 감독을 위해 직접 가족을 데리고 가서 현지에 거주해야 할 것이라고 생각했다. 그의 가족은 인도 생활을 감내할 마음이 있었지만, 정작 핸스테드 본인은 그에 따를 골칫거리들을 감수할 가치가 있을지 미심쩍었다. 핸스테드가 말해준 그때 상황은 다음과 같았다.

예컨대 외국인이 인도에 거주하려면 처음에 그곳에 들어갈 때 인도 경찰청에 등록을 해야 한다고 들었습니다. 그런데 이 일이 얼토당토

않게 오래 걸린다더군요. 경찰청에서 여러 날을 질질 끌며 처리해주지 않다가 종국에는 십중팔구 뇌물을 요구한다고 하더군요. 가족들도 한 사람씩 접수하고 등록을 해야 하는데, 그때마다 똑같은 과정을 되풀이해야 한다는 겁니다. 출국할 때도 입국할 때와 마찬가지라고 하고요. 한마디로 인도에서 외국인으로 일을 하려면 대단한 인내와 투지가 필요하다는 이야기였습니다.

그곳 사정이 그 정도로 골치 아프다고 하더라도 프로스터먼과 핸스테드는 여러 문제들을 적지 않게 겪어보고 극복한 경험도 있었다. 러시아에서도 그에 못지않게 까다로운 상황을 겪었지만 RDI는 활발하게 사업을 일구어냈다. 러시아에서 겪었던 일을 두고 핸스테드는 이렇게 술회했다. "우리가 현지 관청이 어떻더라는 이야기를 귀담아 듣고 겁을 먹었다면 러시아 사업을 펼치지 못했을 겁니다. 법원마저도 부패하고 썩었다는 식의 이야기들만 들려왔으니까요. 하지만 우리는 사업을 밀고 나가기로 했고, 결국 대단한 성과를 거두었습니다."

개발도상국 정부와 손잡고 일할 때의 기회

프로스터먼과 핸스테드는 이러한 문제들이 골칫거리이기는 해도 큰 기회가 될 것이라고 생각했다. 즉, RDI가 나서서 인도의 당국자들을 교육하고 바꾸는 데 기여할 수 있다는 기대였다. RDI가 몰도바와 우크라이나에서 추진한 사업은 그러한 성과를 잘 보여준다. 프로스터먼의 이야기를 들어보자.

몰도바와 우크라이나에서의 사업은 정부 당국자들을 교육하는 기회가 됐습니다. 이러한 효과는 우리가 목표한 사업 못지않게 중요한 것이었지요. NGO들 사이에는 이따금 개발도상국의 정부를 문제의 근원이자 적으로 인식하는 문화가 있기도 합니다. 정부와 손잡고 같이 일해야 할 때가 많지만, 현지 문화가 일을 방해하는 요인으로 작용할 때도 있습니다. 개선이 필요한 부분이라고 느낍니다. (…) 파리를 잡을 때는 시큼한 식초보다 달콤한 꿀이 훨씬 효과적일 때도 있거든요. 공무원들이 일하는 게 아무리 엉망이더라도 같이 일하다 보면 그들을 구슬려서 일하게 하는 합법적이고 효과적인 방법이 있기 마련입니다.

핸스테드는 그의 지적에 동감하면서 다음과 같이 말했다.

가장 힘겨운 길을 선택하는 비영리조직들이 얼마나 많은지 놀랄 때가 많아요. (…) 비영리조직들에게 조언해주고 싶은 말은, 최상의 것만을 고집하다가 일을 망치지 말라는 것입니다. 최선의 상태를 이데올로기의 틀로 바라보는 비영리조직들이 많습니다. 이들 순수주의자들은 긍정적 변화를 가져올 수 있는 기회를 놓칠 때가 많지요. (…) 지금 인도에는 NGO들이 정부와 손잡고 일해야 할 거리도 많고 정부를 경유해서 일해야 할 거리도 많습니다. 하지만 그렇게 하지 않으니 NGO들이 놓치는 게 많아요.

NGO가 현지 지방정부와 같이 일하는 게 유익하고 심지어 필요하다고 해도, 추진하려는 사업 자체의 성격과 유형에 따라 그 필요성과 가치는 달라진다. 예컨대 사업규모가 큰 소액신용대출 사업은 정부와 상관없이 추진이 가능할 것이다. 이와 반대로, RDI의 사업은 성격상 정부와 같이 일하는 수밖에 없다. 더구나 RDI의 사업 효과를 확대하려면 현지 정부가 강력하게 나서줘야 할 일이 많다.

RDI는 오랜 경험을 토대로 개발도상국 정부와 같이 일하는 효과적인 방법을 개발했다. 프로스터먼은 그 방법을 다음과 같이 설명했다.

우선 우리와 같은 목표를 추구하는 지방정부의 주요 인사들을 찾습니다. (…) 그런 일들 위주로 활동을 펼치면서 당국자들과 관계를 맺고 인맥을 다지는 겁니다. (…) 이렇게 시작하다 보면 다른 업무를 추진할 준비가 되기도 하지요. 예컨대 RDI가 중국 사업을 시작할 때 노골적으로 토지소유권 문제에 달려들면 적을 만들게 될 것 같았습니다. 그래서 중국인들이 일을 벌이는 영역을 눈여겨보고 그런 일들을 좀 더 추진하려고 애썼습니다. 그러니까 완전한 토지소유권의 경제적 가치 대비 약 75~95퍼센트에 해당하는 장기적 토지권리를 목표로 잡는 방식입니다. 완벽한 기준을 고집하다가 아무것도 못하기보다 어느 정도 의미 있는 일을 성취하는 게 낫다고 판단했습니다. 우리는 정치색이나 이해관계를 떠나 기꺼이 마주 앉아 이야기하려고 합니다. (…) 작업에 들어갈 때 동네방네 떠들지도 않고 기자회견장에 끼어들지도 않습니다. 열정을 갖고 문제에 다가서서 조용히 일을 시작합니다. (…)

결국 정부 당국자들도 우리가 언론에 떠들어대거나 험담을 하지도 않을 것임을 알게 되자 우리를 신뢰하게 됐습니다.

프로스터먼과 핸스테드는 어떤 결정을 내려야 할지 준비하면서 다시 한 번 찬반양론을 검토했다. 인도에서 할 수 있는 일은 실로 어마어마했다. 일이 잘되기만 한다면, 엄청난 효과를 거두고 수백만 명에게 더 나은 삶의 희망을 줄 수 있다. 반면 넘어야 할 장애물도 아주 컸다. 게다가 인도 진출을 뒷받침해줄 자금원이 RDI에 있는 것도 아니었다. 그들이 어떤 결정을 내리느냐에 따라 RDI의 미래 또한 크게 달라질 것이다.

질문

1. RDI가 인도 진출을 고민하고 있던 1999년 당시, 당신이라면 인도에 진출하라고 권고했겠는가? 그렇다면 그 이유는 무엇이고, 반대했을 거라면 그 이유는 무엇인가?

2. RDI가 구소련의 도시권 토지개혁 사업을 포기하기로 결정했던 일에서 배울 수 있는 교훈은 무엇인가?

3. 비영리조직이 미국과 같은 선진국에서만 일할 때와 비교하면 해외에서 일할 때 더 큰 도전과 기회에 부딪치는데, 어떠한 점에서 그러한가? 어떻게 하면 이와 같은 국제적 환경에서의 도전과 기회에 잘 대처할 수 있겠는가?

예시 1 **RDI의 임무, 비전, 가치**

RDI의 웹사이트에 소개된 조직의 임무, 비전, 가치는 다음과 같다.

임무 : 우리가 하는 일

RDI는 세계 극빈층 사람들에게 토지권리를 확보해주기 위해 일한다. 우리가 대상으로 하는 극빈층은 주로 농촌과 촌락에 거주하면서 하루 2달러도 안 되는 생계비로 살아가는 34억 명을 헤아린다. RDI는 개발도상국의 동반자로서 토지에 관한 법률, 정책, 사업을 설계하고 실행한다. 이러한 활동을 통해 기회를 발굴하고 경제성장을 촉진하며, 사회정의를 향상시키는 데 기여한다.

비전 : 우리가 이 일을 하는 이유

우리는 빈곤이 없는 세상을 꿈꾼다. 땅을 필요로 하는 모든 사람들에게 안정적인 토지권리를 갖도록 하는 것이 우리가 바라는 미래다. 땅에 의지해야 하는 사람이 자신과 가족을 빈곤에서 구하기 위해 가져야 할 가장 기본적이고 효과적인 자원이 곧 땅이다.

가치 : 다음 사항을 믿기에 우리는 성공한다

- 세계 도처의 빈곤을 해결하는 일은 도덕·경제·안전에 대한 우리의 관심에 부합하는 일이며 실현 가능하다.
- 가난하고 변두리에 몰린 사람들 모두 존중과 품위를 누리며 살 수 있어야 하고, 좀 더 행복한 삶에 다가설 수 있는 의미 있는 기회를 가져야 한다.
- 법률은 사회와 경제에 강력한 변화를 가져올 수 있는 매우 효과적인 도구다.
- 세계 극빈층 인구의 대다수에게 토지는 가장 중요한 자산이다.
- 안정적 토지권리의 결핍이 전 세계 빈곤의 근본 원인이다.
- 안정적 토지권리는 생활조건을 개선하기 위한 밑거름이다.
- 여성들도 동등한 토지권리를 누릴 수 있어야 한다.
- 작은 집단이라고 해도 뜻을 같이하는 개인들이 정열과 직업적 헌신으로 매진한다면 세계가 직면한 지난한 과제에 대응할 수 있고 긍정적인 결과를 가져올 수 있다.

자료: http://www.rdiland.org (2007년 2월 15일 접속)

예시 2 　RDI의 사업 실적(1999년 현재)

국가	기간	수혜 가구	가구 당 인구	수혜자 수	분배 토지 (에이커)
남베트남	1970–73	1,000,000	5.4	5,400,000	3,325,000
필리핀	1972–80	200,000	5.4	1,100,000	850,000
엘살바도르	1980–84	50,000	6.0	300,000	175,000
이집트	1985–92	50,000	5.0	250,000	100,000
러시아	1992–	26,000,000	3.5	91,000,000	14,175,000
키르지스탄	1992–	200,000	6.0	1,200,000	3,375,000
중국	1996–	42,500,000	4.42	187,000,000	40,250,000
몰도바	1997–	35,000	3.5	120,000	250,000
합계	–	70,000,000	–	286,000,000	62,250,000

자료: 〈RDI 1999년 연차보고서RDI 1999 Annual Report〉, p. 7.

예시 3 RDI의 1999년 활동별 지출 내역

	사업비용 및 경영 관리비용	자금조달 비용	합계
급여 및 인건비 관련	769,428	61,240	830,668
해외 사업제휴자	83,204	0	83,204
연구 컨설턴트	33,608	0	33,608
출장	225,219	8,441	233,660
국내사무소	61,976	0	61,976
해외사무소/주거	30,961	0	30,961
통신비(전화, 팩스 등)	24,684	424	25,108
전문서비스	75,139	4,068	79,207
인쇄복사비	4,621	2,950	7,571
사무소운영경비	40,973	3,240	44,213
감가상각비	16,105	0	16,105
기타	37,013	1,081	38,094
합계	1,402,931	81,444	1,484,375

자료: 〈RDI 1999년 연차보고서RDI 1999 Annual Report〉, p. 26.

1999년 현재, RDI 이사회를 구성하는 이사들은 다음과 같다.

· 존 코발리 John E. Corbally 이사장

 – 맥아더재단 John D. & Catherine T. MacArthur Foundation 회장

· 리처드 크레이 Richard B. Cray 재무

 – 프라이머스코퍼레이션 Primus Corporation 회장

· 척 셸턴 Chuck Shelton 사무국장

 – 다이버시티매니지먼트 Diversity Management, Inc. 최고경영자

· 재닛 커리 Janet Curry 이사

 – 산타페 성폭행 위기센터 Santa Fe Rape Crisis Center 대표

· 로라 리 그레이스 Laura Lee Grace 이사

 – 그레이스인테리어디자인 Grace Interior Design 대표

· 조지 카지아니스 George Kargianis 이사

 – 카지아니스왓킨스말러 Kargianis Watkins Marler 파트너대표

· 헨핀 '핑' 키앙 Hen-Pin "Ping" Kiang 이사

 – 퍼킨스코이 Perkin Coie, LLP, 변호사

· 마이클 킹 Michael B. King 이사

 – 레인파월스피어스루보스키 Lane Powell Spears Luborsky, 변호사

· 휘트니 맥밀런 Whitney MacMillan 이사

 – 카길 Cargill, Inc. 명예임원

· 마가렛 나일스Margaret A. Niles 이사

– 프레스턴게이츠앤드엘리스Preston Gates & Ellis, 변호사

· 제임스 피고트 James C. Pigott 이사

– 매니지먼트리포트앤드서비스Management Reports & Services 회장 겸 최고
  경영자

· 윌리엄 로빈스William R. Robinson 이사

– 변호사

· 로버트 어터Robert F. Utter 이사

– 워싱턴주 대법원 전직 대법관

자료:《RDI 1999년 연차보고서RDI 1999 Annual Report》, p. 23.

·CASE·

08

학교가 추구해야 할 교육의 미래
The Future of Mt. Hillyer College

마운틴힐리어대학Mt. Hillyer College은 창립 150주년을 맞아 각종 기념행사를 아무 탈 없이 성공적으로 치렀다. 기념행사가 끝나고 두세 시간 후에 학교를 찾은 미국 대통령은 졸업식 연설을 하고 명예박사 학위 수여식에 참석한 뒤 대통령전용기 에어포스원을 타고 돌아갔다. 이어서 학생, 학부모, 내빈들도 돌아갔다. 이제 석양이 오래도록 늘어지는 6월의 아름다운 초저녁을 맞아 마운틴힐리어 대학은 다시 정적을 찾았다.

그 시각 총장 사택에서는 베란다에 모여 바쁘고 힘겨웠던 한 주간을 마치고 숨을 돌리는 몇 사람이 있었다. 이들은 그해 내내 그 주간에 몰린 기념행사에 매달려 일했던 사람들이다. 젊고 활기 넘치는 레오니데스Leonides 총장, 그의 부인 심리학과장, 고령에 접어든 명예총장 랭턴Langton

박사도 그 자리에 함께했다. 랭턴 박사는 2차 세계대전이 끝난 직후 시들했던 이 작은 학교를 떠맡아 지금과 같이 크고 돋보이는 명문 학교로 일군 장본인이다. 또 학장을 비롯해 여러 사람들이 자리를 같이했다. 대학 수탁관리자이사회board of trustees 의장을 맡고 있는 주 대법관 캐서린 홀먼Catherine Holman, 그녀의 남편이자 이 학교 졸업생 중 가장 고명한 인물로 꼽히는 주립대학교 법률대학원장, 그리고 학생처장과 학교를 운영하는 고위직 몇 사람, 학생회장도 그 자리에 있었다.

명예총장은 늘 그렇듯이 한 사람씩 돌아가면서, 행사주간 중 가장 중요한 일을 꼽자면 무엇이겠냐고 물었다. 그는 맨 마지막으로 주 대법관의 남편인 법률대학원장을 보고 말했다. "홀먼 원장, 여기서 외부인은 당신 한 사람뿐인데, 아직 아무 말씀이 없으시군요. 이번 주에 치른 행사 중에서 가장 중요하다거나 관심 가는 걸 꼽자면 어떤 일이겠습니까?"

홀먼이 미소 짓더니 말했다. "제가 보기에 가장 관심이 가는 일은 아직 일어나지 않은 일입니다. 마운틴힐리어대학의 지난날과 성과 또 새로 성취한 것들과 자랑거리에 대한 이야기는 이미 충분히 나왔습니다. 하지만 미래에 대한 이야기는 없군요. 물론 재기 넘치고 풍부한 지식으로 영감을 자극하는 인문교육의 미래에 대한 좋은 이야기들이 많지만, 인문교육이 바람직하다는 것 말고는 다른 내용은 없어 보입니다. 마운틴힐리어대학은 이제 꽤 큰 규모를 자랑합니다. 적어도 학부과정을 가르치는 사립대학으로서는 커다란 학교가 됐어요. 랭턴 박사와 레오니데스 박사 두 분이 애쓰신 덕분에 학생들이 4,500명으로 불어났습니다. 제 아내가 수탁관리위원을 맡을 때만 해도 전교생이 450명에서 500명 정도에 불과했지요. 이제는 학교 이름도 많이 알려졌고 명성도 얻었습니다. 규모에 비하면 재단도 넉넉해졌습니다. 하지만 지금의 명성이 내일이 되면 어떻게 될까요? 아니면 그런 명성 따위는 불필요한 것일까요? 그냥 웬만하고 남들보다 좀 나은 수준이면 족한 것일까요?"

홈먼은 이어서 말했다. "법률대학원 같으면 우리가 무슨 일을 하려고 하는지 잘 알고 있습니다. 적어도 알고 있다고 생각하지요. 변호사시험 합격자를 많이 배출하는 일입니다. 변호사시험 합격자 수가 최상의 지표라고 할 수는 없지만, 적어도 하나의 지표이기는 합니다. 마운틴힐리어에는 매력적인 특징이 몇 가지 있습니다. 아름다운 전원의 쾌적한 입지조건도 한몫합니다. 하지만 지금 모습으로 충분할까요? 마운틴힐리어를 일군 분들에 대한 이야기를 며칠 새 많이 들었지만, 그분들 생각은 그렇지 않을 것입니다. 당시 황량하기만 했던 외딴 곳 끝자락에 학교를 세웠던 분들에게는 목표가 있었습니다. 또 그분들의 뒤를 이어 19세기 말 소속 교회에서 학교를 분리하고 남녀공학으로 전환해 과학·행정학·경제학을 키웠던 분들도 학교가 추구하는 이념을 분명히 가지고 있었습니다."

홈먼의 이야기는 계속되었다. "이런 제 소견에 답해주십사 드리는 말씀은 아닙니다만, 이번 주를 보내며 아무도 이러한 생각을 던지는 분이 없다는 점이 좀 근심스럽다고 할까요? 미국에서 고등교육은 이미 거반이 도시권 대형 교육기관들이 세금 지원을 받으면서 담당하고 있습니다. 마운틴힐리어대학은 작은 사립학교(그래서 비싼 학교)로 충분한 것일까요? 또 농촌과 거의 비슷한 입지조건으로 족할까요? 다른 문제로, 고등교육 영역에서 무언가 추구할 이념이 있어야 하는 것은 아닐까요? 이를테면 학생들을 가르치는 교습 기능에서 앞서가는 방향도 있겠고, 새로운 분야의 배움과 지식에서 앞서가는 방향도 있을 것입니다. 혹은 학생들이 잘 모르는 직업세계와의 긴밀한 통합을 추구하는 방향도 있겠죠. 가령 매년 학생들을 위해 석 달간의 취업 프로그램을 짜는 방법을 생각해볼 수 있습니다. 아니면 유명한 소수의 교수진을 유치해서 돈과 성적이 되는 학생들을 선별적으로 받는 방향도 있을 것입니다. 하지만 이러한 문제들을 어떤 식으로 풀어가느냐가 걱정거리입니다. 어쩌면 가장 큰 걱정거리는 고등교육을 담당하는 우리들이 이런 문제들은 보지 못하면서 인문교육의 멋만을 논한다는 사실일 것입니다."

질문

- 이러한 우려가 합당한 지적이라고 보는가? 이것은 진지하게 다룰 수 있는 문제들이겠는가, 아니면 이야기해봐야 말만 무성할 문제들인가?

· C A S E ·

09

준비가 덜 된 창업기업의 경영[*]

The Water Museum

제이콥 피터스Jacob Peters는 성공적인 사업가로서 사회에 봉사하기 위해 다양한 비영리법인의 이사회에서 일했다. 타고난 리더이다 보니 참여하는 여러 이사회에서 이사장을 속속 맡게 됐다. 지역 내 상수도공단 이사회에도 참여했다가 금세 주무 격 임원을 맡았고, 그로부터 몇 년 뒤에는 직무 폭도 넓고 선망의 자리로 꼽히는 상수도공단 이사장으로 선출됐다.

그즈음 상수도공단은 관할권 내 인구가 급증하는 외진 지역에 거대한 저수지를 막 건설하기 시작했다. 그때 건설 현장에서 엄청난 역사적 유물이 발굴되어 큰 화제를 모았다. 지역 내 한 재단이 저수지 곁에 유물을

* 이 사례는 2007년 피터드러커마사토시이토 경영대학원의 마거리트 휠러Marguerite Wheeler가 작성했고, 조지프 마셔리엘로 교수가 감수를 보았다.

보관할 박물관을 짓자고 제안했고, 상수도공단이 그곳과 같이 일하기 시작했다. 상수도공단은 건축 부지를 장기간 무상 임대하는 대신, 재단은 박물관을 짓고 유물을 전시하는 일을 맡기로 했다.

제이콥 피터스는 교육센터가 중요하다고 생각하던 차에, 미래 세대에게 수자원 보전의 중요성을 가르치는 박물관도 새로 건설해야 한다고 결정했다. 공단 이사회의 여타 임원들 중에도 수자원박물관을 짓는 데 찬성하는 사람들이 많았다. 공단 이사회는 수자원박물관을 세우고 운영하는 일만 전담할 별도 조직을 설치하는 게 능률과 효과 면에서 더 나을 거라고 판단했다.

상수도공단은 곧 수자원박물관 이사회를 비영리법인으로 구성하고, 박물관에 대한 자선 기부금이 국세법 170조에 따라 소득공제가 되도록 국세청에 설립 신고를 했다. 상수도공단 이사회의 다수 임원들이 수자원박물관을 별도 법인하에 두는 것이 자금 마련이나 공적·사적 기부금 확보에도 더 효과적일 거라고 생각했다. 즉, 상수도공단 자체 사업으로 추진하기보다 비영리법인에서 수자원박물관 겸 교육센터 설립을 추진하는 쪽이 기부금 받기가 더 수월할 거라고 여긴 것이다.

상수도공단은 수자원박물관 이사회를 구성할 임원들을 지명했다. 해당 임원들의 직업적 배경도 다양했고, 다들 각자의 영역에서 성공한 지도자들이었다. 컨설팅, 교육, 건축 분야 임원들을 초빙하고 상수도공단 임원 두 사람을 배치하여, 총 다섯 사람으로 이사회를 구성했다. 제이콥 피터스는 박물관 이사회 첫 모임에서 이사장으로 선출됐다.

상수도공단은 유물박물관 부지 가까이 꽤 넓은 면적(1~2만 평방미터)을 수자원박물관 이사회에 무상으로 장기간 임대해주었다. 그 땅을 수자원박물관과 유물박물관이 들어설 곳으로 개발해, 관람객들이 수자원과 유물에 대해 배우는 교육시설로 만들자는 계획이었다. 수자원박물관 이사회는 곧바로 자금 마련에 돌입해 수백만 달러를 모금하는 데 성공했다. 지역·주·연방 차원에서 기부금을 유치했고, 지역 내 다른 공익시설로부터도 후원금을 받았다.

수자원박물관 이사회는 임원 회의를 소집해 임무진술서를 작성했다. 박물관의 목적을 수자원 관련 현안에 대한 대중의 인식 제고, 지역 수자원의 역사에 대한 자료 제공, 수자원 관리와 보전의 중요성에 대한 강조로 정하고, 긴 토론 끝에 다음과 같은 임무진술서의 내용에 대해 합의했다.

수자원의 과거, 현재, 미래를 포함해 수자원 현안을 일반 대중에게 잘 알려서 이에 대한 인식과 공감을 진작하고, 효율적인 수자원 활용에 기여할 연구를 주도적으로 지원한다.

그리고 관람객을 비롯해 박물관이 유치해야 할 사람들을 다음과 같은 다양한 부류로 잡았다.

학생(유치원부터 초등학교 6학년), 학생(7학년에서 12학년), 고등학교 이후 고등교육과정 학생들, 가족 단위의 모임, 고령자, 외국 관광객, 공익시설 및 업계의 전문직 종사자, 교육자, 상업회의소, 고위 공무원 그러고 두 해가 지나 수자원박물관 이사회는 건축 계획을 마련해 시공할 준비를 갖추고, 상수도공단 이사회를 찾아갔다. 그 자리에서 진척사항을 알리고 수자원박물관 건축에 필요한 융자를 요청했다. 공단 이사회는 박물관 일을 돕는 데 매우 적극적이어서, 시설 건축 및 전시품 마련에 쓸 넉넉한 자금을 아예 증여하기로 했다. 제이콥 피터스는 즉시 수자원박물관 이사회를 소집했다. 착공 문제도 논의하고, 완공과 동시에 수자원박물관이 운영될 수 있도록 자금 마련책 등 포괄적인 사업계획도 논의하자는 취지였다.

수자원박물관 이사회는 임원을 여섯 명 더 늘려서 업계 지도자들과의 접촉과 협력을 통해 기금을 확충하고자 했다. 새로 지명된 임원들은 면면이 자기 분야에서 출중하고, 지역사회 유지 및 정치인들과도 유대가 탄탄한 사람들이었다.

공사는 추진계획대로 착실하게 진행됐지만, 기금을 마련하는 일은 전혀 쉽지 않았다. 두 해가 지나니 박물관 시설은 완공 단계에 도달했지만 추가적인 기금이 마련되지 못한 상태였다. 그 지역에 건설 붐이 이는 바람에 건축비가 예상보다 많이 들어갔던 것이다.

피터스가 보기에 건물은 다 지을 수 있겠지만 박물관 문을 열 만큼 돈이 충분치 못했다. 착공한 지 4년 남짓한 시점인데 수자원박물관 이사회는 추가적인 기금을 마련할 수가 없었다. 박물관 시설은 들어섰지만 운영 경비와 직원 보수로 쓸 경비가 없었다. 결국 피터스는 아직 공식적으로 개관하지 못한 박물관의 미래를 토의하기 위해 이사회를 소집했다.

질문 _____

- 임무를 성공적으로 달성하는 데 필요한 세 가지 '필수 조건'이 있다. 수자원박물관이 설정한 임무는 이를 충족하는가?

- 수자원박물관 이사회는 시장을 정의했는가? 또 다양한 관람객에게 접근하는 데 성공할 수 있겠는가?

- 제이콥 피터스를 운영 준비가 안 된 창업기업의 리더라고 본다면, 그는 어떤 일을 해야 하겠는가?

- 만약 당신이 수자원박물관 이사회의 임원이라면 어떻게 하겠는가? 또 상수도공단 이사회의 임원이라면 어떻게 하겠는가?

장기적인 투자가치에 대한 다른 생각[*]
Should the Water Utility Operate a Museum?

오기 오파렐Auggie O'Farrell은 지역 상수도공단 이사회에서 20여 년 동안
일했다. 상수도공단의 이사장 자리는 선망의 대상이어서 오파렐 역시 언
젠가는 그 직책을 맡아보고 싶었고, 결국 이사장으로 선출됐다. 하지만
그가 이사장을 맡게 되었을 때, 마침 공단은 아주 어려운 시기에 처해 있
었다. 수자원의 불확실성이라든가 그 밖에 수도요금의 인상, 규제완화의
위협, 노동인구의 고령화에 관한 문제도 있었다. 오파렐은 이사회 임원
으로 20여 년을 일했던 터라 자기만의 관점도 생겨서, 다양한 문제에 대
처하기 위한 전략을 신속하게 실행했다.

[*] 이 사례는 2008년 1월 피터드러커마사토시이토 경영대학원의 마거리트 휠러Marguerite Wheeler가 작성
했고, 조지프 마셔리엘로 교수가 감수를 보았다.

그즈음 상수도공단은 관할권 내 인구가 급증하는 외진 지역에 거대한 저수지를 막 건설하기 시작했다. 그 건설 현장에서 엄청난 역사적 유물이 발굴되면서 관계자들 모두 대단히 놀라는 일이 있었다. 지역 내 한 재단이 그 물건들을 보관할 유물박물관을 저수지 곁에 짓자고 제안해서, 상수도 공단이 그곳과 손을 잡고 같이 일하기 시작했다. 상수도공단은 건축부지를 장기간 무상 임대하고, 재단은 박물관을 짓고 유물을 전시하는 일을 맡기로 했다.

오파렐의 전임 이사장은 미래 세대에게 수자원 보전의 중요성을 가르치자는 취지에서 공단이 새로운 교육센터를 운영해보자고 제의했다. 이사회의 다른 임원들도 이 생각에 전폭적으로 지지했다. 이사회는 수자원박물관이 좋겠다고 판단했고, 별도 조직을 설치하여 그 설립과 운영을 전담하도록 하는 것이 능률과 효과 면에서 더 낫겠다고 판단했다. 상수도공단은 수자원박물관 이사회를 비영리법인으로 구성하고, 박물관에 대한 자선 기부금이 국세법 170조에 따라 소득공제가 되도록 국세청에 설립신고를 했다. 상수도공단 임원들 다수가 수자원박물관 겸 교육센터 설립을 원활히 추진하려면 공단과 분리된 비영리법인을 두는 것이 자금 마련과 공적·사적 기부금 확보에 더 효과적일 거라고 생각했던 것이다.

상수도공단은 유물박물관 부지 가까이 꽤 넓은 면적(1~2만 평방미터)을 수자원박물관 이사회에 장기간 무상 임대해주었다. 그 땅을 수자원박물관과 유물박물관이 들어설 곳으로 개발해, 관람객들이 수자원과 유물에 대해 배우는 교육시설로 만들자는 생각이었다. 수자원박물관 이사회는 곧바로 자금 마련에 돌입해 수백만 달러를 모금하는 데 성공했다. 지역·

주·연방 차원에서 기부금을 유치했고, 지역 내 다른 공익시설로부터도 기부금을 받았다.

4년 뒤 박물관 시설은 거의 완공 단계에 도달했는데, 실제 운영에 필요한 자금은 마련하지 못했다. 수자원박물관 이사회가 건설 작업을 마치는 데만 신경을 썼기 때문이었다. 시설은 아주 참신하게 갖추어졌는데, 정작 운영 경비와 직원 보수로 쓸 돈이 없었다.

오기가 보니 상수도공단이 풀어야 할 현안이 많기는 하지만 수자원박물관 문제야말로 상수도공단 이사회가 펄쩍 뛸 만한 일이었다. 그는 수년간 공단 이사회에서 같이 일했던 수자원박물관 이사장을 만나 어떤 방안들이 있을지 토의했다. 이 토의가 끝나고 수자원박물관 이사회는 개관비용과 5년치 운영예산을 융자해달라고 공단에 요청했다. 일정계획을 잡아놓고 기간별로 공단이 융자금을 내주는 방식이다. 이렇게 5년을 운영하고도 수자원박물관 이사회가 융자금을 상환할 수 없거나 독자적 운영이 불가능할 때는 수자원박물관을 다시 공단에 귀속시키자는 것이다. 이어서 오기는 공단 집행위원회를 소집해 수자원박물관 운영 방안을 토의했다. 오랜 토의 끝에 네 가지 방안이 나왔다.

1. 운영자금을 수자원박물관에 융자해준다.
2. 운영자금을 기부금으로 제공한다.
3. 수자원박물관을 공단 이사회 산하로 복귀시킨다.
4. 아무 행동도 취하지 않는다.

집행위원회는 네 번째 방안을 택했다. 아무 행동도 취하지 않고 수자원박물관이 스스로 운영하도록 내버려두자는 것이었다. 몇 달 후 박물관 이 사회는 운영예산이 바닥 나 수자원박물관을 공단으로 넘겼다. 오기는 박물관 처리 방안을 결정하기 위해 집행위원회를 소집했고, 토의 끝에 박물관 업무를 다뤄본 컨설턴트에게 의뢰하여 처리 방안을 더 찾아보기로 결정했다. 컨설턴트의 연구 작업을 기다리는 동안, 공단의 인력과 자원을 활용해서 박물관을 다시 개관했다.

몇 달 뒤 컨설턴트는 공단 이사회에 다음 세 가지 처리 방안을 권고했다.

1. 공단이 수자원박물관을 계속 소유하고 저수지를 찾아오는 방문객들의 교육센터로 활용한다. 박물관 운영경비는 계속 들어가겠지만, 공단이 박물관 통제권을 가진다는 장점이 있다.

2. 다른 비영리법인과 제휴해서 수자원박물관을 운영한다. 이 제휴 파트너가 상당 기간 외부 자금을 끌어올 수 있으니 공단의 재정 부담을 덜 수 있다는 장점이 있는 한편, 이 제휴 파트너 역시 앞으로 재정난에 처할 위험이 있다. 제휴할 파트너는 유물박물관을 맡은 지역 재단과 서로 도와 상생할 수 있는 곳이 좋다. 그렇지 못할 경우, 공단은 또 하나의 비영리법인을 떠안게 될지도 모른다.

3. 수자원박물관을 영리법인으로 전환해서 매각한다. 시설이 아주 잘 지어졌으므로 매각할 가능성은 충분하다. 하지만 공단은 수자원박물관 활용에 대한 통제를 잃을 위험이 있고, 이로 인해 유물박물관 운영을 맡은 지역 재단이 부정적 영향을 받을 가능성도 있다.

오기는 이사회를 소집하기 전에 이사회 임원들을 두루 만나보았는데,

임원들 견해가 제각각이라는 사실이 금세 드러났다. 개중에는 박물관에 다녀와보고 공단이 직접 운영할 만한 장기적인 사용가치가 있다고 말하는 임원들도 있었다. 한편, 공단이 무엇하러 박물관까지 운영해야 하느냐는 임원들도 있었다. 공단 일에 더 효과적으로 쓰일 수도 있었던 수백만 달러가 이미 박물관을 짓는 데 들어갔다는 비판도 제기되었다.

오기는 예전 경험에 비추어볼 때 이 문제가 공단의 다른 문제에도 영향을 미칠 소지가 많다고 느꼈다. 박물관 문제를 놓고 이사회가 여러 진영으로 갈린 탓에 표결이 끝나더라도 그 여파가 오래갈 것 같았다.

질문

- 오기는 어떻게 해야 할 것인가?
- 당신이 공단의 임원이라면 어느 쪽에 표를 던질 것인가?
- 조직이 자기 임무와 다른 사업에 뛰어들어야 할 때가 있는 것인가?

11

갈수록 도움이 필요한 제3부문을
어떻게 지원할 것인가
Meeting the Growing Needs of the Social Sector

현재 미국 전역에 걸쳐 활발한 활동을 펼치고 있는 브릿지스팬 그룹 Bridgespan Group이라는 비영리조직은 재단을 비롯한 비영리조직들을 대상으로 일반적인 기업 수준의 경영 컨설팅을 제공하자는 취지에서 설립됐다. 대표직을 맡고 있는 토머스 티어니Thomas Tierney 회장이 발표한 바에 따르면 미국 내에서만 비영리조직이 매일 100개 정도나 생기고, 매년 새로 생기는 재단은 약 300개에 달한다고 한다.

최근 들어 미국에서 자원봉사활동은 지난 30년을 통틀어 최고조에 달했고, 미국 인구의 약 27퍼센트가 정기적으로 자원봉사에 참여한다고 한다. 자선 기부금은 매년 3,000억 달러 가까이로 증가해, 몇 해 전 1,200억

달러에 비해 크게 늘었다.[*]

보통 비영리조직이 활동하는 사회영역은 사적부문(시장/사기업)도 공적부문(정부/공기업)도 아니란 점에서 '제3부문'이라고 부르기도 한다. 아마도 제3부문에서 활동하는 비영리조직의 경영 전문화를 위해 피터 드러커만큼 애쓴 사람은 없을 것이다. 피터 드러커는 장기간 활발하게 활동하면서 크고 작은 제3부문 비영리조직 대표들에게 자문을 해주었다. 미국 적십자, 구세군, 걸스카우트, 가톨릭 자선단체, 케어CARE가 그런 곳들이고, 그 밖에 수많은 병원과 교회에도 자문해주었다. 하지만 생애 마지막에 이르러 드러커는 비영리조직은 (이익과 같은) 적합한 실적 개념이 결여된 탓에 일반 기업보다 부실 경영에 노출될 위험이 더 크다는 견해를 밝혔다. 일반 기업들 역시 대체로 경영이 부실하다고 봤던 그의 지적을 감안하면 생각해봐야 할 문제다.[**]

피터 드러커는 드러커비영리경영재단Peter F. Drucker Foundation for Nonprofit Management(지금의 리더투리더인스티튜트Leader to Leader Institute)을 설립할 때 제3부문 비영리조직에 대한 자신의 희망을 언급했다.[***] 이어지는 내용은 이

---

[*] 브리지스팬그룹의 토머스 티어니 회장은 베인앤드컴퍼니Bain & Co.의 최고경영자를 역임한 바 있다. 2007년 11월 19일 드러커인스티튜트Drucker Institute와 리더투리더인스티튜트Leader to Leader Institute가 후원해서 뉴욕에서 컨퍼런스가 개최됐는데, 이 첫 문단에 있는 정보는 여기서 발언한 토머스 티어니 회장의 기조연설에서 얻은 것이다.

[**] 다음 자료를 참조하라. "Peter F. Drucker on Mission-Driven Leadership and Management in the Social Sector, Interviews and Postscripts, by Joseph A. Marciariello," 다음 정기간행물에서 찾아볼 수 있다. The Journal of Management, Spirituality & Religion, Special Issues, Values and Virtues in Organizations, Vol. 3, Issues 1 and 2, 2006.

[***] 이러한 드러커의 희망은 데이비드 존스David A. Jones에게 보낸 1990년 10월 26일자 편지에 쭉 기술되

때 그가 밝힌 희망을 적은 것이다.

"우리 재단이 중점 과제로 집중해야 할 일을 두 가지 측면에서 찾고 싶습니다. 하나는 우리가 잘할 수 있는 일을 하는 것입니다. 다른 하나는 재단 설립을 공지할 때 우리가 접했던 반응에서 할 일을 찾는 것입니다. 봇물 터지듯 많은 이야기들이 나왔는데, 여기서 가장 필요한 일이 무엇이고 얻어야 할 결과가 무엇인지를 찾아볼 수 있습니다.

우리가 접했던 사람들의 반응으로 판단할 때, 재단의 가장 중요한 활동은 비영리조직(특히 소규모 조직들)의 자체 평가기준을 개발하는 일입니다. 평가기준을 적용해야 할 대상에는 임무도 있고, 성과와 실적도 있으며 또 구조와 조직, 자원배분이 있습니다.

그 밖에 매우 아쉬운 것으로 자원(인적 자원과 자금 둘 다)의 유치와 활용에서 거둔 성과가 있습니다. 이런 것들을 자체 평가에 활용할 작업도구로 개발해야 합니다.

그렇지만 우리가 모두 인정하고 있듯이 이러한 자체 평가기준에서 출발해, 분명히 해야 할 일들이 몇 가지 더 있습니다. 예컨대 비영리조직이 바꿔야 할 일도 생길 것이고, 강화해야 할 일도 생길 것입니다. 그러한 분야에서 아쉬운 외부 지원(예를 들어 컨설턴트)을 받을 수 있도록 도와주는 조회 서비스가 있을 것입니다.

또 도움을 받을 수 있는 사업가를 비롯한 외부 자원의 목록을 구축할 필요도 있을 것입니다.

어 있다. 데이비드 존스는 당시 켄터키 주 루이빌의 휴머너Humana, Inc.의 회장 겸 최고경영자를 맡고 있었다. 자료: 드러커인스티튜트.

또 궁극적으로 우리 스스로 컨설팅서비스를 해주는 게 필요할 것이고, 어쩌면 비영리조직 스스로 영리기업을 자회사로 두는 것이 필요할지도 모릅니다. 이러한 요소가 워낙 아쉬운 것들인지라 아무리 어렵더라도 이 일을 가장 중요한 중점과제로 삼아야 한다는 (내키지 않는) 결론에 이르게 됐습니다.

또 우리가 집중해야 할 영역은 정보를 개발하는 일입니다. 그러니까 책 이든 정기간행물이든 사람이나 비디오 등 어떤 것이든 간에, 비영리조직 들이 활용 가능한 자료가 어떤 것들이 있는지 탐색하고 그러한 정보를 구 축해야 합니다. 이러한 정보를 아쉬워하는 곳들은 어마어마하게 많습니 다. 아마도 정보기술과 데이터베이스 분야의 주력 회사들과 제휴해서 이 일을 해야 할 것입니다. 참 하찮은 일 같아 보이고 실제로 그렇기도 합니 다. 하지만 이 하찮은 것이 비영리조직들에게 너무나도 아쉬운 실정임을 확인했습니다.

세 번째 영역은 '직무 병행parallel careers'이라고 칭하는 것입니다. 전국 경영자봉사단체National Executive Service Corps(NESC)와 같은 수많은 조직들이 은 퇴한 업계 임원들을 비영리조직 직무에 소개해줍니다. 보통 짧은 기간(예 컨대 1년) 동안 이런 직무에서 정규직으로 일하게 해줍니다. 하지만 은퇴 한 임원들 말고도 비영리조직에서 일할 사람들은 얼마든지 있습니다. 대 부분 젊은 층이고 자기 일을 그대로 유지하면서 비영리조직에서 자신들 에게 적합한 자원봉사 업무를 찾고 싶어 하는 사람들입니다. 제3부문(혹 은 사회부문) 중 기독교 부분만 보자면, 그러한 일을 하고 싶어 하는 사람 들은 보통(혹은 자주) 자원봉사에 직접 나섭니다. 이런 분들은 오랫동안 교회 신도로 활동하다가 아주 활발하게 자원봉사에 참여합니다. 하지만 다른 데서는 이런 자발적인 활동을 찾아보기 어렵습니다. 교회를 제외하면, 비영리조직이 아쉬워하는 일에 사람의 장점, 가치, 경험을 대응시켜볼 생각이라도 하는 조직이 없는 현실입니다.

이 일을 할 수 있는 도구는 이미 있습니다. NESC가 개발한 매우 단순한 방법이 있는데, 개인의 강점을 찾아내고 조직의 가치와 필요를 찾아내서, 개인과 조직을 이어주는 일을 합니다. 큰 성과를 거둔 이 도구를 이제 우리가 쓸 수 있도록 NESC가 만들 계획입니다(NESC에서 1976년부터 축적해온 일을 우리가 보완해줄 게 분명하기 때문에 NESC 또한 우리와 밀접하게 일하고 싶어 합니다).

또 개인들이 쓸 수 있는 좋은 분석도구도 있습니다. 딕 볼레스Dick Bolles가 저술한 《당신의 낙하산은 무슨 색입니까What Color Is Your Parachute》*와 버니 할다나Bernie Haldana가 인력소개 현장에서 30년 전에 개발한 방식이 그와 같은 것들입니다. 하지만 아직까지는 직무 병행이나 비영리조직 인력소개에 맞게끔 이러한 도구들을 변형해보거나 활용해본 경험은 전혀 없습니다. 기여할 일을 찾는 개인과 이들을 필요로 하는 조직이 서로 잘 만나는 경우보다는 못 만나는 경우가 훨씬 많고, 따라서 보탬이 될 일을 찾을 수 있는 영역입니다.

네 번째 영역에서는 여전히 모호한 (또 앞으로도 계속 모호할) 부분이라 석연치 않은 게 있습니다. 바로 비영리조직 경영의 중앙청산소 같은 역

---

* 2004년에 여덟 번째 판이 발행됐고 800만 부 이상이 판매됐다.

할입니다. 수많은 비영리조직들이 우리 재단을 찾아오는데, 그들의 말을 들어보면 이렇습니다. '쓸 수 있는 자원이 무엇이 있고, 다른 비영리조직들은 어떤 활동을 하고 있는지 궁금하지만 알기 어렵다', 또 '자금 마련, 이사회 구성, 자원봉사자 관리, 조직 임무의 정의, 실적의 정의에서 효과적인 방법은 무엇이냐'고 묻습니다. 바로 이러한 일을 해소해주는 것이 종국에는 우리 재단이 할 수 있는 긴요한 일 중 하나가 될 것입니다. 이러한 일은 바로 1950년대 미국경영자협회American Management Association에서 수행했던 가장 중요한 기능이었습니다. 이러한 기능을 수행하려면 전문가의 주도하에 사람들이 모이는 회합도 필요하고, 꽤 많은 정보를 모아야 합니다. 두 가지 일 모두 시간이 걸리는 일입니다.

재단이 할 수 있는 최선의 일이 어떤 것인지 그리 분명히 언급하지는 못했습니다. 가장 중요한 질문은 이것이겠지만, 그에 답하기에는 아직 때가 이른 것 같습니다. 저는 우리 고객이 아쉬워하는 것과 호응해주는 것이 무엇인지를 확인하고 우리의 중점과제에 대한 윤곽을 그려봤습니다.

이제 어떻게 해야 고객에 보탬이 되는 일을 잘할 수 있을지 배우는 일은 우리 자신에게 달려 있습니다. 하지만 분명한 것은 시장은 이미 우리 앞에 있다는 것입니다. 물론 우리가 뛰어난 성과만 낸다면 할 수 있는 일이고, 우리가 꼭 해내겠다는 것도 바로 이것입니다. 일을 제대로 해보겠다는 것이 이 일에 앞장선 지도자 여러분들의 뜻임을 더불어 말씀드리고자 합니다."

과제제안 _____

- 피터 드러커는 '드러커의 경영Drucker on Management' 원칙을 제3 부문의 필요에 적용했다. 그 방법으로 그의 이름을 딴 재단(지금은 리 더투리더인스티튜트로 개명)이 할 일을 확립하고자 했다. 제3부문에서 일하는 다른 조직들의 자료를 참조해보라. 이 사례집에 나오는 조직들 을 포함해 다른 조직들의 웹사이트를 두루 살펴보라. 그 다음, 제3부문 에서 활동하는 조직들에게 아쉬운 게 무엇이고 그들의 현 상태가 어떠 한지 스스로 진단해보라.
- 지금 그리고 앞으로 제3부문에서 당신은 어떤 역할을 할 수 있겠는 가?

알리샤 주립대학의 딜레마: 성능인가, 필요인가
The Dilemma of Aliesha State College: Competence versus Need

1970년대까지 알리샤^Aliesha대학은 알아주는 학교이기는 해도 대도시권 변방에 위치한 한적한 사범대학이었다. 그러다가 입학생들이 급증하게 되자 주 정부는 알리샤대학을 학교법인 성격을 4년제 단과대학으로 변경해주었다(또 대학원과 어쩌면 의과대학까지 추가로 갖춰서 1990년대 초에 주립 종합대학교로 전환할 계획이 있다면 그 내용을 제출해달라는 요청도 받았다). 알리샤대학은 10년도 안 되는 사이에 학생 수가 1,500명에서 9,000명으로 늘었다. 학교 예산은 학생 수보다도 성장이 빨라서 같은 기간에 20배나 증가했다.

알리샤대학에서 성장하지 않은 유일한 부분은 학교의 원조인 사범대학 이었다. 사범대학 학생 수는 오히려 줄어들었다. 이곳 말고는 전부 번창했다. 4년제 대학과정을 인문학부, 경영학부, 수의학부, 치의학부로 확대하는 것 외에도, 알리샤대학은 지역사회 서비스 프로그램을 다수 개발했다. 급속히 성장하는 야간교육과정이 그중 하나였고, 정신건강클리닉과 언어장애 아동 대상의 언어치료센터도 그러한 지역사회 서비스 프로그램이었다. 언어치료센터는 지역에서 이곳밖에 없었다. 사범대학 내에서 성장세를 보이는 곳이 한 군데 있었는데, 원래의 사범대학 부속 고등학교(사대부고)였다. 학생 규모는 300명에 불과했지만, 알리샤 사범대학 출신의 뛰어난 전문가들이 교편을 잡았고, 그 지역을 통틀어 가장 우수한 고등학교로 알려져 있었다.

그런데 1996년 갑자기 주 의회가 학교 예산을 대폭 삭감했다. 때마침 교수들이 꽤 큰 폭의 급여 인상을 요구했는데 그대로 실현되는 바람에 학교 입장에서는 다른 부문에서의 비용을 크게 줄여야 했다. 웬만한 비용 절감으로는 크게 구멍 난 예산을 메울 수 없었기 때문이다. 대책을 논의하기 위해 총장, 수탁관리자이사회, 교수위원회가 모두 모였고 열띤 언쟁이 오갔다. 결국 희생양 후보는 야간에 운영되는 언어치료센터 프로그램과 사대부고 두 가지로 압축됐다. 둘 다 들어가는 예산도 비슷했고 등록비가 아주 비쌌다.

언어치료센터가 아쉽고도 시급한 필요에 부응하는 기관이라는 데는 모두가 동의했다. 하지만 그곳은 현실적으로 그 일을 하고 있지 않았다. 겉으로 드러나는 증거가 분명하다 보니 아무도 부인할 수 없는 일이었다. 실제로 언어치료센터가 하는 일은 열악하고 주먹구구식이어서 소아과 의사, 정신과 의사, 심리치료사들이 자기 환자에게 언어치료센터를 소개해주기를 꺼려할 정도였다. 그 이유는 언어치료센터가 언어장애로 고생하는 아이들을 치료하는 곳이라기보다 심리학과 학생들을 가르치는 대학의 일개 교육과정에 불과했기 때문이다.

사대부고에 대해서는 이와 정반대 격의 비판이 나왔다. 이 고등학교는 월등하기도 했고, 청강생으로 수업에 들어가는 사범대학생이나 지역 내 다수의 젊은 교사들에게 상당한 영향을 미치고 있었다. 이 점을 부인하는 사람은 없었다. 하지만 어떤 필요에 부응하는 학교인가? 바로 이 대목이 문제였다. 그 지역에는 나무랄 데 없는 고등학교들이 아주 많았다.

언어치료센터와 관련된 심리학자들 중 한 사람이 물었다. "학생 하나 가르치는 데 하버드 대학원생만큼이나 등록금이 많이 드는 고등학교가 과연 필요한 것인가요?"

이번에는 사범대학 학장이 질문을 던졌다. 그 또한 대학교수이면 동시에 사대부고에 출강하는 뛰어난 교사였다. "언어치료센터 환자 한 사람당 들어가는 주 정부 보조금이 사대부고 학생의 등록금보다 많으면 많았지, 적지는 않습니다. 그럼에도 아무 실적이 없는 언어치료센터를 유지해야 하는 겁니까?"

이때 수탁관리자이사회의 이사장이 발언에 나섰다. "말씀을 들어보니, 언어치료센터를 변호하는 분들은 필요성을 주장하고 계시군요. 언어치료센터가 제 역할을 전혀 못 하고 있다는 점을 인정하고 계시고 또 이를 개선할 능력이 없다는 점도 인정하고 계십니다. 그럼에도 불구하고 필요성은 있다는 말씀이군요. 그러니까 주의 법과 우리의 학교설립헌장에 따르면 대학 활동은 학생들의 필요에 초점을 두어야 하고, 이 필요에 부응하자니 언어치료센터를 치료 위주로 운영할 수 없다, 그 말씀 잘 들었습니다. 어쨌든 필요하니까 존재해야 한다는 말씀이시네요."

그는 이어서 사대부고 변호자들을 향해 말했다. "여러분들은 성능을 주장하고 계십니다. 줄고는 있지만 아직 남아 있는 사범대학생들에게 보탬이 된다는 말씀, 하지만 가장 중요한 점은 사대부고가 교습과 교육의 바탕을 잡아줌으로써 지역 고등학교들의 수준을 끌어올린다, 그 말씀 잘 들었습니다. 하지만 사대부고가 부응하는 필요는 언어치료센터가 부응해야 함에도 부응하지 못하는 필요에 비 하면 부수적입니다. 언어치료센터의 경우는 대체할 만한 다른 곳이 전혀 없다는 점에서 그렇습니다. 주 법규에 따라 우리가 주 정부에서 받아둔 예산이 있습니다. 받은 예산은 다 써야지 안 쓰고 남기면서까지 학교 활동을 축소하는 것은 불법입니다. 이런 법규만 없다면, 언어치료센터와 사대부고를 둘 다 폐쇄하고 싶은 심정입니다. 하지만 둘 중 하나만 폐쇄해야 할 실정입니다. 필요와 성능, 둘 중에 어느 것이 우선일까요?"

질문

• **어느 것이 우선이겠는가?**

13

무엇이 병원의 '실적'인가
What Are the "Results" in the Hospital?

로버트 암스트롱Robert Armstrong이 해군에서 전역하고 보니 자기 집안의 가족회사가 위태로운 처지에 있었다. 그래서 곧바로 가족회사 일에 합류했다. 그러고 몇 년이 지나 아버지가 갑자기 돌아가셨다. 그 바람에 암스트롱은 아주 작고 별 볼 일 없는 가족회사를 떠맡게 되었다. 그는 20년 넘게 가족회사 일을 하면서 거기에 자기 시간의 전부(혹은 거의 다)를 빼앗겼다. 빼앗겼다고 해야 할 것이, 그는 본래 의학에 대한 관심이 지대해서 의료 분야에서 일하고 싶었기 때문이다. 청년기에 의과대학에 가보겠다고 자못 진지하게 생각하기도 했고, 사실 대학 초년생 때 징병되지만 않았다면 의과대학에 갔을지도 모른다. 어쨌든 세월은 흘러 가족회사 암스트롱컴퍼니Armstrong Company는 자리를 잡고 잘 굴러가게 됐다. 이 정도면

됐다는 생각에 암스트롱은 곧바로 대도시 광역권의 주력 병원 한곳에서 일하기 시작했다. 1985년에는 병원 이사회의 임원으로 선출됐고, 1995년에는 이사장 자리까지 올랐다. 암스트롱은 이 일을 중히 여겼고, 자기 시간과 정력을 아낌없이 바쳤다.

2000년 초에 암스트롱컴퍼니는 아주 큼직한 회사로 성장했다. 20년 전 '1인 경영' 체제로 일했던 로버트 암스트롱은 이제 경영관리팀도 구축해 놓았다. 그가 보기에 아주 유능한 팀으로 보였기 때문에 만족스러웠다. 아직 50대 초반임에도 불구하고 그는 자기 회사 일이 지겨워지기 시작했다. 게다가 사업 때문에 떠나야 할 출장이 너무 많아 짜증도 났다.

그런데 병원운영책임자hospital administrator가 갑자기 중풍이 발병해 은퇴하게 되자, 병원 이사회가 후임자를 물색하고자 인선위원회를 설치하고 로버트 암스트롱을 인선위원장으로 지명했다. 암스트롱은 인선위원회 첫 회합을 소집하기 전에 병원의 의료최고책임자chief of Medical Services를 만나 어떤 유형의 사람을 찾아야 할지 상의했다. 그는 존경받는 의사이기도 했고 오랫동안 암스트롱의 주치의이기도 했다.

암스트롱은 그에게서 다음과 같은 말을 듣고 깜짝 놀랐다. "로버트, 쓸데없는 생각은 집어치우세요. 우리 병원의 병원운영책임자를 찾아볼 필요도 없습니다. 당신이 바로 그 사람이니까요. 병원에 대해 당신만큼 잘 아는 사람은 없습니다. 더 적합한 사람은 없어요. 그리고 작년 10월 정기검진 때 회사 일이 지겹고, 회사에 당신이 있어야 할 필요도 없다고 했던 말이 기억나네요. 출장도 너무 많아서 당신이나 부인이나 진절머리가 난다고 했잖습니까? 물론 병원운영책임자보다 암스트롱컴퍼니 대표로서 버는 돈이 훨씬 많겠지요. 하지만 이미 넉넉한 처지인데 굳이 큰돈을 벌어야 할 필요는 없을 거라고 봅니다. 병원운영책임자 보수가 그리 나쁘지도 않고요. 당신 회사의 부사장만큼은 받으니까요. 잘은 모릅니다만, 반년 전에 이사회에서 병원운영책임자 급여를 인상할 때 당신에게서 들었던 말에 따르면 그렇습니다."

암스트롱은 생각하면 생각할수록 그의 말이 그럴듯했다. 하지만 그쪽으로 생각을 몰고 가다 보니 자꾸 불안감이 밀려왔다. 과연 그 일을 잘해낼 수 있을지 자신이 없었다. 그래서 다시 의료최고책임자를 찾아가서 물어봤다. "만약 내가 이 일을 맡는다면, 내 성과를 어떻게 측정해야 할까요? 내가 추구해야 할 실적은 어떤 것일까요? 병원의 성과는 무엇이고, 어떤 것을 실적으로 봐야 합니까?"

그가 활짝 웃더니 말했다. "그런 질문을 할 거라고 짐작했답니다. 당신이 그 일을 맡기 바라는 이유도 바로 그것이고요. 내가 맡은 일과 실무에 대해서는 무엇이 실적인지 잘 압니다. 하지만 병원에 대해서는 무엇이 실적인지 나도 모를 뿐더러 아는 사람이 없습니다. 이제는 당신처럼 호락호락하지 않은 사람이 그런 질문을 던질 때가 됐습니다."

암스트롱은 그 일을 맡았다. 그리고 얼마 지나지 않아 미국에서 가장 성과도 좋고 업적이 뛰어난 병원 관리자에 손꼽히게 됐다. 6년이 지나고 암스트롱은 미국병원관리자대학American College of Hospital Administrators에서 '올해의 병원운영책임자 상'을 수상했다. 그는 짧게 언급한 수상 소감에서 다음과 같이 말했다. "병원운영책임자를 맡았던 것은 제 생애에서 가장 현명한 결정이었습니다. 이 일을 맡고 보낸 여섯 해는 정말 멋진 세월이었습니다. 그런데 제가 이 직무에 임해서 답을 찾으려던 질문이 하나 있었습니다만, 아직도 답할 수가 없습니다. 사실, 6년 전보다 지금이 더 혼란스럽기도 하지요. 지금의 현대적인 대도시 병원은 추구해야 할 목표도 많고 봉사해야 할 고객도 많습니다. 의사 역시도 고객입니다. 병원을 늘 치료업무의 연장으로 보는 분들이지요. 당연히 환자도 고객입니다. 아픈 데를 치료 받고 적어도 악화되지 않기를 바라는 분들입니다. 환자의 가족도 고객이고 지역사회도 고객입니다. 또 병원 청구서를 결제해주는 다양한 기관들도 모두 고객입니다. 정부, 블루크로스Blue Cross(미국의 민간의료 보험 중 하나), 보험회사, 기업주, 노동조합 등입니다. 그 밖에 다양한 고객들이 더 있습니다. 이미 발생한 질병과 피해를 치료해주는 게 우리의 직무이고, 이 일은 우리가 웬만큼 잘하는 일입니다. 하지만 지역 의료센터로서의 역할이라든가 건강한 사람을 계속 건강하도록 돕는 일이 점점 중요해지고 있습니다. 또 가난한 분들, 특히 도심 빈곤층을 돌봐줄 주치의 역할도 우리가 해야 할 일로 부상하고 있습니다.”

암스트롱은 수상 소감으로 몇 마디를 더했다. “하나의 성과 목표나 하나의 성과 지표를 찾아보자는 희망은 이미 접었습니다. 하지만 영 개운치 않은 것은 이들 여러 가지 임무 중 단 하나라도 확실한 성과를 측정하는 방법을 잘 모르겠다는 것입니다. 병원의 어느 활동에 대해서도 ‘훌륭한 성과’란 어떤 것인지 정의할 방법을 아직 모릅니다. 나아가 추구할 목표는 무엇이며, 우선적인 게 무엇이고 포기해야 할 것이나 줄여 잡아야 할 것은 무엇인지 이런 것들도 잘 정의할 수가 없습니다. 국민총생산의 14퍼센트가 의료서비스에 들어가고 의료비용도 인상되는 추세입니다. 이렇게 중요한 위치를 차지하는 의료서비스이니 만큼 목표와 성과 표준, 그리고 지표가 없다면 곤란한 일입니다. 따라서 여기 계신 노련한 병원운영책임자 분들 가운데 지금 어떠한 목표와 성과표준과 지표를 채용하고 있는지 혹은 제가 채용해볼 만한 게 무엇인지 말씀해줄 분이 계신지 여쭤보고 싶습니다."

질문 _____

- 암스트롱이 던진 질문을 풀어볼 무슨 방도가 있겠는가? 아니면 '의료서비스'는 워낙 무형적인 일이어서 정의나 목적이나 측정 같은 것을 적용할 수가 없는 분야인가?

14

자금 유치를 위한 명분 세우기

Cost Control in the Hospital

세이머 폴리츠Seymour Politz는 사촌 린다에게 편지를 띄운 지 불과 열흘 만에 다음과 같이 상세한 답장을 받았다.

친애하는 세이머에게

글렌리버병원Glen River Hospital의 확장계획안에 대한 제 견해를 말씀드리게 되어 기쁩니다. 알고 보니 병원의 재무위원장이셨더군요(모르고 있었네요). 뛰어난 기획 내용을 보고 감명을 받았습니다. 사실 병원 업무와 관련한 당신의 인구 추이 전망을 이곳의 제 직원들에게 모델로 활용하자고 할 생각입니다. 마침 우리 주의 병원설계 지침을 만들 참이었어요. 그래서 글렌리버병원의 확장계획안은 도움이 많이 되었습니다. 함께 계신 병원운영책임자 버나워Bernauer 박사께도 제 인사와 아울러 확장계획을 짜신 노고에 경하를 드린다고 전해주시길 부탁드립니다. 확장계획안에 그분 성함이 적힌 걸 보고 단박에 모범적인 내용일 거라고 생각했습니다. 대통령 직속 국방병원위원회President's Committee on Military Hospitals에서 그분과 같이 일하던 시절 그분의 뛰어난 업적을 지금도 생생히 기억하고 있답니다.

글렌리버병원이 약 30개 병실(혹은 60개 병상)을 시급히 늘려야 하고, 이렇게 늘려야 할 이유가 입원치료 병상이 더 필요하기 때문이라는 버나워 박사의 결론에 충분히 공감합니다. 사실은 계획안의 숫자가 좀 낮게 잡혔다는 생각도 듭니다. 글렌리버 지역의 인구 전망에 준해서 보면, 신규 병상을 최소한 75개(혹은 준특실 병실로 치면 38~40개 정도)로 잡는 게 나을지도 모릅니다. 그런데 세이머, 이 정도의 병실은 이미 가지고 계신 셈입니다. 달리 말하면, 현재 가동 중인 병실 중 40개 정도는 훨씬 저렴한 시설로 대체해도 충분합니다. 저렴한 정도가 자본투자 면에서는 3분의 2가 덜 들어가고, 인건비 면에서는 절반 정도를 절감할 수 있는 수준입니다. 유지보수 면에서도 비용이 덜 들어갑니다. 그러니까 현재 40개 정도 병상을 비싸게 쓰고 계시다는 말씀이 되지요. 글렌리버병원 본관에는 산과용 병실이 있어요. 출산은 질병이 아닙니다. 건강한 산모들에게는 누워 자면서 출산의 피로를 푸는 장소만 있으면 됩니다. 산모들은 휴식 시간 외에는 돌아다니기도 하고 무언가를 해야 합니다. 그러니까 필요한 것은 단출한 숙박용 방입니다. 산모가 필요할 때 펼쳐서 눕기도 하고 접을 수도 있는 침상이어도 좋다고 봅니다. 아기의 상태에 따라서는 치료 장치가 필요하기도 하지만, 작고 단순한 병실로도 그만한 시설은 갖출 수 있습니다. 산모들은 커피 끓일 공간, 앉아서 이야기할 공간만 있으면 되지요. 그리고 산모들이 쓸 병실은 이상 신생아에 필요한 집중치료시설, 분만실, 회복실을 다 합해도 중환자실에 비해 약 3분의 1의 비용밖에 들어가지 않습니다. 그러니 산과 용도의 단출한 숙박형 병실을 새로 지으시고, 기존 산과 병실을 입원치료 환자들을 위한 병실로 활용하세요.

두 번째로, 정신질환 환자용 병실로 10개를 두고 계신데 증상이 심각한 환자를 받고 있지는 않으시더군요. 우울증이나 불안증 환자, 상담이 필요하거나 각박한 세상에서 피해 있어야 할 환자들을 위한 병실로 쓰고 계십니다. 이러한 환자들은 주변을 거닐거나, 카페테리아에서 먹고 마시고, 다른 사람들과 섞이도록 유도해야 합니다. 이 경우도 일반 병실보다 작은 방이면 족하고, 상담과 집단치료에 쓸 여분의 공간이 좀 더 있으면 됩니다.

세 번째로, 외과환자(특히 심각한 허리통증 환자를 위한 견인traction 등 정형외과 시술과 치료가 필요한 환자)를 대상으로 병실 15개를 쓰고 계십니다(아마도 더 많을지도 모르겠습니다). 이런 환자들은 의학적 치료가 필요한 게 아닙니다. 무릎 수술을 받은 분이 병원에 있어야 할 이유는 주형이 너무 빨리 건조되면 안 된다는 것 말고 없습니다. 체중을 주형에 실을 수 있을 때까지 사흘 동안 머물게 하는 게지요. 척추 이상이 있는 여성 환자의 경우 2~3일간 하루 6~10시간 정도 견인이 필요합니다. 하지만 의학적 치료가 필요한 것이 아니라 다리를 위쪽에 걸고 누울 침상이 필요할 뿐입니다. 이 환자들을 위한 수술실은 분명히 필요합니다(수술실을 5개 더 추가하실 계획임을 봤습니다). 또 회복실도 분명히 필요하고, 간호사들의 원활한 작업을 위해 병원용 침상도 꼭 필요합니다. 하지만 값비싼 입원치료 병실이 필요한 것은 아닙니다. 아주 간소하고 저렴한 병실로 족합니다.

이와 같은 생각에서 확장계획안을 재고하셔서 숙박용도에 준하는 2층짜리 병동을 지으시라고 권고 드립니다. 여기에 35~40개 병실(준특실 기준으로 70~80병상)을 갖추실 수 있을 겁니다. 그러면 비용이 아주 저렴해질 것입니다. 대략 확장계획안에서 잡으신 예산의 40퍼센트가 될 것이라 추정됩니다. 이 정도 예산이면 산과, 정신질환, 수술회복 용도로 잘못 활용하고 계신 42개 병상의 일반 병실을 입원치료 병실로 재단장하는 비용까지 해결될 거라고 봅니다. 이렇게 하면 훨씬 저렴한 비용으로 필요한 것 전부에다 부가적인 효과를 얻을 수 있을 겁니다. 어쨌든 더 나은 시설을 갖추게 되는 것이지요.

참, 세이머. 한 가지 더 말씀드릴 게 있어요. 필요한 자금을 전부 모금운동과 자선기부금으로 마련할 계획이시더군요. 이것은 아주 답답하고 헛된 일입니다. 비용이 대단히 많이 들어요. 이렇게 모금운동을 벌이면 100만 원 모금하는 데 운동비용으로 30만 원 이상이 들어갑니다. 게다가 돈을 내놓겠다고 약속한 사람들 중 절반은 소식이 두절됩니다. 가장 합리적인 방식(또한 단 하나뿐인 저렴한 방식)은 은행융자를 최대한 많이 받는 것입니다. 필요한 예산의 90퍼센트는 융자로 충당하는 게 좋습니다. 은행, 보험회사, 주·연방 차원 등등의 주택당국에서 그리 비싸지 않은 금리로 융자를 받을 수 있어요. 결론적으로 말해, 필요한 예산의 90퍼센트는 보험회사, 블루크로스, 정부의 융자로 해결하라는 것입니다. 그 나머지 10퍼센트가 자선기부금을 동원해야 할 부분입니다. 그 이상의 예산을 자선기부금에 기대는 것은 오늘날의 병원에서 정당화될 수 없습니다.

부인 캐시-앤Kathy-Ann에게도 안부를 전해주시고, 이번 가을에 이곳으로 놀러 오시길 저희 부부가 고대하고 있다고 전해주세요. 제 남편 짐이 언제 같이 낚시하러 가고 싶답니다. 글쎄, 그이가 새로운 플라이장치를 만들었는데 그걸 꼭 보여드리고 싶다고 안달이 나 있지 뭐예요. 그때 꼭 뵈어요.

언제나 당신을 생각하는,

린다 폴리츠 벅스봄, 의학박사·병원위원회 부위원

세이머 폴리츠는 편지를 받아들고 기뻤다. 무언가 다른 방법이 있을 거라는 예감에 린다에게 편지를 쓴 것이었는데, 린다의 답장에서 그것을 확인했기 때문이다. 2주 전에 그가 버나워 박사가 수립한 글렌리버병원 확장계획안을 받았을 때, 사실 어안이 벙벙했다. 이 확장계획안은 세이머가 예상했던 예산의 세 배나 되는 큰돈을 요구하는 내용이었다. 자산가이기도 한 버나워는 스스로 거액을 기부하겠다고 밝히기도 했다. 하지만 확장계획 비용은 그가 기부할 돈의 몇 배는 되는 규모였다. 세이머가 보기에 이 정도의 거금을 모금운동으로 마련하기는 불가능할 것 같았다. 특히

나 의료비 상승 때문에 글렌리버 지역 민심이 뒤숭숭할 때였기 때문에 더욱 염려스러웠다. 하지만 버나워 계획안의 40퍼센트 정도 비용의(또 그 대부분을 은행융자로 충당하는) 확장계획은 전혀 문제될 게 없었다. 은행융자가 소요비용에 못 미치더라도 그만한 돈은 버나워가 충분히 내놓을 수 있을 게 분명했다.

세이머는 버나워를 만나러 병원으로 찾아갔다. 그의 말을 듣더니 버나워는 당장 이렇게 말했다. "좋군요. 그 내용 모두 잘 알겠습니다. 당신 사촌은 늘 이 동네보다 한 수 위에 있기는 합니다. 하지만 세이머, 그 내용이 이치에는 맞아도 실행에서 막힙니다. 나 말고 다른 수탁관리자들은 은행이나 보험회사에서 시중금리로 융자받는 일에 결코 동의하지 않을 것입니다. 보나마나 융자를 한 번 받았다가는 자선운동으로 다시는 모금하지 못할 거라고들 말할 겁니다. 세상 사람들이 '은행에서 돈을 마련할 수 있다면 내가 기부해야 할 이유가 무엇이냐?' 하는 태도로 나올 겁니다. 물론 내가 보기엔 수탁관리자들 생각이 틀렸다고 봅니다. 세상 사람들이 그 정도로 단순할 것 같지는 않으니까 말입니다. 그야 어쨌든 모금운동에 드는 비용이 아무리 비싸더라도 다른 식의 자금조달은 수탁관리자들이 딱 잘라 거부할 것입니다." 이어서 버나워는 말했다. "하지만 무엇보다 가장 큰 걸림돌은 의료진일 것입니다. 외과의 몇몇은 수긍하고 따라올 가능성이 있습니다. 사촌께서 언급한 것과 똑같은 원칙에 따라 운영되는 외과 단과병원들이 몇몇 있기는 합니다. 하지만 그들은 어디까지나 영리사업으로 시작한 병원들입니다. 우리와 같은 비영리 지역병원에서는 외래와 입원 사이의 어중간하고 값싼 외과시설 도입에 외과의들이 찬성한다는 소리는 들어보지를 못했습니다. 게다가 산과 의사, 정신과 의사, 심리 치료사들은 죽기 살기로 목청을 높일 것입니다. 그 사람들의 존재감과 실력을 깎아내리는 일이 되기 때문이지요. 왜냐하면 그들이 보는 환자가 정말로 '심하게 아픈' 사람들이 아니라고 한다면 결국 진정한 치료사로서의 그들 위상이 떨어지는 셈이 되기 때문입니다."

폴리츠는 처음에 버나워의 말이 믿기지 않았다. 하지만 이후 동료 수탁관리자, 산과장, 정신과장과 만나 몇 마디 나누어보고 버나워의 말이 옳다는 것을 알게 됐다. 그는 풀이 죽은 채 다시 버나워를 찾아가서 물었다. "우리가 할 수 있는 다른 방도는 없을까요?" 버나워는 이렇게 답했다. "물론 있습니다. 우리 병원을 영리법인 병원에 매각하는 방법도 있고, 우리 의사들이 지분을 소유하는 영리법인으로 전환하는 방법도 있습니다. 그 순간부터 아무 문제도 없을 것입니다." 그 말에 폴리츠가 "너무 냉소적인 말씀 아니신가요"라고 불평하자 버나워는 전혀 그렇지 않다며, 말을 이었다. "물론 욕심이 지나친 의사들도 있습니다. 하지만 병원의 소유주가 되어 벌게 되는 이익(즉 배당)은 얼마 되지 않기 때문에 그들 사정이 바뀔 것은 없습니다. 영리법인으로 바뀌고 의사들의 생각이 변한다면 그것은 **의사들이 가져가는** 배당 때문이 아닙니다. 당신의 사촌 린다가 권고해준 방식은 대도시권 반대편의 세인트빈센트병원에서 진행되고 있는 일입니다. 그곳은 병원 소유주인 수녀회가 작년에 세인트루이스의 영리법인 병원사업자에게 병원을 매각했었지요."

버나워의 설명은 계속되었다. "그곳에서는 의사들이 병원 매각을 수용하고 지지했습니다. 의사들이 지분을 매입하는 것도 아니고 이익에 참여하게 될 것도 아닌데도 말이지요. 나는 이 문제를 꽤 오랫동안 고민했습니다. 답답한 문제랍니다. 내 설명을 들어보십시오. 우리 같은 비영리 지역병원에서는 비용절감이라든가 능률이라는 게 중요시되지 않습니다. 수탁관리자들은 명분을 매우 중시하고, 병원을 기업체처럼 묘사하거나 기업체처럼 운영해야 한다는 논리에 격한 반응을 보입니다. 그럴 바에야 무엇하러 그분들이 병원 이사회에 참여해서 시간과 돈을 바치는 것이지 알다가도 모를 일입니다. 그리고 의사들은 재무실적 따위는 신경도 쓰지 않습니다. 의사들이 병원의 소유주가 되면, 그들도 매출에 의미를 부여하게 됩니다. 만약 영리기업이 병원의 소유주가 되면, 사업가를 존중하는 (아마도 너무 존중하는) 분위기가 되겠지요. 그런데 비영리 지역병원처럼 명분이 그 자리를 차지하게 되면, 좋은 일을 한다면서 들어가는 비용을 따지지 않습니다."

질문

- 병원운영책임자 버나워가 설명하는 내용에 대해 어떻게 생각하는가?
- 이와는 별개 문제로, 수탁관리자와 의사들의 입장과 견해를 바꾸기 위해 폴리츠와 버나워가 할 수 있는 일이 있겠는가?
- 두 사람이 그들을 설득하는 데 실패한다면(사실 이런 시도가 성공했던 경우는 드물다), 어떻게 해야 할 것인가?
- 큰 비용이 드는(완전히 낭비되는 것은 아닐지라도) 모금운동을 벌여 마련한 자금으로 값비싼 입원치료 병상을 포함해 거금이 드는 확장계획을 그대로 추진해야 할 것인가? 아니면 방향을 우회해서 주 정부로 하여금 비영리병원들에 대한 규제 장치를 개발하게끔 노력하는 게 좋겠는가?

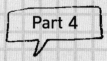

Part 4

왜 일하는가

15

업무 간소화와 비용절감[*]
Work Simplification and the Marketing Executive

P. W. 브라운 선생님께,

최근 심포니 오케스트라 공연 후에 선생님 휘하 엔지니어가 아래 보고서를 작성했다고 들었습니다. 이렇게 열성이 대단한 보고서가 나올 만큼 고취시켜주신 선생님께 찬사를 드리고 싶습니다. 건설적인 향상을 추구하고 불필요한 낭비를 제거하겠다는 열의가 놀랍습니다.

T. V. 하우서[**] 이사장

[*] 이 사례에 쓰인 정보는 원저자의 아들인 존 올드리지John Aldridge 목사의 허락을 얻어 활용한다.

[**] T. V. 하우저는T. V. Houser는 시어스로벅앤드컴퍼니에서 30년 넘게 근무했고, 마케팅 전문가였다. 다음 정기간행물에 실린 그의 논문을 참고하라. Journal of Marketing, Vol. 23, No. 4, p. 363. http://joster. org/action/doBasicSearch?Query=T.V.+Houser&dc=All+Disciplines (2008년 5월 31일 접속)

1955년 6월 16일

'바이올린 수를 줄여서 능률을 높이는 방법'

오보에 연주자 네 명은 꽤 오랫동안 아무 할 일이 없었다. 연주자 수를 줄여야 하고, 공연 시간 내내 작업이 좀 더 골고루 분산되어야 한다. 그러면 활동이 최고조에 달하는 순간들도 없어질 것이다.

바이올린 12개가 모두 똑같은 악보를 연주했다. 불필요한 중복 같다. 현악기 파트의 바이올린 부분은 대폭 줄여야 한다. 큰 음량이 필요하다면 전자장비로도 충분히 음량을 키울 수 있다.

32분 음표들을 연주하느라 큰 노력이 들어갔다. 불필요하게 정밀한 부분들 같다. 32분 음표들은 전부 가장 가까운 16분 음표와 묶어야 한다. 이렇게 하면 수습생이나 저급 작업자를 훨씬 광범위하게 활용할 수 있을 것이다.

악절 중에 반복되는 부분이 너무 많은 것 같다. 악보를 대폭 줄여야 한다. 현악기 파트에서 이미 연주한 악절을 호른이 반복하는 것은 아무 쓸데가 없다. 중복되는 악절을 전부 걷어내면 두 시간이 걸리는 전체 공연시간이 20분으로 줄어들 것으로 추정되고, 공연을 도중에 중단해야 할 필요도 없을 것이다.

지휘자는 위와 같은 생각에 동의하지만, 매표 수입이 떨어지지 않겠느냐는 우려를 내비쳤다. 혹시라도 매표 수입이 떨어지면 강당의 공간 일부분을 완전히 폐쇄해서 간접비용, 조명, 참석자 등을 절감할 수 있을 것이다.

존 올드리지 연구실장

시어스로벅앤드컴퍼니, 1946~1957

질문

* 하우서가 마케팅 전문가라는 점을 고려할 때, 올드리지가 쓴 이 희한한 글을 하우서가 칭찬했다는 점을 어떻게 해석할 수 있겠는가?

16

행정조직 및 인간관계의 경영성과 *
The Army Service Forces

　육군병참부대는 1942년 프랭클린 루스벨트Franklin D. Roosevelt 대통령이 설립한 육군부Department of the Army 산하 자율기구 세 곳 중 하나다. 이 기구의 역할은 2차 세계대전 중 미 육군에 용역과 물자를 공급하는 것이었다. 전쟁이 끝나고 1946년 6월에 이 기구의 조직이 개편됐고, 지금은 육군지원부Department of the Army Staff Support라는 이름으로 불린다. **

　어느 모로 보나 이 자율기구는 돋보이는 임무를 수행했고 전쟁을 승리로 이끄는 데 크게 기여했다. 이어 소개하는 연설 자료는 존 올드리지John

---

* 이 사례에 쓰인 정보는 원저자의 아들인 존 올드리지 목사에게서 입수했으며, 그의 허락을 얻어 활용한다.

** Pbase.com, Army Services photo. http://www.pbase.com/sfce7/image/43809017 (2008년 1월 15일).

^{A. Aldridge} 육군중령 한 사람이 기여한 공적을 설명하는 것이다. 이 자료는 올드리지 중령이 길브레스메달^{Gilbreth Medal}*을 수상하는 자리에서 해롤드 반스^{Harold A. Barnes} 준장이 했던 연설문이다. 반스 준장는 육군병참부대에서 부 병참감^{兵站監}으로 근무했다.

"오늘 저녁 여러분 앞에서 내 친구 존 올드리지에 대해 간략히 발언해 달라는 요청을 받고 이런 생각을 했습니다. 그는 업무 간소화와 업무 측정 프로그램을 추진하면서 참으로 혁신적인 역할을 수행했습니다. 하지만 냉랭한 통계적 평가만으로는 다 말할 수 없는 엄청난 업적의 이면에 대해 이야기해보자는 게 제 생각이지요.

사실 통계 자체도 인상적입니다. 일례로, 1944년 말까지 업무 간소화와 업무 측정 프로그램이 거둔 누적 효과를 보면, 조사 대상 직원들만 37만 5,000명에 달했고 6만 6,000개 직무를 제거했습니다. 하지만 이 프로그램이 추진됐던 배경을 찬찬히 짚어보지 않고 이러한 수치만으로 프로그램의 전체상을 이해할 수는 없습니다.

육군병참부대의 각 활동은 최근 수년 동안 믿기지 않을 정도로 확대되었습니다. 그 목적은 단 하나의 기능을 수행하는 데 있었습니다. 그것은 바로 물자와 용역의 공급입니다. 하지만 우리가 직접 경험해보지 않고, 다른 동료에게 닥친 문제를 이해하기란 참 어려운 일입니다. 그래서 여러분께 다음과 같은 질문을 드리면 좋을 듯합니다. 그러니까 여러분이 큰

---

* 이 메달은 1945년 1월 18일 경영향상학회Society for the Advancement of Management(워싱턴 시, 워싱턴챕터 소재)에 의해 수여된 상이다. 기업 활동의 능률과 효과를 진작시키는 데 기여한 프랭크 길브레스Frank Gilbreth와 릴리언 길브레스Lillian Gilbreth의 선구적인 업적을 기리기 위해 수여되는 상이다.

회사의 최고경영자인데, 어느 날 갑자기 이사회에서 회사 규모를 12개월 내에 **100배**로 확대할 것이라고 결정했습니다. 게다가 이러한 사업 확장을 주관하는 일뿐 아니라, 맡고 있던 다른 직무를 전부 다 매끄럽게 마무리해야 한다는 지시를 받았다고 합시다. 이런 상황에 처했다면 어떻게 대응하시겠습니까? 제 짐작에는 한시바삐 '이 일에서 벗어나보자'는 것 외에는 아무런 생각도 나지 않을 것입니다. 업무 간소화라든가 업무 측정과 같은 경영혁신 프로그램으로 타개책을 마련해보자는 생각을 떠올리기도 어려울 것입니다. 게다가 세계를 긴장케 하는 전쟁으로 인해 수요는 격렬하고 예측을 불허하며 돌발적인 충격과 긴장이 수시로 벌어지는 가운데 부대장들이 어떠한 난관에 처해 있을지 눈앞에 훤히 보입니다. 이러한 상황에서 인력과 군수품 부족이 심각한 곳에 추가로 보급해주어야 합니다. 우리가 해야 할 일은 바로 이런 것이었습니다.

이러한 상황 탓에 업무 간소화 프로그램을 폭넓게 추진할 필요도 생겼지만, 동시에 그러한 혁신 프로그램에 행정적으로 저항하는 반응도 증폭되었습니다. 따라서 업무 간소화가 어째서 이로운 것인지 널리 알리고 이해시키는 일이 필요했습니다. 결국 경영 분석과 경영 향상의 이점을 조직의 모든 차원에 걸쳐 전례가 없는 대규모로 교육해야 했습니다. 다시 말해 최고 수준의 '영업력'을 발휘해 수많은 사람들을 설득해야 했습니다.

올드리지 중령은 이렇게 극도로 까다로운 일의 가장 어려운 국면을 성공적으로 처리함으로써 육군병참부대의 경영 마인드에 깊은 인상을 남겼습니다. 기본업무가 향상된 효과를 크게 본 경영자들은 업무 간소화를 가장 열성적으로 지지하고 나섰습니다. 나아가 업무 측정 분석을 통해 성과 향상을 체험하게 되자, 경영자들은 어떤 직무를 맡든 간에 일취월장하는 빠릿빠릿하고 똘똘한 경영자들로 변신해갔습니다.

제가 보급군단의 업무 간소화 사례에서 겪은 일을 말씀드리면 실감이 나실 것입니다. 1943년 초였는데 이때 육군병참부대의 모든 기술적 용역에 업무 간소화 프로그램이 도입됐습니다. 당시 우리들은 솔직히 이만하면 사무, 공장, 물류 업무를 잘하고 있는 거라고 생각했습니다. 보급 업무는 영리적인 기업 활동과 거의 똑같이 돌아갔습니다. 그래서 우리와 관련이 많은 다양한 업종의 일급 경영자들을 대거 부대로 영입했습니다. 장교 직위로 일하게 된 분들도 있었고, 혹은 민간인 자격으로 일하게 된 분들도 있었습니다. 아울러 우리 정규 육군 장교들 중에는 각 전문 분야에서 인정받는 전문가들도 많았지요. 우리는 병참감 산하 보급군단의 전 조직에 걸쳐 강도 높은 업무 간소화를 자체적으로 이미 시작한 상태였습니다. 그럼에도 불구하고 올드리지 중령이 우리 앞에서 전개한 업무 간소화 프로그램에 큰 감명을 받을 정도였습니다.

올드리지 중령은 육군병참부대 전체를 대상으로 추진된 이 두 가지 프로그램에서 세부적인 사항을 직접 지휘했습니다. 이 프로그램들은 군 복무 이래 행정업무와 지휘통제를 향상시키는 일에서 제가 지켜본 가장 큰 업적에 속합니다. 전례가 없는 대단위 작업이었음에도 추진 2년 만에 완료했고, 거기에서 얻은 결과는 군사행정뿐 아니라 업계와 정부에 걸쳐 진취적인 경영자에게도 의미가 큽니다.

우리 눈으로 직접 목격하기도 했고 우리 자신의 업무에서 확인했던 바입니다만, 올드리지 중령이 활용하는 방법은 탄탄하고 단순하고 직접적

이어서 배우기도 쉽고 적용하기도 쉽다는 점을 강조하고 싶습니다. **배우기 쉽고 적용하기 쉽다**는 바로 이 부분이 존 올드리지가 기여한 가장 핵심적인 공헌이라고 봅니다. 그는 온갖 복잡한 프로세스를 본질적 요소로 압축해서 성공적으로 적용할 수 있게끔 만드는 희귀한 재능을 발휘했습니다. 그 덕분에 육군병참부대는 헤아릴 수 없는 효과를 보았고 전쟁 수행에 크게 기여했습니다.

그가 보급군단에서 달성한 성과는 우리 예상을 초월합니다. 작업 시간, 물자, 장비를 크게 절감했을 뿐 아니라, 우리의 핵심 인력 수천 명이 경영혁신의 효과를 확인하는 계기가 되었습니다. 이와 같은 성과는 보급군단에서만 두드러졌던 게 아니라, 업무 간소화 프로그램을 적극적으로 실행했던 모든 기술적 용역에서도 두루 나타났습니다. 보급군단에서는 업무 간소화 프로그램의 이점을 다음과 같이 봅니다.

1. 불필요한 작업의 제거와 필요한 작업의 단순화를 통한 노동력의 보전과 통제.
2. 작업 공간의 효과적인 배치와 기계 및 장비의 정확하고 완전한 가동을 통한 공간과 장비의 보전.
3. 감독자와 피고용자 양측 모두에서 실무 작업을 보는 관점의 향상. 그 근거로 첫째, 업무 분석의 기법에 익숙해진다는 점을 들 수 있고 둘째, 전 조직에 걸친 피고용자들의 경영 마인드 확산을 들 수 있음.

앞서 말씀드렸듯이 물자관리 업무의 간소화와 업무 측정과 같은 프로그램을 통해서 현장을 지휘하는 당사자들이 집중적인 경영혁신 프로그램에 참여하도록 유도할 수 있었습니다.

이러한 프로그램을 추진하면서 올드리지 중령은 기술적 영역에서 한발 더 나갔습니다. 오늘날 엄청난 일들에 대처하는 과정에서 보상은 팀워크와 단합이 뛰어난 곳으로 돌아갑니다. 그동안 각 작업공정 전문가나 산업 엔지니어의 고유 영역으로만 여겨졌던 일에 관리자가 참여함으로써, 올드리지 중령은 본질적인 경영성과의 최전방을 탐색했습니다. 그것은 바로 우리 모두가 대면해야 할 **인간관계 면에서의 경영성과**입니다. 그는 작업공정은 눈금을 매기고 측정할 수 있지만 작업공정을 해내는 사람에 대해서는 전혀 그렇지 않음을 인식했고, 작업부하와 생산표준은 산뜻하게 계산될 수 있지만 인간의 본성은 그렇지 않다는 것도 인식했습니다. 인간관계를 설계하는 인간공학은 오랫동안 제 가슴에 담고 있는 주제입니다. 그만큼 각별한 관심을 가지고 올드리지 중령이 거대한 군사 행정조직의 업무 향상을 목표로 프로그램을 개발하는 과정을 지켜봤습니다.

여러분들이 올드리지 중령의 방법과 프로그램을 연구해보면, (저와 마찬가지로) 결론적으로 그가 경영의 문제는 전부 사람의 문제임을 강조하고 있음을 알게 될 것입니다. 그는 업무 분석에서 해당 업무 담당자가 스스로 이해하고 깨우치는 것을 대단히 강조합니다. 아울러 담당자를 전폭적으로 신뢰하고 작업 수행에서 그들의 지원을 이끌어내는 것을 매우 중요하게 봅니다.

그가 이 일을 얼마나 훌륭히 해냈느냐는 그에게 수여된 이 커다란 영예가 말해줍니다. 길브레스메달은 경영의 과학과 예술을 둘 다 진보시킨 그의 탁월한 업적에 대한 상입니다.

우리들 육군병참부대 사람들은 존 올드리지를 자랑스럽게 여깁니다. 우리 훌륭한 군대의 중령으로서, 또 어마어마한 보급업무의 실무 인력으로서 그가 거둔 업적이 자랑스럽습니다. 하지만 그와 같이 일했다는 게 행운이라고 여길 만큼 인간적으로 공감해주는 진실한 개인으로서도 그가 자랑스럽습니다.

존 올드리지, 당신께 감사합니다."

질문

- 프레더릭 테일러Frederick Taylor가 개발했던 과학적 관리는 결국 산업공학 분야를 낳았다. 존 올드리지(1905~1978)는 테일러의 방법을 계승한 산업공학자로 볼 수 있다. 과학적 관리와 테일러에 대해서는 작업을 '단조롭게' 하는 틀을 만들어 작업을 '비인간화'했다는 비판이 많았다. 올드리지가 육군병참부대에서 수행했던 방식에 비추어볼 때 이러한 비판을 어떻게 평가할 수 있겠는가?
- 이러한 비판과 본 연설문의 내용을 어떻게 조화할 수 있겠는가?
- 앞서 다루었던 사례 15에 비추어볼 때는 또 어떻게 말할 수 있겠는가?

지식노동을 분석하고 조직하는 일은
어떻게 이루어지나
How Does One Analyze and Organize Knowledge Work?

줄넘기만 있었다면 수잔 빙클리Susan Binkley는 뉴욕 파크 애비뉴를 이 끝에서 저 끝까지 깡충거리며 뛰어갈 기세였다. 백주 대낮인데도 말이다. 실제로 수잔은 횡단보도에서 기다릴 때마다 춤동작까지 하며 빙빙 돌기도 했다. 또 뮤지컬의 한 토막, 대중가요, 동요 등 생각나는 대로 아무 노래나 큰 소리로 흥얼거렸다. 중학생 때 말고는 해본 적이 없는 행동이다. 행인들은 그녀를 뚫어지게 쳐다보기도 했고, 젊고 예쁜 아가씨가 좋아 날뛰는 모습을 보고 미소 짓기도 했다. 다들 그녀가 사랑에 빠진 모양이라고 여기는 눈치였다.

하지만 수잔이 파크 애비뉴를 춤추듯 달려갔던 것은 사랑 때문이 아니었다. 직장에서 일이 아주 잘 풀렸기 때문이었다. 그녀는 중학생 어린 소녀도 아니었고, 시티즌스내셔널뱅크Citizens National Bank에 다니는 29세의 진지하기 이를 데 없는 의욕적인 직장 여성이었다. 바로 한 시간 전에 선임부사장이자 기업금융본부Corporate Banking Division의 2인자가 수잔을 사무실로 불러서 말했다. "자네를 축하해주는 일번 타자라서 기쁘군. 오늘 아침 집행위원회에서 자네를 기업금융본부의 담당간부로 승진 발령을 냈다네. 자네가 견습 직원으로 들어온 지 3년도 채 안 되었으니 이런 고속 승진은 내가 14년 은행 생활을 하던 중 처음이야. 참, 좋은 소식이 하나 더 있어. 자네가 지휘하며 일하는 데 재능이 있다는 것을 아네. 지난번 휴스턴 지사에서 3개월간 일할 때 자네가 보여준 활기찬 모습도 기억하고 있다네. 휴스턴 지사장 빌 해리스Bill Harris가 며칠 전에 전화해서는 다짜고짜 자네가 언제 자기 직속의 보조 관리자로 휴스턴에 올 수 있겠느냐고 묻더군. 우리 생각에도 자네가 될 수 있는 대로 빨리 그곳에 가는 게 좋겠네. 빌은 7주짜리 휴가를 곧 떠나는데, 자네가 좀 일찍 내려와서 업무 설명을 들어주길 바라고 있네. 빌이 사무실을 비우는 동안 자네가 업무를 대행해 달라는 이야기야. 그리고 연말에는 빌을 다시 뉴욕으로 불러들여서 신설할 석유화학산업본부를 맡기는 게 우리 계획이네. 나나 빌이나 자네가 잘해낼 거라고 생각하네만, 자네가 잘해주면 빌의 후임으로 일하게 될 걸세. 그러니까 우선 담당과장 대리 직책으로 업무를 시작했다가, 1년 안에 담당과장으로 승진할 수 있는 기회라네."

수잔의 생각은 다음과 같이 흘러갔다. 이틀만 지나면 휴스턴에 갈 수 있다. 그렇게만 되면 토미와 언쟁할 일도 별로 없을 것이고, 그와의 관계를 야단법석 떨 것 없이 끝낼 좋은 명분이라고. 그뿐 아니라 기업금융담당 수장 빙클리라, 이것 참 멋지단 말이야. 게다가 기업금융담당 과장 대리 수장 빙클리, 그 다음에는 기업금융담당 과장 수장 빙클리… 이렇게 성공으로 가는 고속도로를 내달릴 거라는 말씀. 그녀는 그리 해낼 것이고, 주력 시중은행에서 최초의 여성 이사장까지 가보겠다고 생각했다.

수잔이 22세에 대학을 졸업할 때만 해도 은행에서 일한다는 것은 꿈에도 생각지 못한 일이었다. 그녀는 응용미술을 공부했고 상업미술가가 될 생각이었다. 일도 웬만큼 잘 풀렸고, 생활을 스스로 꾸릴 수도 있었다. 그러니 한 서너 해 동안은 큰 걱정이 없었다. 하지만 일감을 구하러 광고 회사 문을 두드리는 것도 무척 피곤했고, 백화점 광고물에 쓸 여성 속옷 그림을 그리는 일도 진저리가 났다. 땅콩버터 샌드위치로 식사를 때워야 하는 생활도 괴로웠다. 하지만 그녀의 벌이로는 그런 생활에서 벗어날 수 없었다.

수잔이 시티즌스내셔널뱅크에서 견습직원을 채용한다는 소식을 들은 것은 그야말로 우연이었다. 그것도 여성 견습 직원을 찾는다는 것이었는데, 여성차별 소송을 피해보자는 차원에서 나온 채용 광고였다. 그녀를 면접한 인사부 임원은 상업미술가 경력을 보고 적임자가 아니라는 생각이 들었지만, 수잔이 대학 때 컴퓨터 과목을 여럿 수강했고 또 좋아했다는 말을 듣고 생각을 바꿨다. 아무튼 **여성**을 채용하라는 게 윗선의 지시 사항이었으니까!

그래서 수잔은 26세에 견습 직원으로 일하기 시작했고, 동시에 경영학 석사학위를 취득하기 위해 야간 경영대학원에 다니기 시작했다. 인사부

임원이 경영학 석사학위 취득을 채용 조건에 집어넣었기 때문이다. 새 생활에 접하고 보니 생각보다 은행업무가 재미있어서 수잔은 깜짝 놀랐다. 3주 동안 배웠던 신용장 업무는 그다지 재미가 없었지만, 적어도 은행업무 대부분이 재미있었다. 게다가 학교 공부라면 늘 지겨워했지만, 경영학 과목들은 재미있었고 특히 회계와 경영관리는 흥미로웠다. 어찌된 일인지, 통계학에서는 A학점을 받기까지 했다. 결국 수잔은 졸업생 대표로 졸업식에서 연설하는 학급 수석의 영예를 누리며 경영대학원을 졸업했다. 바로 3주 전의 일이었다. 이제 그녀는 휴스턴 지사장을 코앞에 두고 있다.

빌 해리스는 괜찮은 사람이었지만, 수잔은 그가 그리 의욕적인 사람은 아니라고 생각했다. 은행가로서 훈련이 잘된 사람인 것만은 분명했다. 사실 수잔은 신용분석 업무에 관한 한, 은행 내 누구보다도 빌에게서 배운 것이 많았다. 하지만 빌은 여전히 고객이라면 공손한 자세로 융자를 애걸하러 찾아올 거라고만 생각했다. 그녀가 보기에 휴스턴지사에 필요했던 것은 공격적인 마케팅이었다. 수잔은 휴스턴에서 돌아온 뒤 뉴욕의 직속상관에게 이 이야기를 했다. 그때는 이 말을 뱉어놓고 실수를 했다고 생각했는데, 이제 와서 보니 직속상관이 자신의 지적에 공감했던 게 분명하다. 아니고서야 자기를 휴스턴지사로 보낼 리 없었을 테니 말이다. 빌이 수잔을 보내달라고 했다는 이야기도 그 증거인 셈이다. 왜냐하면 빌은 수잔과 3개월을 같이 보내는 내내 여성은 은행가가 될 수 없다고 억지를 부렸기 때문이다. 물론 수잔의 입에서 날카로운 몇 마디가 나온 뒤에는 다시는 그런 이야기를 꺼내지 않았다.

수잔은 휴스턴지사 사업을 쉽게 두 배로 불릴 수 있을 거라고 봤다. 고객은 그곳에 있었고, 은행은 적합한 가격의 적합한 서비스를 확보하고 있었다.

하지만 휴스턴지사는 조직화될 필요가 있었다. 빌 해리스는 하루하루의 은행 업무를 기계적으로 관리할 뿐이었다. 운 좋게도 수잔은 이 내용을 경영학과목의 주요 기말보고서 주제로 잡았다(교수는 A+ 학점을 주었다). 보고서 제목은 〈은행지점의 POIM〉이었는데, POIM은 기획Planning, 조직Organizing, 통합Integrating, 측정Measuring의 약자다. 이 보고서로 휴스턴지사 업무에 대한 출발점을 마련해둔 셈이다. 그리고 빌 해리스가 휴가를 떠날 시점에는 지사 업무에 대해 충분히 파악해 보고서를 행동계획으로 전환할 수 있을 것이다. 하지만 경영학 교수는 다른 이야기도 들려주었다. "단위조직이나 사업에 대해 기획하고 조직하는 일을 마쳤으면, 개인들의 업무를 분석하고 조직하는 일을 해야 합니다. 특히 지식근로자들의 업무에 중점을 두어야겠지요. 일은 사람이 하는 것이지, 조직이나 회사가 하는 것이 아닙니다. 그리고 분석하고 조직하는 일에서 지식노동은 육체노동보다 체계를 갖추어 접근하는 게 필요합니다. 보통 최종 결과물의 상태를 잘 알고 있는 육체노동의 경우와는 다릅니다. 지식노동은 과학적 관리를 적용할 때 가장 중요한 영역입니다."

수잔은 혼잣말로 이렇게 중얼거렸다. "음. 한 조직을 책임지는 관리자로서 내 일을 시작해야 해. 주요한 단위업무들은 어떤 것들일까? 어떻게 하면 그 각각을 향상시킬 수 있을까? 어떤 정보와 어떤 도구가 필요할까? 각 단위업무들은 어떤 식으로 맞물리는 것일까? 나의 개인적인 직무를 분석하고 나면, 가장 중요한 두 가지 당면 과제를 따져볼 거야. 그러니까 대출상품을 마케팅하는 일과 대출신청을 분석하는 일이 그거야. 이 일에 대해서도 개인적 직무를 분석할 때와 똑같이 분석하는 것이지. 하지만 내게 필요한 것은 시간동작 분석은 아니야. 필요한 것은 일의 중요한 단계들을 모두 훑어가며 비판적으로 분석하는 일이야."

질문

- 지식노동를 바라보는 수잔의 관점이 올바르다고 보는가?
- 지식노동을 구성하는 중요한 단위업무들을 찾아낼 때 어떻게 접근하는 게 좋겠는가?

18

부하직원 관리는 학습할 수 있는 일인가

Can One Learn to Manage Subordinates?

톰 매커보이Tom MacAvoy는 법률대학원을 졸업하고 3년 후, 27세에 전자유도기술산업Electro-Magnetic Induction Technology Industries(EMITI)이라는 회사의 법무팀에 입사했다. 반독점 사례를 담당하는 법무연구원 직무를 맡았는데, 이때는 회사가 약 5,000만 달러 매출을 기록하며 거의 북미지역에서만 활동할 때였다. 북미라기보다 미국에서만 활동했다고 해야 할 것이, 캐나다 지사가 있었지만 판매지점의 수준을 거의 벗어나지 못했기 때문이다. 45세가 됐을 때 매커보이는 이제 회사 명칭이 '에미트코Emitco'로 바뀐 번듯한 회사의 부 법률고문 자리에 올랐다. 회사 매출은 17억 5,000만 달러가 됐고, 선진국 전역에 걸쳐 큼직한 사업을 운영했다. 특히 유럽공동체는 총매출의 3분의 1을 소화하는 큰 시장이었다. 매커보이는 외교관인 아버지 밑에서 청소년기의 대부분을 외국에서 보냈고, 대학과 법률대학원에 진학하기 위해 나중에야 미국으로 귀국했다. 그 덕에 여러 나라 말을 잘 구사해서, 프랑스어와 독일어와 스페인어는 탁월했고 이탈리어도 웬만큼 구사했다. 그러다 보니 유럽에서의 협상과 법무적인 일은 자연스럽게 그에게 집중되었다. 그는 에미트코의 유럽 지법인 망을 차곡차곡 일구는 회사의 주축이 되었고, 유럽본사인 에미트코유럽Emitco-Europe의 경영위원회에 발탁되어 자기 시간의 절반을 유럽에서 보냈다.

매커보이가 유럽에서 살고 싶어 한다는 것은 에미트코 사람이면 누구나 아는 사실이었다. 그가 유럽본사를 파리에 두자고 제안했던 적이 있었는데, 그렇게 제안한 진짜 이유는 그가 파리를 좋아하기 때문이라는 농담도 여러 번 나왔다. 그러던 중 유럽본사 부사장이 자신의 60세 생일을 맞아 은퇴하겠다는 의사를 본사에 알려왔고, 그로부터 9개월 뒤에 매커보이가 그 후임으로 지명됐을 때 아무도 놀라지 않았다. 유럽 지법인장들도 이 소식을 기쁘게 반겼다. 이들은 오랫동안 매커보이와 가까이서 일하기도 했을 뿐 아니라, 매커보이를 지적이고 합리적이며 그들과 유별나게 잘 통하는 사람이라고 봤기 때문이다. 게다가 에미트코 본사의 다른 사람들 몇몇을 겪어보니 같이 일하기 어렵더라는 게 그들의 느낌이기도 했다. 그도 그럴 것이, 본사 사람들 대부분이 미국 밖에서 살아본 적이 없는 중서부 중소도시 출신들이었기 때문이다.

매커보이 자신도 아주 기뻤지만 동시에 걱정도 앞섰다. 지금까지 그는 늘 스태프조직에서 전문 실무자로만 일했지, 한 번도 사람을 관리해본 적이 없었기 때문이다. 하지만 이제는 그에게 보고하는 현업조직 경영자만도 아홉 명이 될 터이고, 유럽 9개국의 총 1만 9,000명을 통솔해야 했다. 그래서 그는 3개월간 휴가를 신청했다. 명목상 이유는 '10대 자녀를 기숙학교에 입학시키고 집을 파리로 옮기기 위해서'라고 했지만, 실은 현업 조직의 직무에 적응할 준비를 하기 위해서'였다. 그는 업무에 매우 진지한 사람이었기에 인사관리에 관한 도서목록을 만들어 줄기차게 읽어 나갔다. 하지만 읽으면 읽을수록 더 혼란스러워지기만 했다. 책들은 갖가지 절차들로 가득했지만, 그러한 절차들은 인사팀에 맡길 일이라고 마음을 다잡았다. 그런 절차들 말고 책에 나와 있는 이야기들은 죄다 어떠한 사람이어야 한다든가, 어떠한 사람이 되어야 한다는 것들이었다. 하지만 그에게 중요한 것은 '무슨 일을 해야 할 것인가'였다. 그는 신속하게 자리를 잡아야 한다는 사실을 잘 알고 있었다. 그동안 승진하는 사람들을 많이 보아온 바에 따르면, 새 직무를 맡고 나서 두세 달 내에 자기 일에서 자리를 잡는 게 관례였다. 그는 새로 맡을 직무에서 낯선 측면은 사람 관리라는 것을 잘 알고 있었지만, 그에게는 **완전히** 생소한 일이었다.

그리고 **해야 할 일**은 무엇이고 **하지 말아야** 할 일은 무엇인지 미리 알아두어야 한다는 생각이 절실했다. 즉흥적인 조치는 자기 체질이 아님을 잘 알고 있었기 때문이다.

마침내 3개월 휴가를 거의 다 마쳐갈 때 그는 은퇴해 쉬고 있는 에미트코 본사의 전임 이사장 조너선 포브스Jonathan Forbes를 찾아가 상담을 청하고 조언을 구했다. 내키지는 않았지만 용기를 냈다. 처음에 매커보이를 채용한 사람이 바로 그였다. 당시 포브스는 전무였는데, 곧이어 사장 겸 최고경영자로 승진하여 에미트코의 성장과 사업 확대를 일구어낸 장본인으로 성장했다. 포브스는 경영학 서적에서 높게 평가하는 전형적인 '보스'는 아니었다. 딱딱하고 냉랭한 편이었고, 집요하게 꼬치꼬치 따지길 잘하고, 아무튼 정이 가지 않는 사람이었다. 하지만 매커보이는 대다수 에미트코 사람들처럼 그를 존경했다. 에미트코가 성장하고 성공했던 것은 주로 포브스가 사람을 잘 관리한 결과라고 생각했는데, 그가 보기에 포브스는 아주 다양한 사람들이 일을 잘해내고 서로 융합하게 만드는 능력이 탁월한 것 같았다.

포브스는 은퇴하고 콜로라도스프링스Colorado Springs에 정착해 생활하고 있었다. 처음에는 매커보이가 찾아온 것을 보고 냉담한 반응을 보였다. 하지만 매커보이가 찾아온 이유를 듣고는 이내 온화한 표정으로 바뀌었다. 포브스는 그에게 다음과 같이 말해줬다. "톰. 자네가 걱정을 하는 것은 그 자체로 좋은 신호일세. 그리고 아마도 그것이 자네가 일을 잘하는 데 필요한 유일한 것일 게야. 사람을 관리하는 일은 그리 어렵지 않다네. 다만 그 일이 **어디까지나** 자네 직무이고, 해야 할 일이 **항상** 그 일이라는 것을 알고 있기만 하면 되거든. 딱 하나 정말로 중요한 것은……"

질문

- 마지막 문장을 어떻게 끝맺으면 좋겠는가?
- 답을 정했다면, 사람을 관리하는 일에서 '정말로 중요한' 단 하나의 것을 골랐을 텐데, 당신의 선택을 어떻게 변론하겠는가?
- 오늘날 잘나가는 경영자들은 당신의 생각에 동의할 것 같은가?

·CASE·

19

더 승진할 기회가 없는 직무의 인력 배치
How to Staff the Dead-end Jobs

미국 소매업에서 노사관계가 장기간 최악으로 치닫는 사태가 미국 최대의 백화점에서 벌어졌다. 미국 동부에 본사를 둔 이 백화점은 1950년대 말에 대학생 채용을 개척했는데, 그때는 거창한 축하행사와 함께 호의적인 주목도 많이 받았던 일이었다. 어찌된 일인지 1980년 무렵에 이르자 대학생 채용은 바라던 대로 뛰어난 경영자들을 길러내는 방편도 못 되었을 뿐 아니라, 끔찍한 노사관계를 자초하는 일이 되고 말았다. 파업이 끊임없이 일어났고, 노사 간 적대 관계가 한없이 첨예해진 데다, 호전적인 노조는 회사를 완전히 망가뜨릴 기세였다.

막다른 상황을 바꿔보기 위해 인사팀장이 새로 채용되었다. 무엇이 잘못됐는지 알아보기란 그리 어렵지 않은 일이었다. 장기 근속한 직원들과

10여 차례의 면담을 나눠보니 곧 답이 나왔다. 대학생 채용은 1950년대 백화점 사상 최초의 여성 임원이 추진했던 일이었다. 동부의 명문 여자대학교를 졸업한 그녀는 뉴딜 개혁기 말기에 고위 공직에 올랐고, 모교의 수탁관리자이사회 의장을 지내기도 했다. 인사팀장을 맡아 일하던 중 여성 대학 졸업자들에게 일자리를 주기 위해 최선을 다했고, 특히 젊은 여성들에게 일자리가 희귀하던 시절, 동부의 유수 여자대학교 졸업생들을 많이 배려했다. 그녀는 채용 담당자들을 학교로 보내면서, 상위권 학생들 특히 학업과 미모를 겸비한 학생들을 찾아보라고 지시했다. 그녀는 지원자들을 본사로 불러서, 사흘간 고위직 인사와 면접시험을 치르게 했고 하루는 '경영자 적성검사'를 받게 했다. 시험에 통과한 '승자들'은 채용되어 '일을 밑바닥부터 배우게끔' 물품창고 업무에 배치됐다.

하지만 소매유통업에서는 승진 기회가 드물기도 했고, 있다고 해도 판매점원까지가 한계였다. 이 때문에 물품창고 업무를 벗어나 승진한 사람은 많지 않았고, 판매점원 이상의 상위 직급으로 승진한 사람은 더욱 드물었다. 여성들 대다수는 결혼을 통해서 일터에서 벗어났지만, 남아 있는 사람은 그만큼 더 무력감과 분노를 느꼈고 회사에 대한 배신감은 커져만 갔다.

신임 인사팀장은 이미 발생한 피해를 원상 복구시키는 것은 불가능함을 알았다. 하지만 앞으로는 그런 피해를 되풀이하지 않겠다고 마음먹었다. 그 또한 물품창고 업무가 백화점 업무를 배우는 출발점으로 적합한 일이라는 데는 동의했지만, 그곳에서 일하는 대다수 직원들에게는 더 승진할 곳 없는 막다른 직무일 게 확실했다. 상위 직급으로 승진할 자리가 별로 없으니 어쩔 수 없는 현실이었다. 그는 할 수 있는 게 무엇인지 곰곰이 생각하다가 세 가지 대안을 찾았다.

첫 번째 대안은 물품창고 업무의 현실에 맞게 채용을 조정하는 일이었다. 채용 대상을 교육수준이 낮은 사람들로 바꾼다면 물품창고 업무가 진정한 도전이 될 수도 있고, 판매점원으로 승진할 수 있는 의미 있는 (드문) 기회가 되리라는 생각이었다.

두 번째 대안은 명석하고 손색없는 일류 대학졸업자들을 계속 채용하되, 백화점 내에서 승진 기회를 찾지 못하는 사람들에게 다른 돌파구를 마련해주자는 것이었다. 즉, 다른 판매점이나 특히 소형 상점의 보수도 좋고 매력적인 관리직에 자리를 잡도록 체계적인 대안을 마련하자는 생각이다.

세 번째 대안은 가장 급진적인 제안이었는데, 물품창고에서 근무하는 사람들의 권한과 책임을 대폭 확대하자는 것이었다. 다시 말해 그들에게 재고관리와 백화점 내 상품전시에 대한 권한과 책임을 맡기도록 조직을 개편하자는 생각이었다.

신임 인사팀장이 제시한 대안은 고위 경영진으로 올라가자마자 곧바로 기각 당했다. 최고경영진의 입장은 다음과 같았다. "우리 백화점의 팀장과 구매담당들은 전부 물품창고 업무에서 시작했습니다. 우리가 물품창고 업무 부서에 출중하고 전도유망한 신입직원들을 채용하지 못한다면, 향후 10년, 15년 뒤에는 경영자다운 경영자를 확보할 수 없을 것입니다. 게다가 우리가 훈련시킨 사람들을 경쟁회사에 **알선**한다니요! 있을 수 없는 일입니다. 그리고 분명히 말하지만, 물품창고 직원들에게 매장관리자와 구매담당의 고유 권한을 준다는 것은 말도 안 됩니다."

질문

- 새로 나온 각 대안의 장점을 최고경영진에게 설득할 방법을 찾아보자면 어떤 것이 있겠는가?
- 더 승진할 자리가 없는 직무에 사람을 배치하고도 성취와 보람을 줄 방법은 없겠는가?

지속적인 학습 분위기의 조성

The New Training Director in the Hospital

미국 병원에서 의사들은 그들끼리 주관하는 훈련 시스템이 있다. 그 밖의 직원들에 대해서는 병원에 훈련담당 이사를 두어서 훈련을 하게끔 법률에 규정되어 있다. 처음에는 간호사들에 대한 훈련 규정만 있었는데, 지금은 병원 내 모든 직군을 훈련하게 되어 있다. 오래전부터 이 업무를 담당하는 훈련담당 이사는 경험 많은 수간호사 중 한 사람이 맡는 게 상례다.

그런데 병원을 두루 살펴보면 훈련담당 이사들이 자기 직무를 아주 어려워하고 부담스러워하는 데가 한두 곳이 아니다. 훈련에 필요한 예산이 있다고 해도 보통 시간이 별로 없다. 게다가 의사와 간호사 이외 직군들을 보면 방사선기사, 의료기사, 물리치료사, 사회복지사, 정신과 관련 인력, 영양사, 기타 사무직 근로자, 시설관리·보수 등 다양하기도 하려니와, 그 각각이 자기 직무에 '외부자'가 개입한다고 핏대를 올리기도 한다. 이런 연유로 훈련담당 이사들은 이러지도 저러지도 못하며 고전하다가 사임하는 일이 심심치 않게 생긴다.

바로 이러한 사태가 한 곳에서 연거푸 두 번이나 생겼다. 메트로폴리탄 지역병원Metropolitan Community Hospital에서 생긴 일이다.

병원운영책임자는 세 번째 훈련담당 이사를 지명하기 전에 그 지역 대학교의 훈련 전문가와 상담하는 것이 좋겠다고 생각했다. 병원운영책임자가 아쉬웠던 것은 훈련 프로그램을 만드는 일이었다. 즉 병원은 훈련과정으로 어떤 것들을 조직해야 하고 어떤 방법으로 해야 하며, 그 지역 대학들의 기존 훈련시설을 활용할 방법이 없겠느냐고 물었다. 대학의 훈련 전문가는 그의 이야기를 경청하고 나서 말했다. "병원에 대해서는 잘 모릅니다. 환자로서 알고 있는 게 전부이지요. 안타깝게도 환자로서 경험해본 것도 별로 없습니다. 하지만 훈련에 관한 한 이런 말씀을 드릴 수 있겠습니다. 저라면 선생님께서 생각하시는 것과는 다른 방식으로 그 일에 접근할 것 같습니다. 훈련과정, 방법, 주제 이런 것들은 행여 실현되더라도, 전부 맨 마지막에 실현됩니다. 저에게 두 가지 중요한 사실을 일러주셨습니다. 첫째는 선생님의 병원 체계가 아주 복잡하다는 점이지요. 그곳의 각 집단은 각각 직무도 다르고, 배경도 다르고 아쉬워하는 것들도 다릅니다. 둘째는 학습이 필요한 세 가지 확연히 다른 영역이 있다는 점입니다. 우선, 사람들이 자기 직무에서 기술적 능력을 향상시켜야 하고, 다른 직군과 어울려 일하는 방법을 배워야 합니다. 그러니까 간호사들이 방사선과 기사나 영양사와 같이 일하는 식이 되겠지요. 그리고 환자를 돌보는 기능과 태도를 계속 다듬어야 한다는 점입니다. 한 가지 더 추가하자면, 병원에 큰 집단이 하나 있는데 원내 훈련이 별 필요도 없거니와 해서도 안 될 직군이 있다고 하셨습니다. 일반 사무직과 일반 경영업무라고 하셨지요? 그분들에게 특히 필요한 직무교육 기회는 야간강좌나 세미나 등으로 충분하다고 하셨습니다. 대학과 갖가지 경영협회나 전문가협회에서 그런 기회를 충분히 제공하고 있고요. 이분들 일반 사무직과 일반 경영업무의 훈련을 관리하는 일은 병원의 일반 경영직 관리자가 맡아야 할 것으로 보입니다."

그의 말이 계속 이어졌다. "이 두 직군을 뺀 나머지가 전체 인력의 4분의 3이라고 들었습니다. 이 다수 인력의 훈련을 맡을 분은 종전의 훈련담당 이사와는 달리 여러 훈련담당자들을 훈련하는 직무로 취급해서 선정하는 게 좋을 듯합니다. 간호사 분이 적합하리라 생각합니다. 병원에서 자기 담당 업무뿐 아니라 병원 전체를 볼 줄 아는 유일한 분들이 바로 간호사들이라고 보거든요. 또 환자와 의사들뿐 아니라 다른 직군과도 날마다 업무관계를 맺는 유일한 분들일 것 같고요.

이 일을 맡길 후보를 찾으시면 한 3개월 동안은 각 직군을 돌아가면서 소그룹 단위로 만나보라고 하세요. 각 직군마다 그 대표자를 포함해 고참과 신참 약간 명씩 안배해서 소수의 직원들과 만나보는 것입니다. 그 자리에서 **그들**이 필요하다고 느끼는 학습이 어떤 것들인지 물어보라고 하는 것입니다. 그러니까 자기 일을 더 잘하기 위해 활용할 만한 게 무엇일지, 알아야 할 게 어떤 것들이고, 배워야 할 게 어떤 것들인지 물어보는 겁니다. 그리고 그들이 담당하는 병원업무의 세 가지 차원을 각각 곰곰이 따져봐 달라고 하는 겁니다. 기술적 능력도 있겠고, 병원 내 각 그룹 간의 조직관계도 있을 것이고, 또 환자를 돌보는 측면이 있을 것입니다. 소그룹 토의를 쭉 훑었으면, 신임 훈련담당에게 각 분야의 각 집단에게 시급한 중점 학습내용을 취합해 보고하라고 요청하십시오. 그다음에는 당신과 훈련담당 이사, 그리고 각 직군 대표가 같이 협의해서 원내 훈련계획을 수립해야 합니다. 그때 가서야 어떤 교육과정이 필요하고, 어디어디에 토론그룹을 두어야 하며, 각 직군마다 운영할 자체 프로그램은 어떤 내용(아마도 가장 기술적인 부분이겠지요)으로 구성해야 할지 보이실 것입니다. 또 다양한 직군과 기능의 사람들이 서로에게서 배우도록 하려면 그들을 어떤 훈련으로 묶어줘야 할지도 드러나게 될 것입니다.

무엇보다도 훈련담당 이사와 부문 대표 앞에서 분명히 해주셔야 할 게 있습니다. 훈련담당 이사의 일차적 임무는 훈련가가 아니라, 다른 사람들을 훈련가 역할로 이끄는 일이라는 점입니다. 어쩔 수 없이 훈련을 맡아 가르쳐야 하면 스스로 공부하게 되고 배우게 됩니다. 다른 사람들은 이렇게 훈련가로 나서는 사람이 습득한 내용의 절반만 배워도 잘 배우는 것입니다. 그리고 선생님께서 찾는 것은 거창한 프로그램도 아니고 큰 예산이 드는 일도 아닙니다. 선생님께 필요한 것은 병원 전체에 지속적인 학습 분위기를 만드는 일일 것입니다."

이야기를 듣고 난 병원운영책임자는 무덤덤한 표정으로 생각했다. '상식적인 수준의 조언이군. 그런 뻔한 내용을 듣자고 일부러 대단한 전문가를 찾아온 건 아닌데…'

- 당신은 이 조언을 어떻게 생각하는가? 의미 있는 조언인가? 신임 훈련담당 이사가 얼마나 유능한 간호사일지는 몰라도 어쨌거나 훈련에서는 초보자일 거라고 생각할 때 현실적인 조언인가?

- 병원운영책임자가 이 조언을 수용한다고 가정하면, 신임 훈련담당 이사가 3~6개월 뒤에 꼽을 중점사항에는 어떤 일들이 거론될까?

21

'우리'와 '그들', 당신은 어느 쪽인가
Are You One of "Us" or One of "Them"?

맥더갤 공작기계McDougal Machine Tools의 노사관계는 경영진이 볼 때나 노조가 볼 때나 나무랄 데 없이 좋았다. 하지만 사회생활 면에서는 '현장 작업자들'과 '관리자들'이 서로 분리되어 있었다. 작업자들 다수가 고도의 숙련 기술공이었는데, 생산라인의 일선 관리자들보다 훨씬 많은 보수를 받았고 심지어 젊은 엔지니어나 회계 담당자들보다도 좋은 대우를 받았다. 하지만 언제부터인지 몰라도 기술공 집단에서 관리직으로 승진한 사례는 전무했고, 고위 경영진에 오르는 경우는 더 말할 것도 없었다.

반면 관리직은 전부 공과대학 졸업자들이 차지했다. 이들이 공과대학을 마치고 입사하면, 공장 책임자 중 한 사람 밑에서 훈련을 받고 한두 해 정도 관리자 보조업무를 맡다가 관리자나 기술팀 엔지니어로 발령을 받았다. 사실 두 집단은 사는 동네도 달랐다. 매년 한 번 있는 성탄절 회식 때나 가족을 대동하고 같이 만나는 게 전부였다. 이런 만남에서도 서로 섞이지 않았다. 그렇다고 서로 적대감은 없었다. 일할 때도 성 대신 친근하게 이름으로 불렸고, 농담을 나누거나 서로 도와주기도 했으며, 분명히 서로를 존중해주었다. 하지만 두 집단은 상대방을 언급할 때 '그들'과 '우리'라는 말로 서로의 진영을 구분했다. 또 관리 직무는 학교에서 정식으로 배우는 엔지니어링 지식을 많이 요하는 일이기도 해서, 두 집단은 이러한 관계가 (일종의 자연의 질서처럼) 적절하다고 생각했다. 적어도 겉으로는 그렇게들 여기는 것 같았다.

그레고리 아미티지Gregory Armitage는 젊은 시절 생산라인 작업자로 공장에 들어온 뒤 고도로 숙련된 기계 설치기사로 성장했는데, 회사 내 시스템을 불만스럽게 여기지도 않았고 사실 일리가 있다고 생각했다. 그는 야심 있는 청년이었고 공학에 대한 관심도 지대했다. 그래서 주립대학교 분교가 야간 공학과정을 개설하자, 그레고리는 거의 일착으로 등록했다. 나중에 알고 보니 회사의 관리자 한 사람이 그 대학 강의에 나가고 있었는데, 개강 초에 그레고리와 마주쳤다. 그는 같은 회사 직원을 보자마자 반가워 어쩔 줄 몰라 했는데, 그 후로 그레고리가 공부를 계속하도록 돕고자 발 벗고 나섰다. 가령 수업이 있는 날 저녁이면 그레고리가 시간외 근무조에 속하지 않도록 배려해주었다. 그리고 그레고리가 회사에서 등록금을 전액 환급받을 수 있도록 해주었다. 실은 등록금 환급제도는 엄격히 말해 연봉제 정규인력에게만 적용되는 복리후생이었다.

그레고리는 마침내 학위를 취득하고 공장 책임자를 찾아갔다. 그는 그레고리를 따뜻하게 맞으며 축하의 뜻을 표했다. 그레고리는 그에게 자기 의사를 전했다. "이제 공학 학위를 취득했으니 관리자 승진 신청은 어떤 식으로 하면 될까요? 필요한 것은 이제 다 갖춘 것 같습니다."

그 공장 책임자는 다음과 같이 말했다. "사실 그렇지. 승진할 자격은 충분히 갖추었네. 그렇지만 잘 먹혀들 것 같지가 않아서 선뜻 자네를 추천할 수가 없는 실정이야. 우리 경영진은 자네를 기꺼이 받아들일 걸세. 하지만 사람들이 자네를 인정해줄까 걱정이지. 자네는 '그들' 중 한 사람이고 게다가 나이도 어린 축에 끼거든. 그들은 자네를 '우리' 중 하나로 생각하지 않을 거야. 자네가 '그들'과는 다른 동네로 이사를 해도 여전할 걸세. 사람들은 자네가 '우리' 중 하나인지 '그들' 중 하나인지 계속 미심쩍어 할 거야. 자네가 관리자로서의 권한을 행사하면 자네를 보고 분개할 것이고, 그 권한을 행사하지 않으면 자네를 무시할 걸세. 글쎄, 나도 이렇게 말하기 내키지 않지만, 자네가 획득한 관리자 직무능력을 발휘하고 싶다면 다른 곳에서 일자리를 찾는 게 좋다고 생각하네. 새로 시작하는 거지. 그렇게 될 수 있도록 내 기꺼이 도와주겠네."

그레고리는 그 제의를 받아들였다. 그에게는 선택의 여지가 별로 없었다. 그레고리는 얼마 지나지 않아 다른 회사에서 관리자로 일하게 됐다. 그곳에서 일도 잘해서 몇 년 뒤 공장 책임자가 됐다. 그런데 자신에게 조언해준 예전 공장 책임자가 덧붙인 말이 새삼 옳은 말임을 깨달았다. 그의 말인즉, 관리자로 전직하게 되면 살던 동네를 떠나 이사해야 할 것이라는 충고였다. 전직 후 서너 달이 지나자 그레고리의 부인이 불평을 했다. 예전 동네에서 만나던 친구들이 다 멀어지고 한 사람도 남지 않았다는 말이었다. 그 또한 맥더갤에서 사귀었던 많은 친구들과 서서히 멀어지게 됐다.

미국에서 블루컬러 직무를 제외하면, 이 사례에 나오는 공장만큼 '그들'과 '우리'를 가르는 구분선이 심한 것은 아니다. 하지만 다른 나라들에서는 대개 사무직이나 소매판매점에서도 이러한 구분이 첨예하다.

질문

- 이처럼 '그들'과 '우리'를 가르는 구분선이란 것이 일개 공장이나 혹은 사회에서 과연 좋은 것인가?
- 경영진이 자기 회사나 공장에 존재하는 이러한 구분선을 철폐하거나 적어도 완화하기 위해 무언가 할 수 있는 일이 있을까?

· C A S E ·

22

회사의 부담과 노조의 이익
Midwest Metals and the Labor Union

진 코왈스키Gene Kowalski는 미드웨스트금속Midwest Metal의 대다수 시간제 임금 작업자들을 대변하는 사업장 노동조합의 대표다. 그는 의료비 폭등을 비롯한 의료서비스 문제가 불거지기 오래전에 회사에서 인사와 노사관계를 담당하는 프랭크 스나이더Frank Snyder 부사장을 찾아가 말했다. "회사의료보험으로 받는 의료서비스에 대해 노조원들의 불만이 커지고 있습니다. 지금의 의료보험이 이류 서비스라고들 느끼고 있어요. 저도 그들의 불만사항을 점검해봤습니다만, 동의할 수밖에 없습니다. 무언가 조치를 취해주셔야 하겠습니다."

스나이더 부사장이 답했다. "진, 우연의 일치라고 해야 할지 이런 말이 여기저기서 들려오는군요. 관리자들로부터도 비슷한 불만을 들었을 뿐 아니라 각 사업부 곳곳에서 같은 얘기를 들었습니다. 의료보험이 보장해주는 의료서비스의 내용은 줄어드는데 오히려 의료비는 급등하고 있습니다. 이 문제가 손댈 수 없는 지경에 이르기 전에 무슨 조치를 취하라는 최고경영진의 지시를 받았습니다. 그래서 몇 주 전에 우리 회사보험의 의료임원인 헬렌 퍼니스Helen Furness 박사에게 사안을 찬찬히 살펴봐달라고 부탁했습니다. 안 그래도 이분의 보고서를 어제 받아보고 당신과 논의하려고 전화를 드리려던 참이었습니다. 퍼니스 박사는 우리가 선불제 의료보험으로 바꿔야 한다고 보고 있어요. 캘리포니아 주에서 시작한 카이저 평생건강보험Kaiser Permanente Health Plan과 비슷한 방식입니다. 그러니까 어느 병원에 소속된 의사들이나 그 병원 자체와 선불제 계약을 맺는 것인데, 먼저 진료를 받고 나중에 그 의료비를 보험에서 지급해주는 방식이 아니라, 약정된 진료범위에 대해 보험에서 1인당 고정금액을 지급하는 방식입니다. 헬렌 퍼니스는 우리가 이 문제를 잘 연구하고 무엇이 장단점인지 살펴볼 특수임무팀을 설치하는 게 좋겠다고 제안하더군요."

그 말을 듣고 코왈스키는 아주 잘됐다고 생각했다. 그 역시 비슷한 대안을 제시할 생각이었기 때문이다. 하지만 새로 꾸릴 특수임무팀의 팀장을 맡아달라는 제의는 사양했다. "우리 노동조합협약에 따르면 의료보험은 회사 측이 주관해야 할 사항이어서 노조 책임자인 제가 회사 측 방안을 수립하는 일에 참여하기는 곤란합니다."

그래도 코왈스키는 특수임무팀과는 밀접한 업무 관계를 유지했다. 그리고 미드웨스트금속재단을 설립하자는 특수임무팀의 최종 권고사항에도 충분히 공감했다. 이 재단에서 소속 의사 12~15명을 거느린 시내 병원 세 곳을 회원으로 확보하고 작은 병원 한 곳을 직접 소유하는 방안이다. 가령 훌륭한 시설을 갖춘 파크스트리트병원Park Street Hospital 같으면 현재 재정난이 심각하므로 크지 않은 금액으로 인수할 가능성도 있다는 이야기도 나왔다. 미드웨스트금속의 1만 직원과 가족만으로는 이 정도 규모의 의료보험을 성사시키기가 쉽지는 않을 것이다. 하지만 퍼니스 박사는 지역 내 다른 산업에서 일하는 동료 의사들과 이야기를 나눠본 결과, 다른 주력 기업체들도 곧 이런 움직임에 동참할 거라는 확신을 갖게 되었다.

새 의료보험을 통해 제공될 의료서비스는 기본 보험보다는 범위도 넓고 질도 나아질 것이다. 게다가 1~2년만 지나면 약 40퍼센트에 달하는 큰 비용을 절감할 수 있었다. 그래도 회사는 절감 비용을 전부 기존 의료보험 내 특별기금에 묶어두게 된다. 이 점은 스나이더 부사장이 고집하는 부분이다. 절감 비용은 전부 특별기금으로 5년 동안 들어가게 된다. 5년 뒤에 가서 회사와 노조가 이렇게 모인 돈을 의료서비스 내용을 개선하는 데 쓸지, 아니면 다른 직원혜택에 쓸지 공동으로 결정하게 된다. 의료서비스 개선에 쓸 경우, 스나이더는 치과치료를 (일부분이라도) 포함시킬 생각이다.

코왈스키는 노조원들이 새 의료보험안을 환영해줄 거라고 확신했다. 그는 스나이더 부사장에게 이렇게 말했다. "잘 아시겠지만 저는 보험계약 내용을 바꾸는 것은 수용할 수 없습니다. 노조 집행위원회가 보험계약 내용을 승인해야 하고, 이어서 그 사안을 노조원들에게 상정해 표결을 하게 됩니다. 하지만 별다른 차질은 없을 거라고 봅니다." 그러나 이런 그의 생각은 틀린 것으로 드러났다. 코왈스키가 새 의료보험안을 집행위원회에 제출하자 날카로운 질문이 그에게 날아들었다. "새 보험계약으로 회사가 비용을 더 내게 되는 것입니까, 아니면 덜 내게 되는 것입니까?" 이 질문이 끈질기게 꼬리를 물었다. 코왈스키가 대답했다. "회사가 내는 비용은 줄어듭니다. 하지만 어찌 됐든 우리에게 절감 효과가 있습니다."

그러자 집행위원회에서 가장 연장자이고 존경받는 위원이 이렇게 발언했다. "누가 절감 효과를 얻는지는 신경 쓸 일이 아닙니다. 중요한 것은 회사가 이득을 본다는 사실입니다. 회사가 부담하는 비용이 줄어든다면 그게 우리에게도 이득이 된다고 나를 포함해 아무도 설득할 수 없습니다. 회사가 비용을 더 부담할수록 우리에게 좋다는 게 우리 모두의 생각입니다. 회사가 부담하는 게 줄어든다면 우리한테는 나쁜 것이죠." 결국 새 의료보험안은 집행위원회에서 만장일치로 기각됐다.

시간이 흐르는 사이 의료서비스 비용은 몇 배로 올랐다. 하지만 이와 더불어 퍼니스 박사가 제안했던 선불제 의료보험 방식도 일정 정도 매력을 잃었다. 아마도 지금은 노동조합이 특수임무팀의 연구에 가담하고 싶을 것이고, 그렇게 하자고 주장할지도 모른다. 하지만 기본적인 상황은 전혀 바뀌지 않았다. 노조원들과 노조 지도자들은 직원들에게 돌아가는 혜택의 잣대를 그들이 얼마나 이득을 얻느냐로 보질 않고, 회사가 얼마나 돈을 내느냐로 본다. 그리고 관리직 중에서도 꽤 많은 사람들 역시 이렇게 생각한다. 즉, 비용을 들여 얻는 혜택이 아니라 비용 자체를 직원 혜택의 잣대로 보는 것이다.

질문

- 널리 퍼져 있는 이 잘못된 개념을 어떻게 설명할 수 있겠는가?
- 이런 오해를 없애고 직원 혜택에 대한 합리적인 비용−혜택 접근이 가능하게 하려면 어떻게 해야겠는가?

23

사고율 제로의 조직운영
Safety at Kajak Airbase

카작 전술공군기지Kajak Tactical Airbase에 새로 부임한 지휘관은 첫 참모회의를 마치면서 작전실장과 안전검사실장더러 자리에 남으라고 지시했다. 지휘관은 휘하 두 장교에게 말했다. "카작 기지가 전술공군사령부Tactical Air Command에서 최우수 안전기록을 보유하고 있다는 점은 잘 알고 있다. 그래도 만족스럽지가 못해. 앞으로 사고율 제로 기지로 운영하는 게 내 목표다."

작전실장이 사령관에게 말했다. "예. 그렇게 노력 중입니다. 하지만 전투기는 속성상 위험이 따릅니다." 그 말에 사령관이 쏘아붙였다. "전투기는 우리가 아니라 적에게 위험해야 하는 거네."

안전검사실장이 말했다. "세 가지 방법을 쓰고 있습니다. 세 가지 모두 탄탄하게 다져갈 수 있을 것입니다. 우선, 장비를 연구합니다. 물론 설계와 제작을 우리가 통제할 수는 없습니다. 하지만 사고를 부를 만한 (혹은 이미 사고를 유발한) 요인을 찾아내면 설계를 바꾸는 겁니다. 둘째로, 훈련을 하고 또 하고 다시 또 합니다. 셋째로, 혹여 불상사가 발생하면 인명 사고가 없더라도 철저하게 조사합니다. 필요에 따라 업무 방식이나 장비를 바꿉니다. 물론 태만하고 부주의한 업무로 생긴 불상사라면 적절한 징계를 권고합니다. 작업의 강도를 높이는 것도 가능합니다. 저를 예로 들자면, 훈련시간을 더 많이 할당하라고 항상 요구합니다. 카작 기지는 안전의식이 가장 높은 기지입니다. 지금보다 더 강도 높은 노력을 기울여서 얼마나 큰 효과를 얻을지는 미심쩍습니다."

지휘관은 별로 신통치 않다는 눈치였다. 두 장교에게 구체적인 대안을 짜서 가져오라고 지시하면서, 사고율 제로로 기지를 운영하겠다는 뜻을 거듭 힘주어 강조했다.

일주일이 지나고 두 장교가 보고를 하러 지휘관을 찾아왔다. 먼저 작전실장이 보고했다. "한 가지 방법으로 항상적인 안전경쟁제도를 채용했으면 합니다. 매달 한 번씩 무사고 부대의 이름을 게시판에 공고하는 것입니다. 그들의 성과를 인정해주고 또 보상해주자는 취지입니다. 이런 성과가 몇 번 쌓이다 보면 놀라운 결과를 얻을 수도 있습니다. 그리고 안전경쟁에서 뛰어난 장교와 하사관들에게 추천과 승진의 기회가 돌아갈 거라고 밝히는 것입니다." 작전실장은 계속 보고를 이어갔다. "동시에 산업계에서 쓰는 방법도 가져올 수 있겠습니다. 제너럴모터스General Motors에 있는 몇몇 친구로부터 이런 이야기를 들었습니다. 아주 사소한 사고라도 발생하면 인명피해·상해가 없더라도 조사가 끝날 때까지 해당 관리자의 지휘권한을 정지시키고, 관리자의 직속상관 역시 지휘권한을 정지시킨다고 합니다. 해당 관리자가 1년 내에 다시 사고를 내면 직위를 해제하고 직속상관의 직급을 강등시킵니다. 관리자의 통제권한이 없는 장비에서 발생하는 사고일 경우에만 면책이 주어집니다."

사령관이 말했다. "그거 괜찮은 생각이야. 직위해제나 강등을 시키려면 상부 허가를 받아야 하겠지만, 같은 효과를 볼 만한 다른 방법이 있을 법도 하군."

이번에는 안전검사실장이 말했다. "지휘관님, 방금 작전실장의 생각이 매우 인상적입니다. 충분히 추진해볼 만한 일입니다. 하지만 달리 시도해볼 세 가지 방안이 있습니다. 그 하나로, 예상사고 보고를 체계적으로 권장하는 방법입니다. 안전업무를 위한 제안을 포함해 제안 시스템이 이미 잘 갖추어져 있고 원활하게 돌아가고 있습니다. 각 책임자와 관리자에게 매달 한 번씩 지금보다 좀 더 구체적으로 자기 관할에서의 안전사고 위험요인들을 보고하도록 지시하십시오. 장비와 업무뿐 아니라 인원배치나 훈련 방식에 걸쳐 아무리 사소하더라도 낱낱이 찾아보도록 하는 겁니다. 두 번째로는, 기지 내 안전을 담당하는 각 부문들이 정기적으로 월례 안전모임을 개최하는 것입니다. 사고율 제로를 달성하기 위해 우리 각자가 할 수 있는 게 무엇인지 머리를 맞대고 회의를 하는 겁니다. 세 번째로는, 이 월례모임을 열 때마다 책임자나 관리자 한 사람이 그가 찾아낸 효과적인 무사고 달성 방안을 발표하는 기회를 갖는 것입니다."

지휘관이 두 장교에게 물었다. "그런데 말이야, 그런 방법들을 추진한다고 치면, 예산 문제로 의회가 우리 발목을 잡을 정도로 큰 비용을 들이지 않고 추진할 방도가 있을 것 같나? 또 사령부 차원의 전투 효력을 떨어뜨리는 일이 있어서도 안 되겠지."

두 장교는 그럴 수 있을 거라고 생각했고, 적어도 기지 내 일정 부분에 대해 각 방법을 실험적으로 추진해볼 여지는 충분할 것으로 보았다.

질문 _____

- 이 다섯 가지 제안에 대해 어떻게 생각하는가?
- 각 제안은 인력 관리의 어떤 원칙들을 대변하는가?
- 각 제안이 효과를 볼 확률은 어느 정도로 보는가?
- 기지의 장병과 인력의 호응을 얻을 만한 것은 어느 것인가? 반대로 그들의 저항을 유발할 만한 것도 있는가?
- 각 제안은 사고의 원인에 대한 어떤 가정을 하고 있는가?

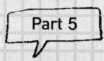

Part 5

기업의
사회적
책임

24

기업 이미지에서 브랜드 이미지로[*]

Corporate Image to Brand Image: Yuhan-Kimberly

어떤 삶이 나를 기다리고 있든 간에, 이 말은 잊지 못할 거야. "큰 힘
에는 큰 책임이 따른다." 이건 내가 받은 선물이고 또 저주야. 나는 누
구인 거지? 난 스파이더맨이야.

〈스파이더맨〉, 컬럼비아픽처스무비

한국 서울에 소재한 유한킴벌리의 최고경영자 문국현 사장은 민간 기
업은 자본주의 사회에서 **커다란 힘**을 보유하고 있으며, 힘이 큰 만큼 **책**

[*] 이 사례는 2007년 피터드러커마사토시이토 경영대학원의 민 S. 신이 작성했고, 조지프 마셔리엘로 교수
가 감수를 보았다. 사례 연구에 쓰인 자료는 2008년 1월 유한킴벌리의 최고경영자 문국현 사장이 제공해주
었다.

임도 크다는 점을 힘주어 강조한다. 문국현 사장은 사회적 캠페인과 운동은 개인이 수행할 수 없는 일이니, 큰 힘이 있는 기업이 앞장서야 한다고 주장한다.

1984년 이래 유한킴벌리는 '우리강산 푸르게 푸르게'로 알려진 환경운동을 주관해왔다. 유한킴벌리에서 '우리강산 푸르게 푸르게' 운동을 전개하게 된 것은 성공한 민간 기업의 힘과 환경에 대한 기업의 책임의식에서 비롯된 결과다. 아울러 유한킴벌리는 사회적 책임에 부응하는 것이 민간 기업의 진정한 목표인 고객 창출과 직결된다고 생각한다.

예를 들면, 유한킴벌리의 '우리강산 푸르게 푸르게' 운동은 숲을 재생함(즉 새로운 숲을 조성함)으로써 환경의 질을 향상시키는 것을 목표로 한다. 유한킴벌리는 숲의 재생을 촉진하기 위해 숲에 대한 산업전문가와 학자들로 위원회를 구성했고, 관련 기금도 조성했다. 또 기업 자금을 지원하여 젊은이들과 신혼부부들에게 나무심기와 숲 가꾸기, 국립공원의 묘목 보호에 대한 교육 기회를 제공했다. 아울러 1966년 이래 환경연구에도 자금을 지원하여 환경보호를 다루는 43편의 학술논문 발행을 지원했다. 이어서 한반도 차원의 환경보호 운동으로서 북한에서 숲의 재생을 지원하는 프로젝트를 1999년에 시작했다. [표 24.1]에 그 내용이 나와 있다.

연도	1999	2000	2001 ~2002	2003	2004	2005	2006	2007
나무 수	2,167,830	130,000	211,750	30,115	131,096	203,804	10,000	6,000

[표 24.1] 북한에 심은 나무 수

유한킴벌리가 한국의 여성 생리대 시장에서 누리고 있던 지배적 지위는 1993년 프록터앤드갬블Procter and Gamble(P&G)이 시장에 진입하면서 위축되기 시작했다. P&G가 얇은 디자인에 흡수력까지 좋은 '위스퍼'를 출시하자 소매업자들은 매장에서 유한킴벌리 제품을 진열하는 공간을 축소했다. 유한킴벌리는 위스퍼와 차별화하기 위해 신제품 '화이트'를 출시하면서 생리 현상에서 연상될 수 있는 비위생적인 이미지를 완전히 걷어낸다는 개념으로 마케팅을 펼쳤다. 청결을 강조한 이 마케팅으로 고객 창출에 성공한 유한킴벌리는 1999년에 다시 지배적인 시장 점유를 되찾았다.

문국현 사장은 화이트의 성공을 유한킴벌리가 '우리강산 푸르게 푸르게' 운동을 통해 환경 친화적인 기업으로서 획득한 청결한 이미지가 소비자들의 심리에 파고들었기 때문이라고 본다.

질문

- 기업은 무엇보다도 기본 임무를 추구해야 한다고 드러커는 주장한다. 숲을 재생하는 활동이 유한킴벌리의 사업과 직결되는가?
- 아니라면 그 활동을 어떻게 정당화할 수 있겠는가?

25

부실 경영에 대한 책임

The Peerless Starch Company of Blair, Indiana

인디애나 주 블레어Blair 시 사람들이라면 오래전부터 피어리스녹말 공장이 자신들의 도시에서 가장 중요하다고 생각했다. 이 공장은 완만히 흐르는 강이 내려다보이는 자그마한 언덕에 자리 잡고 있는데, 인디애나의 여느 건물이 대체로 런던과 비슷하듯이 이 공장도 런던타워와 흡사하게 설계되었다. 이 공장은 물리적으로도 도시를 내려다보는 위치에 있지만, 정신적으로도 도시를 지배했다.

피어리스는 블레어 인구 12만 명 중 8,000명이 넘는 남성들을 고용하는 도시 최대의 고용주였다. 블레어 시에서는 가장 네 사람 중 하나가 피어리스에서 일하는 셈이었다. 피어리스 직원들이 대부분 숙련공이나 전문기사인 이유도 있지만 임금 수준도 그곳에서 가장 높았다. 또 블레어 소재 대기업들 가운데 유일하게 다른 거점의 지휘를 받지 않고 독자적인 현지 경영진이 회사를 경영했다. 피어리스의 최고경영진은 1940년대에 들어선 '뉴빌딩New Building' 단지 내 커다란 공장의 5층에서 근무했다. 창업자의 대를 이어 손자가 최고경영자를 맡았고 휘하 경영자들도 전부 블레어 시 토박이들이었다. 그들 모두 공장에서 시작해 경력을 쌓았고, 창업 초기 피어리스 직원들의 2세나 3세인 경우가 많았다.

이 회사 창업자는 남북전쟁 당시 옥수수에서 녹말을 추출하는 방법을 개발하고 블레어에 회사를 세웠다. 1940년대까지는 공장이 하나밖에 없었지만, 2차 세계대전이 끝나고 공장 세 곳을 잇달아 건설하면서 사업이 번창했다. 블레어 공장에 이어 일리노이 주와 텍사스 주에 공장이 하나씩 들어섰고, 1950년대 말에 오리건 주에는 가장 규모가 큰 세 번째 공장이 완공되었다.

피어리스는 번창했지만 그사이 블레어 시의 사정은 별로 좋아지지 않았다. 2차 세계대전 중에는 블레어 경제도 상승 가도를 달렸지만, 점차 시들해지더니 침체기에 접어들었다. 도시 내 공장이 하나둘씩 직원들을 줄이다가 결국 문을 닫기 일쑤였다. 블레어 시 공장들은 하나같이 정체되다가 내리막길을 달리는 게 일반적이었는데, 피어리스 공장은 그렇지 않은 유일한 예외 같았다. 하지만 피어리스 공장도 내부적으로는 심각한 상태였고, 다른 주 신설 공장들의 성공 덕분에 연명할 뿐이었다.

블레어 공장의 매출은 피어리스의 전사 매출 가운데 5분의 1 정도였다. 하지만 고용 비중을 보면, 시간제임금 근로자는 전사의 약 절반에 달했고, 관리직과 전문직이 4분의 3이나 되었다. 피어리스의 다른 공장과 달리 블레어 공장은 원료를 자체 생산하지 못했기 때문에 외부 납품업체나 다른 공장에서 가져다 썼다. 그러니 블레어 공장의 단위노동비용(생산량 한 단위를 생산하는 데 들어가는 노동량)은 다른 공장들보다 낮아야 마땅함에도 불구하고, 다른 곳의 네 배나 될 정도로 높았다.

블레어 공장이 비용이 높은 데는 이유가 있었다. 그게 정당한 이유는 아니라고 해도 최소한 고비용을 정당화하는 주장이 있었다. 공장 자체가 십자군에 저항하는 모양의 옛 양식인 탑 구조로 지어졌는데 현대적인 생산방식에는 적합하지 않은 모양새였다. 일례로 새로 지은 피어리스 공장들은 단층 건물인데 반해, 블레어 공장은 쌍둥이 탑까지 달린 5층 건물이었다. 그리고 블레어 공장에는 해고라는 개념이 없었다. 어떤 직원이 하던 일을 계속할 수 없게 되면, 최상위 부서에서 이런 지시가 내려왔다. "그 친구에게 다른 일자리를 찾아주게." 새로운 생산 공정이 도입되면 예전 공정에 따라 일하던 직원들을 설비보수 직무로 이동시켰다. 혹시 새로 바뀐 생산 공정에 써먹을 기술을 갖고 있을 경우에는 관리자로 발령을 냈다. 그러다 보니 여러 부서에서 현장 작업자보다 관리자가 더 많아지는 비정상적인 결과를 초래했다.

특히나 블레어 경영진은 자기 공장을 '고품질 공장'으로 여기며, 대량 생산 제품은 만들지 않겠다고 못 박았다. 하지만 블레어 공장의 심각한 문제는 다름 아닌 품질 좋은 물건을 만들어내지 **못한다**는 점이었고, 실제로 돈을 까먹는 가장 큰 요인도 이것이었다. 블레어 공장의 반품율은 다른 공장의 두 배에 달할 정도였다. 공장의 품질관리 책임자가 승인한 물건인데도, 제품을 받아본 고객들은 불만을 쏟아내며 반품시켰다. 사실

영업 인력이 판매에 별 시간을 할애하지 않는다는 것은 누구나 다 아는 사실이었다. 그들은 쓸모없는 불량품이라며 당장 반품하겠다는 고객들을 회유하느라 일과의 대부분을 허비했다. 또 반품을 원하는 고객들의 불평을 잠재우기 위해 넉넉한 리베이트를 제공할 때도 많았다. 이렇게 들어가는 비용은 직접비로 계상되지 않았고, '기타 고객서비스'라는 간접비로 처리됐다.

사정은 갈수록 나빠지기만 했다. 직원들의 분위기도 회사가 변화할 턱이 있겠느냐는 식이었다. 그런데 1985년 봄에 갑자기 여러 가지 일이 터지면서 상황이 급변했다.

1. 우선, 창업자의 손자로서 피어리스를 35년 동안 지휘했던 '어르신'이 세상을 떠났다. 또 알고 보니 창업자 집안에서 보유하는 주식이 거의 없다시피 했다. '어르신'이 살아 있을 때는 감히 입도 벙긋 못했던 사외이사들이 그가 사라지자 그의 사위나 조카를 차기 최고경영자로 선출하기를 거부했다. 그 대신에 그들은 최고경영자 겸 사장에 외부인을 앉혔다. 존 루드빅John Ludwig이란 사람이었는데, 화학 엔지니어도 녹말 기술자도 아니었을 뿐 아니라, 블레어 토박이도 아니었다. 사실 루드빅이 피어리스에 몸담은 지는 4년도 채 안 되었고, 그가 피어리스와 인연을 맺게 된 것도 사외이사들 몇몇이 '어르신'을 압박하다시피 해서 데려온 덕분이었다. 산업심리학자로 활동하기 시작했던 루드빅은 처음에는 교편을 잡았다가 국방부에서 훈련전문가로 일한 뒤, 포드자동차에서 노사관계 업무를 보면서 주력

사업본부 한곳의 구조 개편을 거들었다. 이어서 포드자동차 내 작은 사업본부를 맡아 본부장을 역임했다. 루드빅은 1981년 피어리스에서(블레어 공장에서) 최초의 '전문경영자'로 일하기 시작했고, 근거리에서 최고경영자를 보좌하는 임원으로 일했다. '어르신'은 그에게 다른 공장의 업무를 많이 맡겼는데, 그 일로 눈코 뜰 새 없다 보니 정작 블레어에 관한 일은 잘 몰랐다.

루드빅은 자신이 하는 일들이 죄다 쓸데없는 뒤치다꺼리로 여겨져서 여러 차례 사임할 생각을 하기도 했다. 그랬던 그가 이제 최고경영자 자리에 앉게 된 것이다.

2. '어르신'이 사망하기 전에도 피어리스의 회사 사정은 심각하게 악화되었고, 블레어 공장은 더욱 위태로워졌다. 시장의 경쟁이 갑자기 거세졌다. 합성녹말과 합성접착제 시장이 확대되면서 화학회사, 석유회사, 고무회사의 연구실에서 이런 제품들을 개발해 앞다투어 시장에 내놓았다. 이런 회사들이 녹말 시장에 발을 들여놓을 일이 없었던 예전에는 피어리스와 몇몇 회사들이 이 시장을 독식했다. 또 그들끼리 서로에게 심한 피해를 주지 않으려고 알아서 경쟁을 피하기도 했다. 하지만 녹말 시장의 기존 사업자들이 당연시하던 사실을 신규 진입자들은 몰랐다. 즉 가격을 낮추거나 제품 성능을 높인다고 시장의 크기를 키울 수는 없으며, 그렇게 애써봐야 서로 시장을 망칠 뿐이라는 사실이었다. 설상가상으로 신규 진입자들이 승승장구를 하기까지 하니 사태는 더욱 심각해져갔다. 예전에는 '진리'였던

것이 더 이상 먹히지 않는 듯했다.

3. 일리노이, 텍사스, 오리건의 새 공장들은 경쟁회사들 못지않게 잘했다. 특히 오리건 공장은 성과가 돋보였는데, (블레어의 중앙연구소에 도와달라는 말 한마디 없이) 수익성 높은 합성제품군을 새로 출시해 신속하게 시장의 주력 제품으로 올려놓기도 했다. 하지만 정작 블레어 공장은 거의 문을 닫아야 할 상황에 다다랐다. 시장에 나오는 다른 제품들이 풍성해지자 블레어 제품의 품질(혹은 품질 부재)에 대한 고객들의 거부가 단호해졌다. 영업부서에서 갖은 애를 썼지만 납품한 제품이 차량째 반품되어 돌아왔고, 냉랭한 쪽지까지 적어 보내는 고객들도 많았다. "이제 우리를 찾으실 필요가 없습니다. 다른 곳과 납품계약을 체결했습니다." 여러 해 동안 손익분기점에서 허덕이고 있던 블레어 공장은 급격하게 적자로 치달았다. 1985년 중반에 이르자 블레어 공장은 다른 세 공장에서 벌어들이는 이익보다 더 많은 손실을 냈다. 결국 피어리스의 전사 손익도 적자로 꺾이기 시작해, 장기채무에 붙는 이자비용조차 제대로 벌어들이지 못했다. 피어리스가 블레어 공장으로 인해 거덜 나고 있다는 게 분명했다.

루드빅은 사장에 취임하자마자 블레어 경영진 중 가장 출중한 인물(블레어 공장의 차장)에게 블레어 공장을 어찌 처리해야 할지 분석하라고 지시했다. 그 결과 블레어 공장을 현대화하는 데 2,500만 달러를 지출하자는 대안이 나왔다. 차장은 이 정도 예산을 투입하면 블레어 공장을 미국

내 어느 공장 못지않게 현대적인 공장으로 만들 수 있을 거라고 장담했다. 또 현대적인 공장을 새로 지으려면 약 6,000만 달러의 돈이 들어갈 거라는 점과 아울러, 이 방안대로 공장을 현대화하면 고용규모가 8,000명에서 2,600명으로 줄어들 거라는 점도 지적했다.

루드빅은 차장이 연구를 더 마무리할 때까지 아무런 조치를 취하지 않기로 작정했다. 그렇다고 손을 놓고 있지도 않았다. 그 스스로 피어리스의 경제 사정을 찬찬히 분석하면서 지금껏 대외에 알려지지 않도록 은밀하게만 다루어졌던 내용을 검토했다. 루드빅이 자료를 따져보니 블레어 공장이 경제적으로 유지되기 곤란한 이유가 금세 드러났다. 경제논리를 따를 경우, 블레어 공장에 더 이상 손을 대지 말고 그대로 폐쇄하는 것이 유일하게 타당한 방안이었다. 일리노이, 텍사스, 오리건의 기존 공장들만으로도 블레어 공장의 생산량을 쉽게 소화할 수 있었고, 블레어 공장보다 몇 배 낮은 비용으로 더 좋은 품질의 제품을 생산할 수 있었다. 물론 블레어 공장을 폐쇄하면 해고비용을 비롯해 단기적으로 엄청난 비용이 유발될 것이다. 하지만 6개월 내에 그로 인한 비용을 모두 흡수하고 다시 흑자를 회복할 거라는 계산이 나왔다. 반대로 블레어 공장을 계속 가동하면, 아무리 현대화를 하더라도 피어리스 전사 손익은 잘해야 손익분기점을 맞추는 수준이었다. 게다가 블레어 공장 현대화에 들어가야 할 자금 때문에 피어리스가 동원할 수 있는 신용이 모두 소진될 판이었다. 물론 피어리스의 위태로운 상태를 생각하면 그만한 자금을 조달할 수 있을지도 확실하지 않았다.

생각이 여기에 이르자 루드빅의 근심은 깊어만 갔다. 피어리스 공장이 블레어 시에 얼마나 중요한지는 그 역시 잘 알고 있었다. 공장이 문을 닫는 날에는 그나마 블레어에 남아 있던 일자리가 모두 사라질 게 뻔했다. 대공황 시절을 겪어봤던 그는 밀워키 자동차 공장에서 설비기사로 일했던 아버지가 3년 동안 실업자로 보냈던 쓰라린 세월을 생생하게 기억했다. 하지만 어떤 쪽으로든 빨리 결정을 내려야 한다는 점 또한 잘 알고 있었다.

루드빅은 최고경영자로 선출됐을 때 이사회에 6개월간 상황을 분석할 시간을 달라고 요청했고, 이사회는 못마땅해 하면서도 딱 그만큼의 시간을 허락했다. 당시 이사회는 상황이 얼마나 심각한지 잘 몰랐으니 다음번 이사회가 열리는 1986년 1월에 그가 보고할 1985년 첫 9개월의 실적은 실로 재앙과도 같이 비칠 게 뻔했다. 이사회 임원들이 그전에야 잠자코 있을지 몰라도 다음번 이사회 때는 확고한 대응책을 제시하라고 압박할 게 분명했다.

사업적 견지에서는 블레어 공장을 폐쇄하는 것 말고 달리 선택할 방도가 없었다. 하지만 블레어 시에 대한 회사의 사회적 책임은 어찌해야 할 것인가? 피어리스 공장에 생계가 달려 있는 이 지역 사람들에 대한 책임을 어찌해야 할 것인가? 루드빅은 이 문제를 생각하면 생각할수록, 블레어 공장을 보존해서 지역사회를 지킬 사회적 책임이 있다는 쪽으로 생각이 기울었다. 어쨌거나 공장을 살리는 방안이 성공할 가망도 꽤 있었다. 물론 이사회가 그러한 생각을 따라줄지는 전혀 확신할 수 없었다. 사실 이사회가 2,500만 달러를 블레어 공장에 쏟아붓자고 승인해주기보다 자신의 사임을 요구할지도 모른다는 생각도 들었다. 그래도 그의 양심에서는 그쪽으로 애써보는 길 외에 다른 대안이 보이지 않았다.

　루드빅은 블레어 공장 현대화를 이사회에 권고하기에 앞서 신중을 기하기 위해 이 문제를 오랜 친구 사이인 글렌 박스터Glen Baxter와 토의하기로 했다.

　루드빅과 같은 대학을 다닌 박스터는 목사가 되고 싶어서 한두 해 동안 신학교에 다녔지만 나중에 경제학으로 돌아섰고, 당시에는 피어리스 근로자들을 대변하는 노동조합에서 이코노미스트로 일하고 있었다. 사실상 루드빅은 박스터의 조언을 받는 것보다 그의 지지를 받는 게 더 중요했다. 루드빅은 개인적으로 박스터를 좀 '급진적'이고 '별종'이라고 생각했지만, 블레어 공장을 뜯어고치는 재건계획에는 노동조합의 지지가 절대적으로 필요하다는 점도 있었다. 더욱이 노조가 지지하는 재건계획이 아닐 경우에는 이사회가 들으려고도 하지 않을 것도 뻔했다. 그리고 노조원들의 2,600개 일자리를 지켜주는 계획인 만큼 박스터가 틀림없이 지지해줄 거라고 믿었다.

　하지만 놀랍게도 박스터는 루드빅의 공장 재건계획에 찬성하지 않았다. 오히려 박스터가 반대하는 논조는 아주 거셌다. 그는 루드빅에게 이렇게 말했다. "이렇게 큰돈을 블레어 공장을 다시 짓는 데 쓴다면 어리석은 돈 잔치일 뿐 아니라 사회적 책임을 완전히 도외시하는 일이야. 자네는 블레어 공장의 대표일 뿐 아니라, 다른 지역에 직원 8,000명을 두고 있는 피어리스의 대표이기도 해. 방금 말한 계획은 블레어 사람들을 위해서 그 8,000명의 직원 전체를 희생시키는 일이지. 그렇게 할 권한은 자네에게 없어. 비록 일이 계획대로 잘 풀려서 블레어 공장을 살릴 수 있다고 해도 피어리스의 전사적인 사업 능력에 축이 나는 문제도 생각해봐야 하지 않겠나? 가령 앞으로 감원을 더 많이 해야 할 일이 생기면 해고비용과 연금을 지불할 여력도 없게 될 것이고 다른 공장의 가동, 설비 현대화 및 확장에 필요한 자금조달 능력도 마비되겠지. 물론 존 루드빅은 이 재건계획으로 블레어 시에서 영웅이 될 테고, 그곳 사람들은 자네가 큰일을 해주었다고 생각하겠지. 하지만 내 생각에는 그런 것들은 싸구려 선동가에게나 어울리는 일이네. 한 회사의 사장이라면 인기에 영합할 게 아니라 올바른 일을 해야만 해."

박스터는 자신의 주장을 더 강하게 펼쳤다. "우리는 물론 노동조합 입장에서 피어리스가 블레어 공장을 폐쇄하는 비용을 최대한 많이 물게끔 노력할 거야. 회사는 노조원들에 대한 책임이 있으니까. 하지만 자네가 잘 돌아가는 다른 공장 직원들의 일자리와 생계마저 위험에 빠뜨리게 된다면 그것은 더욱 큰 문제를 부르는 셈이야. 그동안 블레어 공장의 부실 경영에 대한 죄책감 때문에 그러는 것이라면, 그것이야말로 사회적 무책임의 극치란 말일세."

질문

- 박스터의 이야기가 옳은 것인가?
- 오늘날 성공적인 경영자들은 그의 이야기에 동조하겠는가?

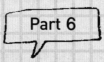
Part 6

CEO는
어떻게
일하는가

·CASE·

26

미스터 슬론의 경영 스타일
Alfred Sloan's Management Style

알프레드 슬론 2세[Alfred P. Sloan Jr.]가 제너럴모터스(GM)를 지휘하던 시절에 미국 기업에서 그만큼 존경과 추앙을 받던 최고경영자는 거의 없었을 것이다. 그는 장장 1920년부터 1955년까지 GM의 최고경영자를 역임했다. 그의 행동은 차분하고도 단호했다. GM의 많은 경영자들이 그를 존경했고, 특히 1920~1930년대에 근무했던 GM 사람들은 자신들이 어려움에 처했을 때 친절하게 도움의 손길을 건네며 조언해주고 따뜻하게 공감해주었던 그에 대한 감사의 마음을 깊이 새기고 있었다. 하지만 그와 동시에 슬론은 회사 사람들을 요원하게 대했다. GM의 경영자들에게도 예외는 아니어서 그가 가까이 지내는 사내 경영자는 단 한 사람도 없었다. 그가 성이 아닌 이름으로 부르는 사람은 아무도 없었고, 항상 얼굴을 맞대는 최고경영진도 그를 '미스터 슬론'으로 불렀다. 어쩌면 그가 태어난 세대와 양육 과정 탓도 있을 것이다. 어쨌거나 그는 1870년대에 태어난 사람이고, 그가 고위 경영진으로 발탁됐던 것도 1900년 이전의 일이었다. 하지만 그는 자신과 같은 세대의 대다수 사람들과는 딴판으로 아프리카계 미국인들도 예우를 해주었다. 슬론이 디트로이트나 뉴욕의 GM 빌딩에 들어가다 승강기 운행을 맡아보는 아프리카계 미국인들과 마주칠 때면 언제나 그들을 '미스터 스미스' 혹은 '미스터 존스'로 불렀다. 못보던 승강기 담당자를 만나면, 먼저 자기소개를 하며 인사했다. "저는 미스터 슬론입니다. 성함이 어찌 되시오?" 이렇게 그가 물었는데 "예. 잭이라고 합니다"와 같은 대답이 돌아오면, 슬론은 화가 난 듯 정색을 하면서 이름을 다시 묻곤 했다. "이봐요, 선생. 애칭이 아니라 당신의 성을 물은 것이오." 그 뒤부터 슬론은 항상 그 이름을 기억했다. 슬론은 최고경영진 사이에서 성이 아닌 이름만으로 부르는 모습을 볼 때마다 눈살을 찌푸렸다. 일례로, 윌슨은 GM 사장 직급으로 여러 해 일했고 나중에 슬론의 뒤를 이어 최고경영자에 올랐는데, 그가 부사장들과 격의 없이 이름만으로 호칭하는 걸 보고 슬론은 현명치 못한 태도라고 생각했다.

무엇보다도 슬론은 GM그룹 안에 친구처럼 지내는 사람이 아무도 없었다. 나중에 청각을 잃어서 다른 사람과 접촉하기가 어려워지기 전까지는 그도 온화하고 남들과 잘 섞이는 사람이었다. 절친한 친구들은 있었지만, 그들을 모두 앞세우고 90세 넘어서까지 살았다. 그가 평생 가깝게 지낸 친구들은 모두 GM 사람이 아니었다. GM에 있던 친구는 딱 한 사람, 월터 크라이슬러Walter P. Chrysler였는데, 크라이슬러가 GM을 떠난 뒤에야 친구 사이로 지냈다. 크라이슬러가 GM과 경쟁하는 새 자동차 회사를 창업했던 것은 슬론의 조언에 따른 것이었고 또 슬론의 도움도 많이 받았다.

나이가 들수록 친한 친구들이 하나둘 세상을 떠나게 되자 슬론의 고독은 깊어만 갔다. 그래도 GM 사람들과는 계속 거리를 두었다. 그들을 자택으로 초청하는 일도 없었다. 업무적인 내용으로 의제가 분명한 회의가 아니면 GM 사람 누구와도 식사를 같이하지 않았다. GM 사람들이 그를 자택으로 초청해도 응하지 않았고, 출장을 가서도 현지의 GM 사람들의 초청에 응하지 않았다. 언젠가 헨리 프랜시스 뒤퐁의 빈터투어 Winterthur(스위스 소재) 저택이 화제가 되어 이 저택이 참 좋지 않았냐는 질문을 슬론이 받은 적이 있었다. 헨리 프랜시스 뒤퐁은 1919~1920년에 슬론의 직속상관이었고 그 후로 GM 이사회 의장을 지냈던 피에르 뒤퐁 Pierre S. du Pont과는 사촌 관계이기도 했다. 그 질문에 대한 슬론의 대답은 이러했다. "뒤퐁 집안의 집에는 가본 적이 없습니다. 그분들과는 업무적인 관계로 지냅니다."

젊었을 때 슬론은 야외놀이를 꽤나 즐기는 사람이었다. 하지만 등산, 낚시, 야영을 같이 가는 친구들은 항상 회사 밖 사람들이었다. 그는 1955년에 은퇴하고 나이가 들어 여행 떠나기가 힘들어졌을 때가 되어서야 GM 사람들을 뉴욕 자택으로 초청했다. 이때도 GM 이사회 임원이자 최고위원회 위원으로서 자기 아파트 내 별도 사무 공간에서 업무회의 목적으로만 사람들을 불렀다.

슬론은 자신의 경영 스타일을 설명하면서 이렇게 말했다. "객관적이고 공정한 것이 최고경영자의 의무입니다. 최고경영자는 누구를 대하든 일하는 방식에 대해서는 묻지도 말고 내버려두어야 합니다. 자신이 그를 좋아하느냐 마느냐는 더욱 신경 쓰지 말아야 합니다. 오로지 성과와 품성을 유일한 척도로 삼아야 합니다. 이러한 태도를 견지하려면 친구나 친목 관계를 업무와 같이 병행할 수가 없습니다. 최고경영자가 사내에 '친구'를 두거나 동료들과 친목활동을 하면서 업무 이외의 다른 화제들을 논의하게 되면, 공정성을 유지할 수 없습니다. 공정성을 유지한다고 해도 그러한 관계가 공정하게 비치지 않기 때문에 그 자체로 심각한 일입니다. 남들과 거리를 두고 홀로 지내면서 엄격한 형식을 준수한다는 것이 자기 기질과 맞지 않을 수도 있겠지요. 저 역시도 그렇습니다. 하지만 그렇게 하는 것이 최고경영자의 의무입니다."

질문

- 이러한 입장에 대해 어떻게 생각하는가? 에이브러햄 링컨Abraham Lincoln이나 프랭클린 루스벨트Franklin D. Roosevelt처럼 뛰어난 리더들도 이러한 생각에 동의할까?
- 오늘날의 성공적인 최고경영자들의 경우도 이와 같은 생각일까?

·CASE·

27

목표와 성과를 관리하는 시스템의 구축[*]

Performance Development System at Lincoln Electric for Service and Knowledge Workers

링컨일렉트릭컴퍼니Lincoln Electric Company는 인사고과체계를 점검하기 위해 1996년 한 해 동안 경영컨설팅 회사의 자문을 받았다. 인사고과체계를 다시 고려할 대상 직군은 비생산직의 시간제임금 근로자와 연봉제급여 근로자였다. 이 일을 맡은 컨설턴트는 기존 인사고과와 보상 방식을 불만스러워 하는 피고용자들과 표적집단 대담을 나눴다. 그 결과 비생산직 근로자들에게 적용할 새 인사고과체계를 고안하는 게 좋겠다는 권고안을 내놓았고, 경영진의 승인하에 연구를 진행했다.

1997년 말 이 연구의 결과로 '성과개발시스템Performance Development

---

* 이 사례는 다음 자료를 토대로 작성되었다. 조지프 마셔리엘로, 《지속적 가치Lasting Value》, John Wiley & Sons, New York, 1999.

System(PDS)'이라는 새 인사고과체계가 링컨일렉트릭에 도입됐고, 공식 도입에 앞서 3개월간 인사팀 담당자들이 새 시스템을 익히는 과정을 거쳤다. PDS는 비생산직의 연봉제급여 근로자와 시간제임금 근로자 전원 그리고 그들을 감독하는 관리자들에게 적용됐다.

PDS는 4 단계로 진행된다.

1. 성과 계획
2. 성과 지도
3. 중간 검토
4. 성과 평가 및 등급 산정

이 4단계는 업무를 계획하고 평가하며 또 회사의 인적 자원을 개발하는 데 활용된다. PDS는 영업, 엔지니어링, 정보기술, 인사, 시설보수, 사무보조 직무에서 일하는 피고용자들에게 적용된다.

PDS 개요는 [그림 27.1]에 나와 있다. 링컨일렉트릭이 전사 차원에서 마련하는 전략사업계획은 PDS을 운영하는 데 지침으로 활용된다. 즉 PDS에 수반되는 계획, 평가, 개발은 모두 전략사업계획을 기준점으로 삼는다.

PDS는 직원별 **성과 계획**을 잡는 게 출발점이다. 각 관리자는 전사 사업계획을 직원들 앞에 펼쳐놓고 각자의 직무에 해당되는 내용을 알려준다. 이 내용을 토대로 직원별 연간 성과 계획을 수립하는 일이 시작된다. 관리자는 각 직원과 협의해서 다음 해의 성과 계획을 수립하는데, 최종

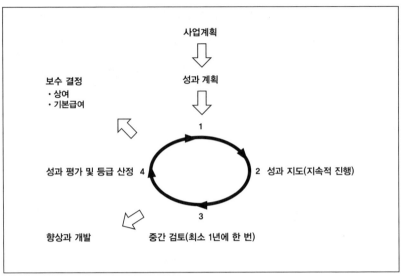

[**그림 27.1**] 성과개발시스템

승인은 관리자의 몫이다.

개인별 성과 계획에서 시간제 근로자와 연봉제 근로자 사이에는 서로 다른 요소가 있다. 시간제 근로자의 경우 회사와 부서의 사정을 고려해 특정 직무의 성과에 결정적인 **직무능력**을 규정하는 데 PDS의 중점을 둔다는 점이다. 이 차이점을 빼면 모든 직원들에게 적용되는 일반적 업무능력에는 여섯 가지가 있다.

1. 리더십 / 주인의식
2. 의사결정 / 판단
3. 결과 지향적 태도
4. 팀워크 / 의사소통

5. 품질/고객중시

6. 창의성/혁신

이 업무능력 목록이 수정될 경우도 있는데, 상기 목록 중 합당치 못한 게 있다거나 다른 업무능력이 필요하다고 직원이나 관리자가 판단하게 되면 그에 맞게 수정을 한다. 다른 업무능력을 보태야 할 때는 **특수성과 목표**Specific Performance Expectations(SPE)를 따로 규정한다.

연봉제 직원에 대해서는 관리자가 해당 직원과 머리를 맞대고 그 직무에 설정해야 할 **특수 목표와 업무능력**을 수립하는데, 해당 관리자의 부서와 회사 차원의 전략적 목표 달성에 보탬이 되느냐를 기준으로 판단한다. 목표는 **힘에 부치지만 노려볼 만한 수준**으로 잡는다. 그리고 목표에는 각 직원이 스스로를 더 향상시키기 위해 취해야 할 구체적인 조치가 들어가 있어야 한다.

목표를 잡을 때는 다음 다섯 가지 요건을 중시한다. 구체적이고specific, 측정 가능하고measurable, 달성 가능하며attainable, 직무에 적합하고relevant, 추진 일정이 명확해야 한다time-based는 점이다. 목표 설정의 이 다섯 가지 요건에 해당하는 각 머리글자를 뽑아 'SMART'라고 줄여 부른다. 측정 가능성에서 목표가 양적인 것도 있지만 질적인 것도 있다는 점을 지적해야겠지만, 이 다섯 가지 요건은 말 그대로 쉽게 이해할 수 있는 것들이다.

연봉제 직원의 목표와 업무능력이 작성되면, 그 항목들마다 부서와 회사의 중점 사항을 고려해서 가중치를 매긴다. 연봉제 직원들은 각자의 목표와 업무능력을 합했을 때 100점이 되어야 한다. 목표 항목들 합계는

40~60점대가 되도록 하고, 업무능력 항목들은 60~40점대가 되도록 한다. 업무능력 항목들은 개별 항목이 20점이 넘지 않도록 한다. 시간제 직원들의 경우는 목표는 정하지 않고 업무능력만 수립하는데, 연봉제 직원들처럼 각 업무능력 항목의 가중치 합계가 100점이 넘지 않도록 한다(시간제 직원들의 각 항목 최대 가중치는 30점이다).

성과 계획이 수립되고 나면, **성과 지도**가 시작된다. 성과 지도는 직원들이 자기 성과 목표를 달성하게끔 돕기 위해 1년 내내 지속되는 과정이다. 직원들은 이 과정을 통해서 관리자로부터 조언도 듣고 그의 인정도 받으라는 이야기다. 또 성과 지도는 직원들이 목표 달성에 걸림돌이 되는 요인이 있으면 이를 제거해달라고 요청하는 기회가 되기도 한다. 성과 달성의 문제점과 더불어 진척내용을 주목하는 이 과정은 공식·비공식 양면으로 진행된다. 직원들은 성과 목표를 잣대로 스스로의 진척 내용을 1년 내내 지속적으로 진단하도록 장려된다.

PDS의 세 번째 단계는 **중간 검토**다. 각 직원은 1년에 적어도 한 번은 관리자와 면담을 가진다. 이 자리에서 업무능력 육성과 목표 달성을 놓고 얼마나 진척이 있는지 토의하고, 직원별로 연간 성과가 얼마나 나올지도 논의한다. 아울러 다음 해에는 성과와 업무능력을 어떻게 높여갈지에 대한 토의도 한다.

이러한 과정을 거쳐서 연간 PDS 운영의 마지막 단계, **성과 평가 및 등급 산정**을 하게 된다. 각 관리자 주도로 1년에 한 번 공식적인 면담을 가지며 직원들이 실력 향상, 자기 계발, 목표 달성 면에서 거둔 성과를 토의하고 진단한다. 이를 토대로 관리자가 각 직원의 성과를 다섯 등급으로 산정한다.

1. 기대 초과   1.2
2. 모든 면에서 기대 충족   1.0
3. 대부분 기대 충족   0.8
4. 몇 가지 점에서 기대 충족 0.6
5. 기대 미달   0.2

위와 같은 성과 등급에 따라 업무능력과 목표로 잡았던 각 항목의 점수를 매긴다. 그리고 각 항목별로 미리 배분했던 가중치에 이 점수를 곱한다. 이렇게 산출된 각 업무능력과 목표에 대한 점수를 전부 합계한다. 이 총점이 급여의 기준을 조정하는 일에 활용되고 상여를 결정하는 산식에 반영된다.

이와 같이 PDS에 따라 산출된 개인별 총점을 부서별로 합계를 내면, 특정 부서의 인당 평균점수가 100을 넘을 수도 있고 그에 못 미칠 수도 있다. 부서 단위로 인당 평균 점수가 100이 나오도록 각 개인의 성과 등급 점수를 똑같은 비례로 조정한다.

개인별 총점이 110이 넘는 비생산직 근로자는 우등 보상 대상으로 뽑힌다. 부서 단위로 개인별 점수를 합산할 때 110을 초과하는 점수는 그 초과분만큼 따로 떼어 한 번 더 부서 합계에 보태준다. 부서 단위로 평균값을 100으로 조정할 때 점수가 110에 못 미치는 직원들이 피해를 보지 않도록 하기 위함이다. 이런 식으로 성과 우수자들에게는 보상을 주고,

그렇지 못한 직원들에게는 피해가 가지 않게끔 한다. 점수가 110을 초과하게 될 직원들은 사전에 고위 경영진으로부터 승인을 받아야 확정된다.

인사팀장은 PDS에 대해 다음과 같이 언급했다. "성과에 대한 계획을 수립하고 개발하고 평가하는 이 시스템의 목적은 링컨일렉트릭 회사 차원의 이해와 직원 개개인의 이해가 합치되게끔 하는 것이다. 고객과 직원과 주주들 모두의 가치를 높이는 것이 목적이다. 즉, 회사가 거두는 결실을 그에 기여한 사람들에게 공정하게 배분하는 것이다."

질문

- PDS는 '목표와 자율통제에 의한 관리management by objectives and self-control'와 얼마나 유사한가?
- PDS와 같은 시스템이 인사팀장이 말한 대로 회사와 각 당사자의 이해 일치를 가져올 수 있겠는가?
- 리더를 길러내기 위한 환경을 갖추는 데 PDS가 도움이 되겠는가?
- PDS의 한계는 무엇이겠는가?
- 당신의 회사에는 PDS가 잘 돌아갈 것 같은가? 그렇다면 그 이유는 무엇이겠는가? 안 그렇다면 그 이유는 또 무엇이겠는가?

·CASE·

28

사내적 목표 일치와 사외적 목표 일치[*]
Internal and External Goal Alignment at Texas Instruments

1995년을 기점으로 해서 얼마 후에 수많은 회사와 조직이 그들 조직 안에서 (내부적인) 목표 일치를 추구하는 '캐치볼catchball' 프로세스를 도입 하기 시작했다.[**] 텍사스인스트루먼트Texas Instruments(TI), AT&T, 레이테온 Raytheon, 미국 공군과 같은 대기업들과 정부조직이 그 대표적인 곳들이

---

[*] 텍사스인스트루먼트(TI)의 캐치볼catchball 프로세스와 '미 해공군통합 원거리용 무기시스템Joint Standoff Weapon System'에 대한 정보는 캐런 히긴스Karen L. Higgins 박사가 수행한 연구 프로젝트의 결과로 나온 것이다. 이 연구는 다음 자료에 실려 있다. Karen L. Higgins and Joseph A. Marciariello, "Leading Complex Collaboration in Network Organizations: A Multidisciplinary Approach," Advances in Interdisciplinary Studies of Work Teams, vol. 10, pp. 203-241. 캐런 히긴스 박사의 허가를 얻어 이 자료를 활용한다.

[**] Baldridgeplus.com, Exhibit, "Catchball Processes," http://www.baldridgeplus.com/Exhibits/Exhibit%20-%20Catchball%20processes.pdf (2007년 12월 20일 접속).

다. TI는 또 같은 기간에 여러 회사와 조직이 함께하는 몇 개 팀에서도 (외부적인) 목표 일치를 달성하는 과정에서 이례적인 성과를 거두었다. 여기에서는 이 두 가지 목표 일치 과정을 살펴본다.

'캐치볼'은 커다랗고 광범위한 목표, 그러니까 사내에서 오가는 정보교류에서 항상 회사가 중히 떠받드는 원대하고 이상적인 비전에서 시작된다. 회사에서 그 커다란 목표가 무엇인지 모르는 사람은 없다. 처음에는 사람들이 그 목표들을 쳐다보고 이렇게 반응한다. "나는 저기에 맞질 않아요. 저는 TI의 세계란 곳에 들어맞지가 않는 인물이죠. 저는 고작 회로 기판에 납땜을 한다고요. 어떻게 내가 저기에 어울리겠어요?"

이런 반응을 보고 TI 최고경영진은 관리자 수백 명을 한자리에 집결시켜 몇 달 며칠을 두고 이 목표들에 대해 이야기했다. 이런 모임에 다녀온 관리자들은 하나같이 이렇게 말했다. "이게 우리 회사가 생각하는 그림이야." 공을 던지듯 이야기가 전달되었다. "이보게, 이거 받아. 그게 목표들이야. 그게 목표라면 어떤 일을 해야겠나?" "네. 자료 받았습니다. 이제 제 직원들이나 차상급 관리자들에게 알려주겠습니다. 이렇게요. 이거 받아. 이게 목표야. 자네 팀에는 이게 무슨 일을 뜻하겠는가?"

TI에서 면담을 실시해본 결과, 모든 직위의 사람들이 회사의 목표에 대해 잘 알고 있다는 게 드러났다. 게다가 그러한 목표들에 자기가 어떻게 기여하고 있는지도 직원들은 잘 알고 있었다. TI 사람들은 목표를 잘 인식하고 있었기 때문에 목표 달성에 매진했다. 목표를 받아들였고, 회사가 그 목표들을 챙기고 있으며, 자기들에게도 득이 되는 목표라고 생각했다. 그래서 목표를 달성하려는 동기도 강했다.

그래서 이와 같은 소통 과정의 중요성이 매우 커졌다. 또 TI가 소통하는 방식도 매우 효과적이었다. 왜냐하면 회사 사람들 전부가 소통 대상이었기 때문이다. 각자가 자기 성과 계획에다 다음과 같이 적었다. "이것이 내가 착수할 일이고 이렇게 해야 목표와 맞는 거야." TI에서 전개된 캐치볼 프로세스는 회사와 직원들이 목표 일치를 이루는 모범적인 사례다.

이와 거의 같은 시기에 TI가 다른 회사들과 함께 참여하는 팀들이 있었는데, 서로 다른 회사 구성원들 사이의 목표를 일치시킨다는 게 결코 쉽지 않았다. TI가 참여했던 다자간 팀 가운데 특히 '미국 해공군 통합 원거리용 무기시스템 프로그램Joint Standoff Weapon System Program'이란 팀은 다양한 참여자들의 관계를 관리하는 방식이 매우 효과적이었다.

같은 프로젝트에 참여하는 수많은 회사가 이 팀에서 활동했다. 미국 연방정부뿐 아니라 미국 전역에 걸친 정부관계자들이 이 팀에 참여했다. 또 각종 제품을 납품하는 협력업체들도 많이 참여했고, 각 기술 분야의 전문가들도 참여했다.

이 다자간 팀의 주축을 이루는 TI와 정부 두 곳이 프로젝트에 시동을 걸었고, 그 자리에서 각 참여자들에게 다음과 같이 말했다. "우선 팀 육성을 위한 시간을 가질 계획입니다. 이 일이 프로젝트 성공에 중요하다고 보기 때문입니다. 이 프로젝트는 지극히 중요하기 때문에 우리 팀에 대한 신뢰를 구축해야 하고, 설정해야 할 목표들을 정해 서로 맞추어야 하며, 그 목표들에 대한 자부심을 공유해야 합니다. 그래야 다 같이 목표에 매진할 수 있으니까요."

여러 날을 같이 보내던 중에 팀원들 사이에서는 다음과 같이 불평하는 사람들이 여럿 나왔다. "우리가 여기서 왜 시간을 낭비해야 하지요? 바로 일로 들어갑시다." 하지만 사람들은 여러 날에 걸쳐 팀 육성을 위한 여러 주제들을 논의하면서 프로젝트의 개요가 무엇인지 이해하는 데 집중했다. 즉 프로젝트의 목표는 어떤 것들이고, 참여자들은 어떤 식으로 활동할 것이며, 갈등이 생길 때는 어떻게 해결할 것인지를 주로 논의했다.

어느 팀원이 소속 회사를 찾아와 다른 회사 팀원에 대해 불평을 하면, 그때마다 경영자들은 이렇게 응수했다. "그만하게. 그런 이야기는 듣고 싶지 않네. 프로젝트 참여자들은 모두 함께 일하고 있으니 자네도 맡은 일을 잘하게. 우리는 같은 목표로 일하고 있는 거야. 그 목표가 무엇인지 다시 일러주지. 그러니까……" 이런 식으로 각 회사의 지도층은 그 팀의 목표에 대해 계속해서 분명하게 지적해주었다. 이로 인해 프로젝트의 목표가 무엇이며 어떤 식으로 팀을 운영할 것인지 알아듣게 하는 데 전혀 문제가 없었고, 경영진이 팀 내부의 적대적 관계를 용납하지 않을 것임도 분명히 했다.

이 팀을 이끄는 리더들은 "우리는 같이 일하고 있다. 서로 같이 연대해 일하고 있으니, 어떠한 부정적 행위도 용납하지 않겠다"는 의사를 지속적으로 전달했다. 또 실제로도 부정적인 행위를 용납하지 않았다. 그 결과, 외부 연구자들은 참여하는 다자간 팀 가운데 TI가 가장 강력하고 성공적인 팀이라는 평가를 내리게 되었다.

다자간 팀의 최상위 리더들은 공을 들여 기본규칙을 확립했고 팀을 구축했다. 그리고 "우리가 중시하는 것은 이것이다", "이것이 우리의 목표다", "바로 이런 식으로 일할 것이다"와 같은 딱 부러지는 의사 표시를 통해 사람들에게 권한을 부여했다. 이로써 리더 집단의 통합성, 능력, 특징이 다른 팀원들에게 스며들었고 뛰어난 성과를 거두는 발판이 되었다.

질문

1 조직의 일치를 거두는 데 캐치볼 프로세스의 강점은 무엇이고 약점은 무엇인가?

2 당신이 알고 있는 '목표와 자율통제에 의한 경영'에 비추어 바로 다음에 기술하는 캐치볼 프로세스에 대한 분석(드폴대학교dePaul University의 게리 시걸Gary Siegel이 작성한 글)을 논평해보라.

   조직의 어느 단계에서 아이디어가 나오면 위나 아래 다른 단계의 사람들에게 전파된다. 그 아이디어를 입수하는 사람들은 그것을 '잡아서', 그들 단계의 업무에 맞도록 수정하고 동시에 다른 단계로 아이디어를 전달한다. 이 과정을 '캐치볼'이라고 부른다. 캐치볼의 주된 이점은 조직을 수직으로 통합하는 데 유익하다는 점이다. 사람들 간의 의사소통이 활발해지고, 아이디어 개발에 적극 참여하게 된다. 또 그러한 아이디어를 실행하게 되면 성공 확률도 높다. 왜냐하면 조직 내 모든 사람들이 자기가 있는 환경에 잘 맞도록 아이디어를 내기 때문이다. 각자 자기 업무가 회사의 전략과 전술에 어떻게 관계되는지 잘 알게 될 것이다. [또] 일단 조직이 수직적으로 통합되면 다양한 기능이 교차하게끔 설치한 다기능 팀의 작업 효과도 높아진다.*

3 해공군 통합 원거리용 무기시스템 프로그램 사례에서 볼 때 '시스템 조직'을 효과적으로 관리하려면 어떤 것들이 필요하겠는가?

4 해공군 통합 원거리용 무기시스템 프로그램 사례에서 볼 때 여러 당사자의 제휴에는 어떤 원칙이 있어야겠는가?

---

* http://www.baldridgeplus.com/EXhibits/EXhibits%20%20Catchball%20process.pdf (page 3, 2008년 1월 16일)

상사를 관리할 수 있는가
Can You Manage Your Boss?

래리 프랭큰머스Larry Frankenmuth는 피트 웹스터Pete Webster 밑에서 일한 4년 동안 지칠 대로 지쳐버렸다. 일 자체는 좋았다. 회사에서 금속가공 공장 네 곳을 맡아 관리했고, 일의 내용도 잘 파악했으며, 보람을 느끼기도 했다. 스스로 일을 잘하고 있다는 확신도 들었다. 부하 직원들도 훌륭했다. 공장 책임자 모두 일급 인재인 데다 같이 일하기 수월했고 실력도 뛰어나 각자 일을 잘 처리했다. 미심쩍은 데 하나 없이 명쾌하게 돌아가는 좋은 회사였다. 보수도 좋았다.

그러나 직속상관 웹스터가 문제였다! 웹스터만 보면 래리는 머리끝부터 발끝까지 울화가 치밀 정도였다. 칭찬이라곤 한마디도 할 줄 모르고 언제나 싫은 소리만 해대는 사람이었다. 래리가 서류나 보고서를 죽어라 작성해서 웹스터에게 품위를 올려도, 웹스터는 언제나 아무 반응이 없었다. 래리는 아침에 출근하면 가장 먼저 중요한 사안을 들고 웹스터의 사무실을 찾았다. 직접 갈 수 없을 때는 정확히 8시 30분에 전화했다. 제조엔지니어로 일을 시작할 때 래리의 첫 상사가 그에게 그렇게 하도록 훈련시켰다. 하지만 래리가 웹스터의 방문을 두드리면서 들어가도 되겠냐고 허락을 구하면, 웹스터는 그때마다 십계명을 어긴 이교도를 대하듯 으르렁댔다. "나를 볼 일이 **또 뭐가** 있다는 건가, 프랭큰머스?" 그러면서도 래리의 보고를 받을 때면 세세한 것들을 꼬치꼬치 따졌고 하나라도 빠지면 무작정 성을 냈다. 특히 안 좋은 소식을 보고 받을 때는 더욱 그랬다.

하지만 웹스터의 가장 심각한 문제점은 배운 게 없어 너무 무식하다는 점이었다. 래리 프랭큰머스는 문학학사를 마치고 MIT에서 기계공학 석사를 이수했다. 또 대학에 다닐 때 자기 시간을 따로 내서 현대 경영학, 생산관리, 경영과학operation research, 계량기법 분야에서 수강할 수 있는 과목은 전부 수강하기도 했다. 그렇게 부지런히 공부를 했는데 결국 고등학교도 나오지 못한 직속상관 밑에서 일하게 된 것이다! 웹스터는 고등학교 2학년 말에 군대에 입대했고, 전역한 뒤에는 설비기사로 일했다. 아마도 웹스터는 나눗셈도 자리수가 많은 것은 못했을 것이고, 아주 단순한 회귀분석의 내용은 알아듣지조차 못했을 것이다. 그에게 그런 것들은 너무 고상한 것들이었다!

결국 래리는 회사를 그만두기로 작정했다. 어느 일요일 저녁, 집에서 주문유형과 생산계획을 꼼꼼히 분석해보고 나서 그만두겠다는 판단이 옳다는 생각이 들었다. 그가 분석한 내용을 종합해보니 금속가공본부에 속한 네 공장의 생산계획, 재고관리, 출하계획에 대한 수정 방안이 나오게 됐다. 그가 해봤던 분석 중 가장 정교한 내용이기도 했고, 작업 결과를 보니 뿌듯하기도 했다. 하지만 다음 날 아침에 쓸 보고 자료로 만들려고 문서를 철하다가 불현듯 웹스터에게 자료를 보여줘봤자 아무 소용이 없다는 생각이 들었다. "그 멍청한 노인네가 알아들을 리가 없지"라는 말이 자기도 모르게 튀어나왔다. "설령 이해한다고 해도 옛날부터 잘 굴러왔던 작업절차를 왜 바꾸느냐고 성화를 내겠지. 보수적이다 못해 반동적일 정도니까. 분명히 보고서를 읽어보지도 않을 거야. 내가 분석한 숫자들을 따져보기는커녕 옛날에는 어땠는지 아느냐며 끝도 없는 이야기 중 하나를 꺼내겠지. 이제 그런 꼴은 더 두고 볼 수가 없어."

래리는 아내 로이스와 상의하지도 않고 다른 일자리를 알아보기 시작했다. 일자리 찾기는 별로 어렵지 않았다. 새 일자리는 다니던 곳보다 규모가 크지도 않고 보수가 좋은 것도 아니었다. 성장 잠재력도 별로 안 되어 보였지만, 기술력은 높은 회사여서 래리의 경영학 배경을 높이 평가해 줬다. 게다가 그곳에서는 같이 일하게 될 동료들 다수가 박사급이어서 래리 정도의 학력이 오히려 모자라 보일 정도였다. 로이스도 래리의 생각에 동조했다. 사실 래리가 얼마나 곤욕을 치르며 지냈는지 오래전부터 익히 알고 있었기 때문이다.

래리의 사직 의사를 받아들이는 웹스터의 태도는 상스럽기까지 했다. 래리가 그를 찾아가 사직하겠다고 하니까, 그의 입에서 나온 말은 고작 이런 말이었다. "다시 생각해보라는 말은 하고 싶지 않네. 이 말만은 해주어야겠군, 프랭클머스. 나는 자네를 승진시키기 위해 추천할 수도 없고 그럴 생각도 없었네. 자네가 떠난다니 부담이 한결 덜해지겠군." 래리는 미련 없이 짐을 꾸리고 4년 내내 고생했던 직장에서 떠날 채비를 했다.

사직일 이틀 전에 뜻밖의 손님이 래리를 찾아왔다. 프랭크 사토리어스 Frank Sartorius라는 공장 책임자였는데, 그가 래리의 후임이 될 거라고 했다. 래리는 사토리어스가 자기 후임이 될 거라는 소식에 깜짝 놀랐다. 래리가 생각하기에는 웹스터가 자기 밑의 공장 책임자 네 사람 중 나이도 가장 많고 가장 보수적인 사람을 선정할 거라고 봤기 때문이다. 그런데 반대로 가장 젊은 친구인 사토리어스를 점찍었다니 뜻밖이었다. 사토리어스는 40세를 바라보기 한참 전이었고 누구보다도 혁신적이면서 대담한 친구였다. 래리 생각에는 사토리어스가 그 일을 맡을 자신이 없을 거라고 짐작했다. 공장 책임자를 맡아본 지 고작 몇 년밖에 되지 않은 사토리어스가 자신의 후임으로 일할 준비가 되어 있을지 미심쩍었다. 사토리어스와는 꽤 원만하게 지내기는 했지만 그렇다고 가까운 사이라고 할 정도는 아니었다. 그래서 래리는 사토리어스로부터 하루이틀 내에 본사 소재지로 올라올 예정이며, 래리의 집에서 둘만의 은밀한 대화를 하고 싶다는 전화를 받고는 크게 놀랐다. 그의 이야기를 더 들어보니 놀라움은 더욱 커졌다. "래리, 당신이 사직한다는 말을 듣고 많이 놀랐습니다. 웹스터가 저에게 전화해 당신의 직무를 맡으라고 해서 당황하기도 했고요. 앞으로 3~4년이 지나도 큰 승진 기회는 없을 거라고 생각했거든요. 아무튼 도움 말씀을 청하고 싶습니다."

래리는 각 공장과 책임자들에 대해 한두 시간을 이야기했고, 이어서 인간관계와 사내 문제에 대해서 한 시간 정도 더 이야기했다. 특히 구매부와의 해묵은 갈등과 까다로운 인사부, 노동조합과의 관계에서 인사부가 현업관리를 제대로 뒷받침하지 못하는 문제에 대해 집중적으로 거론했다. 그리고 래리는 이야기 마지막에 다음과 같이 언급했다. "프랭크, 이런 문제들은 다 짐작하고 있었을 테지요." 프랭크도 고개를 끄덕였다. 래리가 말을 이었다. "하지만 이 직무에서 정말 중요한 것은 구매, 인사, 회계가 아닙니다. 상상을 초월하는 그 염병할 웹스터가 문제입니다. 그는 보고서를 단 한 줄도 읽지를 않아요. 물에다 글을 쓰는 편이 나을 겁니다. 칭찬해주는 말은 한마디도 없죠. 전혀 기대하지 마세요. 대신 험한 말은 거침없이 뱉습니다. 그는 자기가 모든 것을 알고 있어야 한다고 생각합니다. 모든 게 바로 당신 책임인 셈이죠. 일을 하다 보면 뜻밖의 일이 생기기 마련이지만 뜻밖의 사태도 미리미리 보고해야 한다고 우기니 참 가관입니다. 정작 그에게 보고하러 들어가면 온갖 호통과 잔소리만 듣게 됩니다. 그에게는 무엇을 바꿔보자고 제안할 엄두가 나질 않습니다. 그 정도로 보수적인 태도가 심합니다. 늙기도 늙었지만 말입니다. 그 밖의 업무에 다른 골칫거리는 없습니다. 업무 여건은 잘 정비되어 있고, 직원들도 같이 일하기 좋습니다. 단지 웹스터를 어찌해볼 방도가 없다는 것이 문제인 거죠."

시간이 흘렀고 래리는 오래지 않아 예전 직장에 대한 일들을 모두 잊어버렸다. 새 일자리가 생각했던 것보다 상당히 힘들기도 했고 눈코 뜰 새 없이 바쁘기도 했다. 그러다 어느 날 공항에서 웹스터와 우연히 마주쳤다. 사토리어스는 잘하고 있냐고 그에게 물었더니 퉁명스러운 대답만 날아왔다. "내가 그걸 왜 알려줘야 하지?"

그 후 3년이 지나 래리는 〈월스트리트저널〉을 보다가 깜짝 놀랐다. 웹스터가 금속가공본부와 기계본부를 관장하는 전무로 승진했다는 기사였는데, 그때 프랭크 사토리어스가 웹스터의 후임으로 제조담당 부사장으로 발령이 났다는 내용도 같이 실려 있었다. 래리는 그 기사를 보고, '오늘 밤 집에 가면 사토리어스에게 축하 엽서라도 보내야겠군.' 하고 생각했다. 그런데 집에 가보니 사토리어스가 보낸 메시지가 먼저 와 있었다. 거실 탁자에 큰 꽃바구니가 놓여 있었는데, 사토리어스가 쓴 쪽지에는 다음과 같이 적혀 있었다.

친애하는 래리 프랭큰머스

제가 제조담당 부사장으로 승진하게 됐습니다. 이 모든 게 당신 덕분이니 감사의 뜻을 전하고자 합니다. 직속상관을 관리하는 법을 배워야 함을 저에게 가르쳐주셨지요. 또 그 방법도 저에게 일러주셨습니다.

당신의 다정한,
프랭크 사토리어스

질문

- 이 쪽지를 보고 래리 프랭큰머스는 말문이 막혔을 것이다. 사토리어스가 뜻하는 게 무엇인지 래리에게 말해줄 수 있겠는가?
- 그 험악하고 보수적인 직속상관 피트 웹스터를 관리하는 방법에 대해 래리가 사토리어스에게 일러주었다는데, 도대체 어떤 내용이겠는가?

신임 행장이 추진해야 할 세대교체

Ross Abernathy and the Frontier National Bank

미국에서 경제성장이 아주 빠른 지역 한곳에 프런티어내셔널뱅크 Frontier National Bank라는 은행이 있었다. 그 지역에서 매우 유서 깊은 은행으로 규모도 가장 컸고 수익성도 아주 높았다. 그런데 베트남전쟁 무렵부터 점차 패쇄적이고 진부한 모습으로 변해갔다(프런티어 사람들끼리는 이런 속성을 '보수적'이라는 말로 표현하기 좋아했다). 점점 시장에서의 지위가 약화되기 시작했고, 1985년경부터는 수익성도 떨어지기 시작했다. 1980년대 말에 이르자 자산규모가 지역 내 3위 은행으로 밀려났고, 수익성에서는 6위로 추락했다. 그래도 여전히 전국적으로 알아주는 은행이기는 했다. 어쨌거나 자산 규모가 70억 달러에 달하는 초대형 은행인 것만은 분명했다. 하지만 예전 고객들 위주로 늘 해오던 업무만을 주로 다뤘다. 그

것도 아주 비대한 인력을 거느리고 이런 업무를 했는데, 은행자산 1달러당 고용 인력이 그 지역 1위 은행의 두 배에 육박할 정도로 능률이 떨어졌다. 또 업무 속도도 매우 느렸다.

1994년에도 이 은행은 창업자의 집안사람이 행장 자리를 차지하고 있었다. 바로 창업자의 증손자였다. 창업자 집안은 이제 은행의 주인으로 쳐줄 만한 주식을 전혀 보유하고 있지 않았지만, 은행은 여전히 그 집안을 끔찍이 우대했다. 이러한 분위기 속에서 현 행장은 사규에 따른 은퇴 연령인 70세에 가까워오자 자신의 사위를 후임 행장으로 이사회에 추천했다. 그러나 행장도 놀라고 모두가 놀라는 일이 벌어졌다. 이사회가 행장의 제안을 거부했던 것이다. 사실은 그 지난해에 '어르신'의 은퇴가 임박했을 때 통화감독관comptroller of the currency(미국 재무부 소속으로 전국 국법은행國法銀行: national bank 및 그 지점, 외국은행의 미국 내 지점의 감독을 맡는 직무-옮긴이)이 이사회의 행동을 재촉하는 일이 있었다. 통화감독관은 이사회 주요 임원들에게 은행의 이익률 급감, 유동성 위축, 자기자본 부족이 심히 우려된다는 뜻을 전달했다. 아울러 세부적인 언급은 삼간 채 프론티어가 관리도 탄탄하고 역동적인 신생 은행 중 한곳을 골라 합병하는 방안에 전혀 반대할 의사가 없다는 말을 넌지시 남겼다. 이사회 주요 임원들은 신임 행장을 외부에서 물색해야 한다는 데 신속하게 합의했다.

신임 행장 후보를 찾아 합의하기까지는 그리 어렵지 않게 일이 진행됐다. 주요 임원들이 행장 후보로 로스 아버내시Ross Abernathy란 이름을 제시하자 임원들은 너도나도 찬성했다. 종종 은밀히 소식을 전해 듣던 통화감독관 또한 이러한 임명안을 반기며 다음과 같이 말했다. "제발 그분을 데려오시길 빌겠습니다." 프런티어는 아버내시와 접촉을 시도해 몇 주 간 협상을 전개한 끝에 마침내 그의 동의를 얻었다. 아버내시는 전 행장이 공식 은퇴하기 두 달 전에 사장으로 프런티어에 합류한 뒤 곧이어 회장 겸 최고경영자로 선출됐다.

당시 47세인 아버내시는 고등학교를 졸업하고 시카고 소재 중형 은행에서 일을 시작한 인물이었다. 은행에 다니면서 노스웨스턴에서 야간 과정을 다니며 학사와 석사 학위를 이수했고, 빠르게 승진했다. 그보다 2년 선배인 젊은 임원 한 사람과 의기투합해 은행을 시카고 상위 은행으로 올려놓았고, 이어서 미국 내 상위 은행으로 끌어올렸으며, 세계적인 은행으로 올려놓았다. 이 은행의 해외업무를 설계하고 발전시킨 것은 전적으로 그의 업적이었다. 한편 같이 의기투합했던 젊은 임원은 아버내시와 같은 전무급이었는데, 그와 업무를 나누어 국내 업무를 맡고 특히 기업 금융 업무에 주력했다. 은행의 모든 사람들이 차기 행장은 이 두 사람 중 한 사람일 거라고 생각했다. 둘 중 누구를 선택하느냐를 두고 이사회가 8 대 7로 나뉠 만큼 두 사람 차이가 박빙이었다. 하지만 1990년 전 행장이 은퇴할 때 행장 자리는 아버내시보다 좀 더 나이가 많은 동료에게로 돌아 갔다. 단 한 표 차이에 불과했다는 것이 위안이 될 수도 있었겠지만, 야심차고 승부욕 강한 아버내시로서는 견디기 힘든 패배였다. 그는 1년 동안 부행장으로 자리를 지키다가 은행을 떠나 프런티어내셔널뱅크가 위치한 도시로 근거지를 옮겼다. 그곳에서 기성 업체로 자리는 잡았으나 정체되어 있던 보험사 그룹의 최고경영자 겸 회장을 맡았다. 아버내시는 이 보험사들을 3년 안에 회생시켰다. 그러다 보니 그가 새로 정착한 제2의 고향에서 업계의 지도급 인사로 부상하게 됐다.

아버내시는 처음에 프런티어로부터 제의를 받고 망설였다. 지난 3년 동안 끔찍하리 만큼 고되게 일했는데, 프런티어의 상태를 보니 지금까지 보다 더욱 고되게 더 오랜 시간 일해야 할 판이었기 때문이다. 또 프런티어의 임원들을 많이 만나보았지만 별 깊은 인상을 받지 못했고, 프런티어가 다시 제자리로 돌아설 수 있을지 확신이 들지도 않았다. 프런티어에는 대기업 대상 기업금융 업무, 연금업무, 해외업무가 아예 없었는데, 그가 보기에 이러한 사업들을 개발해야 할 시기를 이미 놓친 것 같았다. 하지만 프런티어에는 탄탄한 자산이 있었다. 특히 평판이 아주 좋았고, 해외 유명 은행들과 맺은 돈독한 관계를 유지하고 있었다. 이러한 긍정적 요소가 있기는 했어도 아버내시가 프런티어에서 일해보자고 마음먹은 것은 어디까지나 은행 업무야말로 자기 체질이라고 생각했기 때문이었다. 그는 은행 업무에서 맛볼 수 있는 해외활동의 매력에 구미가 당겼다. 세계은행과 국제통화기금 등을 드나드는 국제회의에서 젊고 유망한 은행가로 주목받을 때는 흥분과 활력을 느끼곤 했다. 또 스스로 인정할 수밖에 없는 사실이지만, 시카고에서 승진에 누락당한 상처가 여전히 가시지 않았다. 그래서 일을 맡기로 했다.

로스 아버내시가 보기에 무슨 일을 해야 할지는 꽤 분명했다. 또 그 일을 함께할 팀이 필요한 것도 분명했다. 하지만 프런티어를 훑어본 느낌으로는 회사 내에 그럴 만한 팀이 전혀 없어 보였다. 아버내시는 우선 경영진 중 고령자들 다수의 은퇴를 추진했고, 계획대로 성사시켰다. 일은 수월하게 처리됐다. 대다수 대형 은행들과 달리 프런티어는 70세가 되어도 고령자들을 은퇴시키지 않았고, 경우에 따라 72세까지 일하게 해주었다. 아버내시는 이사회 의결을 통해 예외 없이 65세에 은퇴하도록 은퇴연령을 낮추었다. 하지만 고령자들 밑에서 일하는 젊은 직원들이라고 해서 사정이 나을 건 없었다. 오히려 사기가 더 저하되어 있었다. '성과'란 것을 우편수발실에서 날아오는 온갖 서류를 챙기는 일 정도로 생각하고, 은행 업무에서 가장 중요한 게 적당한 컨트리클럽에 가담하는 일 정도로 생각할 정도였다(아버내시는 컨트리클럽에 가입한 적도 없었고 테니스를 친 적도 없었다. 이유는 간단했다. 그가 늘 말하듯 "공을 맞받아치면서 사업을 논의할 수 없기" 때문이었다).

로스 아버내시는 인사에 관한 중요한 문제가 생기면 결정하기 전에 늘 하던 일이 있었다. 다른 이들의 조언을 구하는 일이었다. 보통 그가 도움말을 구하는 사람으로 셋이 있었다. 두 사람은 예전의 교수 두 분이었고, 한 사람은 전 직장이던 시카고 소재 은행의 법무를 맡아보았던 법무법인의 변호사였다. 이 세 사람의 조언은 전부 달랐지만 그렇다고 놀랄 일은 아니었다. 어쨌거나 그들을 찾아간 이유는 서로 다른 생각을 듣기 위해서였기 때문이다. 하지만 이번에는 도무지 어느 의견을 따라야 할지 마음을 정할 수 없을 만큼 혼란스러웠다. 예전에는 이렇게 마음을 정하기 어려운 일이 거의 없었다.

우선 교수 한 사람에게서 들은 의견은 다음과 같았다. "이보게, 로스. 이것 말고는 다른 방도가 없네. 40명이나 되는 사람을 내보낼 수는 없네. 그러면 조직 자체가 남아 있지 않겠지. 은행의 기존 인력 중에서 필요한 최고 인재들로 작은 팀을 꾸려야 하네. 휘하 담당간부들이 자기 직무 능력을 갖추고 있다는 것이 자네 지적이기도 하니, 남은 것은 자네에게 달려 있어. 그들에게 비전을 제시하고, 성과 목표와 성과 표준을 수립해주고, 그들이 스스로 분투할 수 있는 지점까지 데리고 가는 게 자네가 할 일이네. 그들에게 아주 큰 성과를 요구하게. 그러한 요구에 따라올 수 없거나 따라오지 않겠다는 사람들은 집으로 돌려보낼 것임을 분명히 밝히게. 또 이것도 명확하게 공지하게. 첫째, 노력하는 사람은 누구라도 힘을 실어줄 것이며 둘째, 성과를 인정해주고 보상해줄 것임을 공표하는 것이지. 이것 말고 달리 할 수 있는 것은 없을 것 같네. 몹시 힘에 부치는 일이고 실망도 많이 따를 걸세. 하지만 다른 길은 없네. 내 말대로 하게."

다른 교수는 또 이렇게 말했다. "이것 말고는 다른 방법이 없네, 로스. 최상층에 새 사람들로 팀을 꾸리게. 대여섯 명 정도의 그리 크지 않은 팀을 말일세. 성과가 무엇인지 제대로 알고 있는 사람, 특히 자네가 말하는 성과가 어떤 것인지 제대로 파악하고 있는 사람들이어야 하네. 또 자네가 신뢰하고 이해할 수 있으며 동시에 자네를 신뢰하고 이해할 수 있는 사람들을 데려오게. 그러니까 자네가 예전에 가까이 두고 일했던 사람들이 되겠지. 아마도 그중 대부분은 예전 시카고 은행에서 같이 일해봤던 기업가적인 젊은 인재들일 걸세. 경영대학원에서 채용할 수 있는 어린 경영학 석사 이수자들을 육성할 시간적 여유는 없네. 자네는 지금 프런티어 은행이 일하는 방식을 서둘러 바꿔야 해. 은행에 큰 변화가 일어났음을 사내 모든 사람들에게 분명히 밝혀야 하네. 그리고 자네가 데려올 사람들은 자네가 추구하는 목표를 잘 알고서 스스로 판단을 내리고 자네 대신에 조직을 지휘할 수 있어야 하고, 또한 자네가 신뢰할 수 있는 사람들이어야 해. 이것 말고 다른 방도는 없네. 내 조언을 귀담아 들게나."

세 번째 조언자인 변호사는 다음과 같이 말했다. "당연히 외부에서 데려온 사람들로 새 팀을 조직해야 하네. 경영대학원에서 똑똑한 젊은 친구들을 뽑아서 실력을 갖추게 하려면 15년은 기다려야 하지만 그럴 시간이 없잖은가. 게다가 그때쯤이면 은행 내 '구세대'에게 전부 물들어버릴 걸세. 하지만 자네와 가까운 사람들을 데려오지는 말게. 리더십과 성과 면에서 자네와 관련 없이 스스로의 능력을 입증한 사람들을 데려와야 하는데, 예전에 자네와 아무 관련이 없었던 은행에서 찾는 게 좋겠지. 그러한 사람들을 찾기가 어렵지는 않을 거야. 주력 은행들을 눈여겨보면 자네가 시카고에서 일하던 시절의 지위에 있는 사람들이 얼마든지 있어. 그러니까 몇 년 선배 격인 사람들보다 약간 뒷자리에 있지만 그들 못지않게 훌륭한 인재들을 찾으라는 것이지. 그들에게 현 직장에서 제시할 수 없는 것, 즉 팀을 이끄는 지위와 도전할 만한 과제를 제의하게. 하지만 시카고에서는 찾지 말게. 시카고는 물론이고, 가급적 프런티어가 있는 도시를 벗어나 다른 곳에서 찾게. 지금 있는 곳의 경쟁은행들에서 사람을 빼오면 싸움을 거는 셈이니 피하는 게 좋을 걸세. 내가 보기에는 다른 방도는 없어 보이네."

이 세 가지 방안은 서로 극과 극이어서 절충할 수 있는 게 아니었다. 또 저마다 이 방법밖에 없다는 식이었다. 아버내시는 세 가지 방안 각각을 분석해볼 요량으로 책상에 앉았다. 우선 세 가지 제목을 적었다. 내부팀, 나의 팀, 새로운 외부자들. 그리고 각 제목 밑에다 (가) 장점, (나) 단점, (다) 위험, (라) 사기와 의욕 측면의 문제와 이점을 적어 나갔다. 또 세 가지 행동노선 각각을 뒷받침하는 논거는 무엇이고 반대할 수 있는 문제점은 무엇인지 차례차례 적어 나갔다. 아울러 이에 대한 생각을 모두 완료하기 전까지는 그중 어떠한 의견이나 판단도 섣불리 실행에 옮기지 말자고 다짐했다.

질문 _____

- 아버내시가 적어 나갔을 분석 시트에다 당신이라면 어떤 내용들을 채우겠는가?
- 아버내시가 다짐한 것처럼 분석 작업을 모두 완료하기 전까지는 어느 쪽이 끌린다든지 무엇이 옳다든지 하는 일체의 의견 표명을 삼간 채 답해보라.

31

실패한 승진 발령은 누구의 책임인가

The Failed Promotion

뉴욕의 잘나가는 투자은행 한곳이 있었다. 이미 업계에서 터를 다진 지 오래된 이 투자은행은 1960년대 중반 들어 해외사업 역량을 강화할 필요가 있다고 판단했다. 하지만 무조건적인 '다국적화'는 원치 않았다. 고위직 파트너들은 그들의 서비스가 일반적인 영업이라기보다 전문 영역에 가깝다는 생각이 확고했다. 즉 전문적인 일인 만큼 사업 규모가 작아야하고, 거래 당사자들과의 긴밀한 대인접촉이 필요하다고 생각했다. 규모가 커서는 곤란하다는 점과 긴밀한 대인접촉이 필요하다는 이유로 사업을 지리적으로 넓게 확장하는 것은 불가능하다고 보았다. 그래도 고위 경영진 가운데 해외사업 경험이 많고 해외 인맥 넓은 사람이 적어도 한 사람은 있어야 한다는 결론이 나왔다. 고위직 파트너들이 생각하기에 이 새 인물이 맡아줘야 할 일은 우선 유럽의 (혹은 일본까지도) 투자은행들과 웬만큼 영구적인 제휴를 맺는 것이었다. 이를 기반으로 세계 각지에 대한 전문지식과 세계에 두루 퍼진 은행 업무망을 갖춰서 고객의 필요에 부응하자는 취지였다.

그러한 일을 해줄 만한 적당한 인물이 회사 안에 없었기 때문에 밖에서 찾기로 했다. 그 결과 이 투자은행의 50년 역사상 처음으로 외부 인사를 영입하자마자 파트너 자격을 주는 특전이 제공됐다. 그 주인공은 프랭크 맥퀸Frank McQuinn이라는 35세의 인물이었는데, 거대 상업은행의 해외사업 본부에서 쭉 성장한 해외통이었다. 독일 뒤셀도르프 지사를 자기 손으로 설립해 키웠고, 덩치 큰 런던 지사를 지휘했으며, 나중에는 유럽업무를 총괄하는 자리에까지 올랐다. 그 무렵 맥퀸은 아이들이 10대에 접어드는 시점이어서 미국에 돌아와 살고 싶어 했다. 또 몸담은 은행에서는 최고경영진으로 올라갈 수 없다는 것도 잘 알고 있었다. 본사 최고경영진의 연령이 40대 후반으로까지 내려왔으니 그가 밟아갈 길을 생각하면 그의 나이로는 이미 물 건너간 셈이었다. 게다가 같은 직장에서 다음 단계의 성과를 크게 내려면 국내업무로 옮겨야 했는데, 그는 여전히 해외업무를 좋아했다. 한편 비상장 주식회사로서 합자회사를 유지하고 있는 은행에 들어가 파트너로서 재산을 불릴 수 있는 기회도 염두에 두고 있던 터였다.

맥퀸은 그 투자은행의 제안을 기꺼이 수락했고 또 자기 직무를 아주 성공적으로 해냈다. 2년 내에 선임 파트너로 승격했고 5인 집행위원의 한 사람으로 발탁되었다. 그가 지휘하는 해외사업은 빠른 속도로 성장했고 수익성도 좋았다. 맥퀸으로서는 집행위원 업무까지 맡다 보니 해외업무

뿐 아니라 국내업무의 모든 분야에서 굵직한 고객들을 상대할 일이 빈번해졌다. 해외업무가 워낙 빠르게 성장하는 터라 혼자서는 관리할 수가 없을 정도였다. 결국 그는 집행위원회에 이 문제를 거론하며 해외부문에 차상급자를 배치하는 것에 대해 상의했다. 집행위원들의 원칙적 동의하에 맥퀸은 스탠리 노벅Stanley Novack을 해외업무 부본부장으로 선정했다. 아울러 노벅이 직무를 잘해내면 그를 파트너로 승격시킬 것이라는 처우 정책도 분명히 했다.

노벅은 이 일을 아주 기뻐했다. 당시 그의 업무 위치에서는 파트너가 될 가망이 거의 없었다. 왜냐하면 회사 지분에 참여해 재산형성에 아주 유리한 파트너 자리는 전통적으로 고객업무나 현업을 관장하는 '은행가들'의 몫이었기 때문이다. 노벅은 회사에서 높게 평가를 받고 있는 분석가였다. 31세의 나이에 경제분석과 증권분석의 총책을 맡았고, 파트너들에게 자문해주는 일을 거의 도맡았다. 또 회사가 앞다퉈 해외업무에 진출하고 맥퀸을 데려오게 된 것도 그의 분석과 권고에 힘입은 바가 컸던지라 노벅은 해외업무를 담당하게 된 것이 더욱 기뻤다. 첫날부터 노벅은 맥퀸과 친밀하게 지냈고 서로 호감을 가졌다.

하지만 얼마 가지 않아 노벅이 해외업무 부본부장으로서의 역할을 제대로 수행하지 못한다는 사실이 드러났다. 무엇이 문제인지는 그리 분명하지 않았지만 업무가 제대로 추진되지가 않았다. 분명한 의사결정이 떨어지지 않았고, 거래는 체결되지 않은 채 시간만 질질 끌었다. 결국 맥퀸이 직접 나서서 해결해야 할 일이 전보다 많아지게 됐다. 이렇게 1년 반을 보낸 끝에 맥퀸은 노벅을 현 직무에서 제외시켜야겠다는 결론에 도달하게 됐다. 결국 최고경영자 겸 회장을 찾아가 다음과 같이 말했다. "노벅이 자기 일을 제대로 해내지 못하고 있습니다. 업무 성과가 전혀 나오지 않고 있어요. 그를 내보내야 하는 게 아닌지 걱정스럽습니다."

회장은 처음에 아무 말도 하지 않았다. 아주 오랫동안 입을 열지 않다가 조용한 어조로 말을 꺼냈다. "노벅의 업무 성과가 신통치 않다는 말씀은 전혀 놀랍지가 않습니다. 그보다는 지금과 같은 골치 아픈 사태가 닥칠 때까지 그토록 오래 기다리셨다는 사실이 놀라울 뿐이지요. 9개월 전이 자리에서 이 문제로 당신을 다시 보게 될 거라고 짐작했습니다. 앞으로는 골치 아픈 사태가 닥치기 전에 오래 기다리지 않는 방법을 배우기를 바랍니다." 회장은 계속 말을 이었다. "또한 해외업무 인사발령에 대한 당신의 판단이 적중했다면, 그것이야말로 제가 놀랄 일이었을 것입니다. 그 자리에 누구를 배치했더라도 말이지요. 왜냐하면 당신은 승진인사에 대한 규칙을 전부 어겼기 때문입니다. 그리고 이 말씀은 일을 지내놓고 나중에 하는 식의 그런 이야기가 아닙니다. 가만있자, 이걸 보여드리지요." 회장은 책상 맨 아래쪽 서랍을 열더니 업무보고 한 장을 잡아채듯 꺼냈다. 회장은 업무보고를 건네주며 다시 말했다. "이건 전임 회장에게 내가 보고한 내용입니다. 9개월 전 당신이 이 방에 와서 해외업무 부본부장 자리를 노벅에게 맡기기로 했고 노벅에게도 그리 통보했다고 나에게 알려준 날 작성한 것입니다."

맥퀸은 그 서류를 받아들고 읽어 내려갔다.

맥퀸이 방금 저를 찾아와서, 스탠리 노벅을 해외업무 부본부장으로 지명하기로 했다고 하더군요. 이 사실을 이미 노벅에게도 통보했다고 합니다. 걱정이 앞섭니다. 승진인사에 대해 당신이 그토록 강조했던 규칙을 맥퀸이 명백히 어겼기 때문입니다.

맥퀸은 해당 직무에 필요한 요건이 무엇인지 따져보기보다 그냥 사람을 선택하는 결정을 내렸습니다. 또 서너 명의 후보를 선정해서 적임자를 고르지 않고 곧바로 한 사람을 선택했습니다. 그뿐 아니라 인사 결정을 경험 많은 동료 임원들과 두루 협의하지 않고 한 사람으로 낙착을 봤습니다. 승진발령을 낼 때 이와 같은 규칙을 어기면 십중팔구 일이 잘못된다고 가르쳐주신 바 있습니다. 그 말씀이 옳다는 것을 저도 매우 고통스럽게 배웠습니다.

제가 맥퀸더러 다시 생각해보라고 말해줘야 할까요? 우리가 사내의 주된 인사문제를 어떻게 결정하는지 맥퀸에게 충분히 납득시키지 못한 제 불찰입니다. 노벅이 힘겨운 일을 맡아 망가지는 사태를 원하지 않습니다. 노벅은 참 귀중한 인재이니까요. 그렇지만 맥퀸이 자기 업무에 대해 내린 결정이고 이미 공지해버린 결정인 만큼, 맥퀸의 결정을 뒤집는 것도 영 내키지 않는 일입니다. 조언을 구합니다.

서류 맨 밑에는 아직 파트너로 남아 있기는 하지만 거의 은퇴한 상태인 전임 회장이 남긴 메모가 적혀 있었다.

이 업무보고를 잘 보관하고 기다리세요. 하지만 맥퀸과 노벅 둘 다 구제해줄 준비를 하셔야 합니다!

맥퀸이 업무보고를 다 읽고 나자 회장이 이어서 말했다. "프랭크, 나는 노벅을 승진시킨 일이 잘 안 풀려서 놀랍다고 말할 처지가 못 됩니다. 오히려 당신의 태도가 더 놀랍다고 해야겠지요. 사실 충격적이기도 합니다. 우리가 알고 있는 분명한 사실은 당신이 실수를 했다는 것입니다. 노벅을 임명한 것은 당신이 내린 결정이었으니까요. 잘못은 당신이 한 것인데, 그 때문에 노벅을 내보낸다면 극히 불공정할 뿐더러 터무니없는 일입니다. 노벅은 지난 수년간 값진 일을 해왔고 맡은 직무마다 훌륭한 성과를 냈습니다. 그렇게 아까운 사람을 당신이 저지른 잘못 때문에 잃어야 할 이유가 무엇이겠습니까?"

맥퀸은 당황하여 주춤거리다가 말했다. "무슨 말씀이신지 잘 모르겠습니다. 그러니까 그가 잘 처리하지 못하는 직무에 그대로 두자는 말씀이신가요?"

회장이 답했다. "물론 그런 얘기는 아닙니다. 자기 몫을 못하고 있으니 지금 직무에서 빠져야 맞겠지요. 회사를 봐서도 그리 해야 하고, 그를 봐서도 그리 해야 합니다. 하지만 그것은 가장 손쉬운 첫 번째 대책일 뿐입니다. 내가 기대했던 것은 당신이 여러 가지 방안을 따져보고 심사숙고한 대안을 제시해주는 것이었습니다. 그러니까 우리가 노벅을 어떻게 처리해야 할지, 그가 회사에서 있어야 할 곳은 어디인지, 그가 할 수 있는 일은 무엇이고 할 수 없는 일은 무엇인지, 그 이유는 무엇인지… 이러한 문제들을 숙고하는 것이지요. 예를 들어, 그가 지난 1년 반 동안 실패와 좌절을 겪으면서 현업에 대해 많이 배웠을 테니 분석과 연구를 담당하는 파트너로 승격시키면 좋은 것일까요? 이런 조치는 우리가 해본 적이 없는 일입니다. 분석가들은 파트너가 되기에는 부족하다는 게 그동안 우리들의 생각이었으니까요. 혹은 그를 전혀 다른 부문에 배치해야 할지, 그렇게 한다면 어떤 부문이 좋을지, 그가 어떤 사람과 같이 일하는 게 좋을지, 계속 당신과 같이 일하는 게 좋을지 혹은 아닐지…. 이러한 고민들은 전적으로 당신의 몫입니다. 일 잘하던 사람을 엉뚱한 데 배치한 것은 당신이니까요."

회장의 지적은 계속 이어졌다. "그다음에는 당신이 나를 다시 찾아와서 노벅이 왜 부본부장으로서의 일을 잘 처리하지 못했는지 당신이 생각하는 원인에 대해 설명해주면 고맙겠습니다. 어쨌거나 노벅은 전에 맡았던 일들은 빈틈없이 잘해냈거든요. 지금 맡은 일만 잘 못하고 있을 뿐이지요. 왜 그런지 명백한 설명이 필요한 부분입니다. 그리고 설명을 해야 할 사람은 다름 아닌 맥퀸 당신입니다. 그 설명을 회사에 해야 하고, 당신 자신에게 해야 하며, 또 무엇보다도 노벅에게 해야 할 사람이 바로 당신인 것이지요."

맥퀸은 몇 분간 조용히 앉아 있었다. 방금 들은 이야기를 납득하기 어려운 눈치였다. 잠시 후 그는 천천히 말을 꺼냈다. "우리가 노벅을 어떻게 처리해야 할지 제가 숙고해야 하는 이유를 잘 알겠습니다. 또 그를 내보내야 한다는 저의 성급한 제안을 왜 거부하시는지도 잘 알겠습니다. 제가 미처 생각하지 못한 불찰을 지적해주셔서 감사합니다. 하지만 지적하신 두 번째 사항은 참으로 납득하기 힘듭니다. 무슨 일이 일어난 것인지는 분명하지 않은가요? 노벅은 승진해서 새로운 업무를 맡았는데, 막상 일을 해보니 그의 역량이 뒷받침되지 않는다는 걸 알게 되었을 뿐입니다. 다른 설명이 더 필요합니까?"

"그렇다면 '피터의 원리Peter Principle'를 신봉한다는 말밖에 되지 않습니다." 회장이 상당히 날카롭게 응수했다. "프랭크, 내 이야기를 들어보세요. 그것은 게으른 상사나 무능한 상사가 내놓는 알리바이에 불과합니다. 물론 당신은 둘 중 어느 쪽도 되고 싶어 하지 않을 거라고 생각합니다. 지금까지 수많은 직무를 잘해냈던 사람이 갑자기 직무 이행에 실패했는데, 그 이유가 능력의 한계에 도달했기 때문이라고 납득하기는 정말 어려운 일입니다. 능력의 한계라는 게 어떤 의미이든 말입니다. 그와 반대로, 지금까지 수많은 직무를 잘해낸 사람이라면 다음번 직무도 잘해낼 공산이 큽니다. 어쨌거나 성과가 성과로 이어진다고 보는 게 훨씬 무난합니다.

만약 여러 가지 일을 잘하던 사람이 갑자기 어느 일에 실패한다면 무언가 이유가 있어야 합니다. 이따금 업무성과가 일시적으로 나오지 않는다거나, 일을 하지 않는다거나, 늙었다거나, 아프다거나, 지쳐서 진이 빠졌다는 게 그 이유일 때도 있습니다. 하지만 스탠리 노벅이 그러한 경우라고 생각되지는 않습니다. 오히려 승진인사가 실패하는 세 가지 흔한 이유 중 하나가 원인일 가능성이 훨씬 높습니다. 그 세 가지는 직원의 잘못보다는 상사의 잘못에서 비롯되었다고 봐야 하지요. 그중 첫 번째 이유를 봅시다. 승진한 사람은 이전 직무에서 하던 일을 계속합니다. 새로 주어진 다른 일을 해야 한다는 것을 모른 채 예전처럼 하는 겁니다. 이런 일이 생기는 이유는 상사가 직원을 끌어주지 않고, 새 직무가 요구하는 게 무엇인지 스스로 생각해보도록 요구하지 않았기 때문입니다. 당신이 이곳에 처음 왔을 때 집행위원회에서 당신을 불렀던 것을 기억합니까? 세 달 동안 그런 시간을 가졌습니다. 그 사이 세 번 정도였으니 한 달에 한 번꼴로 당신을 불러서 우리 회사에서 맡은 새 직무 수행에 필요한 게 무엇인지 생각해보고 보고해 달라고 당신에게 부탁했었지요. 그때마다 당신은 우리에게 무언가 지침을 알려 달라고 했고, 매번 우리의 대답은 한결같았습니다. '우리가 당신에게 말해주고 싶고 말할 수 있는 것은 새 직무에 필요한 것이 상업은행에서 하던 일과는 다르다는 것뿐이다'라고요. 기억납니까? 노벅에게도 이렇게 물어보고 생각할 시간을 주었나요? 아니면 그가 전부터 오랫동안 일하던 대로 훌륭한 분석가의 역할을 계속하도록 내버려두었나요? 만약 그렇게 내버려두었다면 노벅을 탓할 게 아니라 당신 자신을 탓해야 합니다. 당신이 결정한 승진인사가 제 효과를 내도록 하는 일에서 당신의 책임을 이행하지 않았던 것입니다."

회장은 잠시 쉬었다가 말을 이었다. "또 두 번째 이유를 짐작해보자면 이런 것입니다. 혹시 노벅은 분석가이니 의사결정을 하는 리더의 직무가 기질적으로 맞지 않는다는 것을 우리가 놓치고 있었던 것은 아닐까요? 당신이 그를 해외업무 부본부장으로 발령 내기 전까지 노벅은 꾸준히 분석가와 자문가의 직무를 수행해왔습니다. 의사결정은 전적으로 다른 사람들의 몫이었어요. 어쩌면 노벅이 의사결정의 부담을 수용하지 못하는지도 모릅니다. 그런 일이 드문 것은 아닙니다. 노벅처럼 젊은 사람이라고 해도 항상 새 일을 배울 수 있는 것은 아니니까요. 새 직무를 배우는 일은 지식과 능력의 문제이기도 하지만, 한편으로 성격이나 기질의 문제이기도 합니다.

그리고 세 번째 이유도 생각해봐야 합니다. 당신이 새로 만들어서 노벅을 배치했던 그 직무가 어쩌면 아무도 수행할 수 없는 불가능한 업무였는지도 모릅니다. 예컨대, 새로 일을 맡게 될 사람이 상사가 하던 대로 일하면 실패할 수밖에 없는 직무인데, 그렇다고 다른 식으로 일한다고 해도 실패가 예정된 직무일 수 있다는 것이지요. 아니면 해당 업무의 보조 역할도 해야 하고 책임자 역할도 해야 하는 직무일지도 모릅니다."

회장은 맥퀸에게 다음과 같이 말했다. "2주의 시간을 드리겠습니다. 그 동안 우선, 회사가 노벅을 어떻게 처리하면 좋을지 권고안을 철저하게 마련하세요. 지금은 물론 노벅을 직무에서 빼내야 하는 상황입니다. 오늘 자로 그렇게 실행할 생각입니다. 노벅에게 내가 관장하는 일 중 하나를 맡으라고 하지요. 하지만 2주 후에는 당신이 권고안을 내놓아야 합니다. 당신 생각대로 일이 잘 풀리지 않았다는 점을 먼저 생각해보고 구상을 하는 게 좋을 것입니다.

그리고 2주 후에 제시해야 할 것이 또 하나 있습니다. 스탠리 노벅이 직무를 수행하지 못한 이유를 논리와 근거를 갖춰서 분석해주셔야 합니다. 그 이유는 무엇일까요? 노벅에게 필요했던 길잡이 역할을 당신이 제대로 해주지 못했기 때문일까요, 그 일에 맞지 않는 기질 탓일까요? 그 이유를 알아야만 앞으로 노벅이 맡아야 할 일이 어떤 직무일지 파악하게 될 것이고, 노벅이 맡았던 그 직무에 달리 어떤 인물이 필요할지도 알게 될 것입니다. 혹시 본래 그 직무가 아무도 할 수 없는 일이라면 직무 자체를 다시 설계해야 하겠지요. 맡아봐야 실패할 게 뻔한 직무를 다른 사람더러 책임지게 할 권리는 우리에게 없습니다. 또 훌륭한 사람을 망가뜨릴 권한은 더더욱 없지요. 인사 업무상의 실수로 사람을 희생시켜도 좋을 만큼 젊고 유능한 인재는 많지 않습니다."

회장은 말했다. "노벅을 승진시킨 인사결정이 왜 실패했는지 그 이유를 철저히 규명하기 전까지는 노벅이 맡았던 직무에 다른 사람을 지명하는 것을 허용할 수 없습니다."

질문

- 회장의 주장에 대해 어떻게 생각하는가?
- 전임 회장이 만들어놓은 승진인사 결정의 규칙에 대해서는 어떻게 생각하는가?
- 맥퀸이 회장의 요구에 답하려면, 이 문제를 어떻게 접근해야 노벅의 승진 발령이 실패한 이유를 찾아낼 수 있겠는가?

Part 7

경영의
기술이란
무엇인가

32

성과를 거두고도 정치적으로 실패하는 까닭

Lyndon Johnson's Decision

아이젠하워Eisenhower 행정부 당시, 상원 다수당 원내총무를 지냈던 린든 존슨Lynden Johnson은 인도차이나 반도에 대한 미국의 개입에 단호하게 반대하고 나섰다. 프랑스가 베트남에서 패배하고 난 1954년에 아이젠하워 대통령의 곁에는 미국의 개입을 촉구하는 사람이 여럿 있었다. 국무부 장관 존 포스터 덜리스John Foster Dulles, 부통령 리처드 닉슨Richard Nixon, 합동참모본부Joint Chiefs of Staff 의장 아서 윌리엄 래드포드Arthur William Radford가 그들이다. 이 사람들은 미국이 인도차이나에 군사적으로 개입해야 한다고 주장했다. 이런 와중에도 아이젠하워가 미국의 군사적 개입을 배제했던 것은 린든 존슨의 반대 때문이었다는 사실이 널리 알려져 있다.

린든 존슨은 케네디 대통령 정부에서 부통령이 되었을 때도 인도차이나 반도에 미국이 개입하는 것을 계속 반대했다. 또 아이젠하워가 남베트남 정권을 지원하고자 파견한 미국인 자문단을 철수시키자는 주장을 펼치는 데도 거침없었다.

1963년 가을(케네디 대통령이 암살되기 직전) 케네디 행정부는 응오 딘 디엠Ngo Dinh Diem 베트남 대통령을 전복하려는 쿠데타를 묵인해주었고, 이에 따라 미국 정부가 후속 정권의 배후에서 남베트남의 실질적인 권력으로 자리 잡게 되었다. 이때도 린든 존슨은 케네디 행정부가 베트남 정치에 깊숙이 개입하는 것에 강력하게 반대했다. 존슨은 대통령이 된 후에도 이러한 입장을 계속 견지했고, 1964년 내내 미국의 개입 확대를 요구하는 줄기찬 압력에 맞서 저항했다. 주로 케네디 대통령 때부터 입각한 국무장관과 국방장관의 요구가 거셌다. 1964년 대통령 선거전을 맞아, 존슨은 베트남에서의 전쟁을 확대시켜서 미국의 전쟁으로 만들려는 시도에 반대한다는 입장을 천명했다. 베트남에 미국이 개입하지 말자는 존슨의 입장은 매우 확고했고 또 세상에 널리 알려졌다. 이러한 존슨의 태도는 북베트남이 공격해도 미국이 반격하지 않겠다는 암시인 셈이므로 북베트남의 공격을 부추기는 결과를 낳지 않겠느냐는 심각한 우려가 미국 국방부, 국무부, 심지어 남베트남의 사이공 사이에서도 나왔다.

이윽고 1965년 봄에 북베트남이 공격적인 정책으로 돌아섰다. 그전까지 북베트남은 남베트남의 반군 세력에 무기, 자문가, 자금을 지원하는 데 그쳤다. 남베트남 정부를 지원하는 미국의 정책에 반발하되, 군사적인 개입을 확대하지는 않겠다는 미국 정책에 대응하는 수준이었다. 1965년 봄, 존슨이 두 번째 임기의 대통령 취임 선서를 하고 난 몇 주 후였다.

북베트남은 러시아제 탱크와 대포로 중무장한 정규군을 남베트남으로 진격시키는 한편, 남베트남에서 활동하던 베트콩 비정규군들의 군사작전을 지휘하기 시작했다. 늦은 봄에 이르자 북베트남의 병력은 미군의 15개 사단 규모로 불어났고, 남베트남을 두 진영으로 분열시키려는 목적으로 대대적인 공격을 감행했다. 북베트남이 느닷없이 남베트남의 군대를 격파하고 "전쟁으로 끝장내자"는 입장으로 선회한 것처럼 보였다.

새로운 상황에 접하여 존슨은 기존에 고수하던 입장을 바꾸었다. 힘에는 힘으로 맞서야 한다고 전격 결정한 것이다. 존슨은 미국 주력 부대를 베트남에 파병해 북베트남과 싸우도록 했다. 존슨은 남베트남 사람들이 봉기할 것이며, 북베트남에 호락호락 투항하지 않을 거라고 주장했는데, 당시 이를 뒷받침하기 위한 자료가 많았으며 실제 상황도 그의 예측대로 되었다. 이러한 상황이니 북베트남의 군사공격을 격퇴시키면 사태가 신속하게 진정될 것으로 보였다. 10년 전 한국전쟁을 매듭지을 때처럼 장기적인 휴전체제는 불가능하더라도 북베트남이 예전처럼 (소란이 끊이지는 않아도) 전면전은 피하는 정전 체제로 물러설 것으로 보였다. 미국의 군사개입은 초반에 큰 성과를 거두었다. 북베트남 군대는 치명적인 인명 손실을 입고 군사장비도 거의 챙기지 못한 채 격퇴 당했다. 1965년 가을에 이르자 북베트남은 완전히 후퇴하는 쪽으로 돌아섰고, 치명상을 입은 군대를 다시 불러들였다. 일단 그렇게 격퇴시키면 휴전 체제가 자리잡을 것이라는 게 존슨의 기본 전제였고, 이를 뒷받침하는 근거는 충분했다. 그 무렵 모스크바의 중계로 협상이 활발하게 진행 중이었고, 1965년 성탄절 즈음에는 워싱턴에서는 물론 모스크바에서도 휴전이 확실시되는 분위기였다.

그다음 벌어진 일들은 우리에게 잘 알려져 있지 않다. 하나의 가설에 따르면 레오니드 브레즈네프Leonid Brezhnev가 그때까지는 권력 최상층의 삼인방 중 한 사람에 불과했다가 1965년 말에 최고 권좌에 손을 뻗으면서 상황이 급변했다는 이야기가 있다. 즉 그가 강경한 '매파'로 선회해야만 대권 장악의 필수 조건인 군부(특히 해군)의 지원을 얻을 수 있었다는 것이다. 이 가설을 뒷받침하는 사실이 몇 가지 있다. 1965년 소련은 하노이 북베트남 정권과 세계를 향해 소실된 무기를 복구하는 수준까지만 공급하겠다고 말해놓고, 하노이로 향하는 무기 공급을 대량 늘리기 시작했다. 동시에 소련은 오래 망설이던 끝에 3대양 작전이 가능한 광역 해군을 구축하는 긴급 계획을 추진하기로 결정함으로써, 인도에 대량으로 무기를 공급하는 수순을 밟았다는 것이다. 다른 가설에 따르면, 호치민이 심장병(혹은 중풍) 발발로 인해 (1969년까지 사망하지는 않았지만) 상황을 통제하지 못하게 되자, 하노이 정권 내 '비둘기파'와 '매파' 사이의 권력 균형이 급격히 매파 쪽으로 기울게 됐다고 한다. 그 밖에 또 다른 가설이 있는데, 베트남전쟁에 대한 미국 내 반대 여론이 커져서 북베트남의 도발을 자극했다는 이야기다. 이것도 어쨌거나 가능성은 있는 이야기이지만, 1966년 초에는 미국에 반전 여론이 아주 미약했다(물론 나중에 가서 반전 여론이 세를 얻고 그 목소리가 커지기는 했다).

어찌 되었든 1966년 1~2월에 접어들었을 무렵에는 존슨이 생각했던 대로 상황이 돌아가지 않는다는 게 분명해졌다. 하노이 측은 정전 협상을 중단하고, 다시 대규모 군수 물자와 인력을 남베트남으로 보냈다. 몇 달

전만 해도 워싱턴과 하노이 사이에서 중계 역할을 하던 소련은 하노이에 대한 지원을 강화했고, 무조건 항복하라는 하노이의 주장을 완화시키도록 영향력을 행사하라는 권고마저 무시했다. 결국 존슨 대통령의 정책은 군사 개입에서는 혁혁한 성과를 거두었음에도 정치적으로는 실패한 꼴이 되었다.

존슨 대통령은 주로 2년 전 케네디 대통령 때부터 활동해온 자문위원들과 머리를 맞댔지만, 돌아가는 사태를 좋게 보는 사람은 아무도 없었다. 하지만 전체적인 분위기는 상황을 관망하는 것 말고 뾰족한 수가 없다는 것이었다. 존슨 대통령도 이런 태도가 내키지는 않았지만 동의할 수밖에 없었다. 북베트남과 일전을 치러본 결과 그들이 미군을 상대로 승리할 수 없을 거라는 점은 분명해졌다. 동시에 남베트남 사람들이 현 정권에 대해 호의적이지는 않을지 몰라도 북베트남 정부를 지지하지는 않는다는 것도 분명했다. 이러한 정황을 미루어 볼 때, 존슨 대통령과 그 보좌진은 조만간 하노이 정권과 그들 배후의 실제 세력인 모스크바가 '전쟁으로 끝장내자'고 달려들어봐야 소용이 없다고 판단해 전면전을 포기할 거라는 게 중론이었다. 그때까지는 관망하는 것 말고 미국이 취할 다른 방도가 없다는 것이었다.

이런 결론을 반긴 사람은 아무도 없었다. 그러나 딘 러스크Dean Rusk 국무장관과 로버트 맥나마라Robert McNamara 국방장관을 비롯해, 맥조지 번디McGeorge Bundy 안보담당 보좌관, 합동참모본부 등 모두가 내키지 않아도 이 결론에 따랐다. 알려진 모든 보도기사에 따르면 반대한 사람이 딱 하나 있었는데, 국무부 차관 조지 볼George Ball이었다고 한다. 그는 경제 문제에 관심이 쏠린 나머지 그때까지는 베트남 문제와 동떨어져 있었다. 세간에 알려진 바로는, 볼이 다음과 같이 말했다고 한다. "대통령 각하, 올바른 답이 무엇인지 잘 모르겠습니다. 하지만 작년의 정책을 그대로 유지하는 것이 잘못이라는 것만큼은 분명합니다. 그리한다면 효과도 없을 것이고 파국으로 치닫게 될 것입니다. 왜냐하면 정책 자체가 의사결정의 기본 원칙을 어기는 것이었기 때문입니다."

질문

1. 조지 볼은 어떤 원칙을 염두에 두고 말한 것일까?
2. 볼이 말했다고 알려진 그 논점에 동의하는가? 다시 말해, 의사결정에는 '원칙들'이 있으며, 그 원칙을 어기면 결말이 안 좋기 마련이라는 주장을 어떻게 보는가?

사무실에서 그는 무엇을 하고 있나
The New Export Manager

수작업 도구를 제작하는 우수한 업체로 리지우드툴컴퍼니Ridgewood Tool Company란 회사가 있었는데 1924년 설립된 이래 꾸준하게 수출을 계속했다. 뉴욕시에 있는 무역회사 한곳이 이 회사와 미국 외 지역의 독점판매 계약을 맺고 오랫동안 이 회사의 수출을 도맡았다. 그러다가 수출이 늘어나다 보니 외국의 여러 지역에 별도로 판매대행업자와 대리인을 두게 되었다. 1986년에는 수출담당 관리자를 사내에 따로 두었는데, 해외에서 들어오는 매입주문을 처리하고 지불 시한이 된 판매대금을 은행을 통해 수금하는 행정적 업무로 눈코 뜰 새가 없었다. 하지만 1990년에 이르자 이런 식으로는 수출 업무를 다 처리할 수 없을 정도 물량이 급증했다. 얼마 후 원래 있던 수출담당 관리자가 은퇴했는데, 경영진은 이참에 수출 업무를 제대로 관리하고 짜임새 있게 정비해야겠다고 판단했다. 어느 임원의 진지한 제안처럼, 물건도 잘 팔리고 인지도도 높은 독일에 공장을 세워야 할 것 같기도 했다. 하지만 회사에는 해외업무에 대해 아는 사람이 아무도 없었다. 그래서 젊고 활기찬 35세의 프랭크 앤드루스Frank Andrews를 인터내셔널 제너럴일렉트릭International General Electric에서 데려와, 수출업무 관리를 맡겼다. 앤드루스는 신속히 출장길에 올라 회사와 거래하는 외국의 판매대행업자와 대리인들을 만났다. 회사로 돌아오자마자 그는 해외업무에 대한 계획안을 수립하겠다고 사장에게 보고했다. 그러고 나서 앤드루스는 수출부서의 노련한 친구를 부책임자로 임명해놓고 자기 사무실에 틀어박혔다. 새로 업무를 떠맡은 부책임자는 늘 해오던 대로 더디게 굴러가는 일상적인 수출업무를 도맡아 처리했다.

그런데 앤드루스는 혼자서 무슨 일을 했을까? 앤드루스는 날마다 자기 사무실을 지키고 있었다. 사람들은 온종일 닫혀 있다시피 한 그의 사무실을 몰래 들여다보기도 했다. 방 안에는 책과 서류와 보고서들이 수북이 쌓여 있었고, 그 너머로 앤드루스의 머리가 보일까 말까 했다. **대체 그는 무슨 일을 하고 있었을까?** 이런 식으로 네 달씩이나 지나자 주변의 불평불만이 폭주했다.

결국 참다 못한 사장은 앤드루스를 사무실로 불러들였다. "자네가 회사에 들어온 지도 반년이 되어가네. 하지만 자네가 무슨 일을 하고 있는지 아는 사람이 아무도 없어. 어떻게 된 건가?" 앤드루스는 놀라는 기색이 역력했다. "제가 연구를 하고 있다는 걸 모르시겠습니까?" 그는 이렇게 반문하더니 이어 말했다. "제가 계획안을 제대로 만들어 찾아뵙기 전에는 무슨 말씀을 드린다 한들 사장님의 시간만 낭비하는 일이 될 것 같습니다." 그러자 사장은 고개를 저었다. "앤드루스, 자네와 우리 사이에 무언가 오해가 있었던 게 분명하네. 아무래도 자네는 다른 직장을 찾아보는 게 좋겠어."

그 후 사장은 이 일에 대해 다시 이야기할 때마다 정말로 당혹스러웠다고 회상했다. "리더십도 강하고 추진력 있는 사람이란 말을 듣고 그 친구를 데려왔지요. 그가 실력이 있다는 건 분명합니다. 왜냐하면 우리 회사를 떠난 뒤에 그는 아주 큰 대기업에 입사했는데, 지금은 유럽업무를 총괄하는 부사장으로 승진했고, 들어보니 업무 실적도 뛰어나다고 합니다. 그런데 우리 회사에서는 여섯 달 내내 아무 하는 일 없이 그저 책상에만 앉아 있었지요."

한편, 앤드루스의 말을 들어보면, 그 역시 아주 당황스러웠을 뿐 아니라 그 일로 단단히 화가 나 있었다. "그 구닥다리 아저씨들은 해외업무에 대한 치밀한 계획이 필요하다는 점을 전혀 알아듣지 못했습니다. 그 사람들은 숫자도 없고, 계획도 없고, 조직이랄 것도 없었어요. 그들은 공구나 팔러 다니라고 저를 채용했던 게 아니었습니다. 세계시장에 제대로 진출하자는 목적으로 채용했던 것이지요. 올바른 계획을 짜는 일이 아니라면 그분들은 제게 무슨 일을 기대했던 걸까요?"

어느 날 앤드루스는 대학 동창 중에 변호사가 된 옛 친구를 만나서 그 이야기를 들려주었다. 친구는 전혀 뜻밖의 반응을 보였다. "맞아, 프랭크. 그 사람들은 '구닥다리 아저씨들'이 맞지. 하지만 잘못은 너에게 있었어. 네 행동이 그들에게는 '젊고 거만한 바보'처럼 보였으니까."

질문

- 변호사 친구가 해준 말을 앤드루스에게 풀어서 설명할 수 있겠는가?

- 회사와 앤드루스 사이에는 의사소통이 완전히 단절되어 있었는데, 이 러한 사태를 미연에 방지하려면 회사와 사장이 어떤 행동을 취해야 좋 았겠는가?

·CASE·
34

민감한 사안을 대화로 풀어가려면
The Insane Junior High School Principal[*]

1960년대 중반 미국 동부의 잘 알려진 교외 소도시에 시의회가 새로 구성됐을 때의 일이다. 시의회는 교육위원회 임원들을 새로 지명하면서 하나의 임무를 주었다. 극단적인 상태까지 치달은 공립학교의 인종 격리를 종식시키라는 임무였다. 2차 세계대전이 끝날 무렵인 1945년, 이 도시는 순전히 백인 일색이었다. 그러다 아프리카계 미국인(흑인)들이 이곳으로 밀려들기 시작했다. 주로 가까운 대도시에서 살던 아프리카계 미국인들 중 중산층 가구들이 이 작은 도시로 들어왔다. 1966년에는 이곳의 인

---

[*] 이 사례는 어디까지나 의사소통의 효과에 인식이 미치는 작용을 예시하자는 목적으로 작성된 것이다. 비극적인 사례이기는 하지만, 좁게는 인종관계에서부터 넓게는 일반적인 인간관계에 이르기까지 효과적인 의사소통을 달성하려면 무엇이 필요한지 그 핵심을 잘 보여준다.

구 중 아프리카계 미국인이 40퍼센트까지 늘었다. 통합학군제 고등학교의 경우는 학생 4,500명 중에 아프리카계 미국인 학생이 30퍼센트라도 있었지만, 이 도시의 다른 학교들은 인종에 따라 철저하게 분리되어 있었다. 이런 현상은 주로 주거 자체가 인종별로 나누어진 데다 학군도 그에 맞춰 구획되어 생긴 결과였다. 그중 중학교 다섯 곳은 그 심각성이 극에 달했다. 네 곳은 새로 지은 커다란 학교 건물이 절반이나 텅텅 비어 있는 데다 재학생들이 거의 백인들뿐이었다. 나머지 한 학교의 광경은 끔찍하기가 이루 말할 수 없었다. 2부제로 돌아가며 수업을 해야 했고, 학교 건물은 벌써 2차 세계대전 전에 철거하려던 곳이었으니 어떻게 손을 쓸 수가 없을 만큼 낡고 위태로웠다. 게다가 학생 수가 주 법규상 화재안전 규정과 수용인원의 규정 한도를 50~60퍼센트나 초과한 상태였다. 2부제로 수업이 돌아가는 내내 모든 교실 사정이 마찬가지였다. 이 학교 학생들은 전부 아프리카계 미국인들이었다.

새로운 교육위원회는 의욕적으로 일에 임했다. 하지만 아프리카계 미국인 주민들로부터 거의 사보타주에 가까운 격한 저항에 부딪쳤다. 학교의 인종격리에 대해 가장 격하게 반발했던 당사자들이 어떤 행동에도 나서려고 하지 않았다. 7인 이사로 구성되어 있는 교육위원회에 소속되어 있고 사회적으로 명망도 높은 아프리카계 미국인 세 사람도 같은 반응을 보였다. 이 사람들은 영 내키지 않아 하면서도 무엇이 문제인지를 간접적으로 시사했다. 아프리카계 미국인 학생만 다니는 중학교는 곧 폐교될 것이며, 학생들은 백인 학생 일색이고 교실이 남아도는 나머지 네 학교에 배치될 예정이라는 사실을 모르는 사람은 없었다. 네 곳으로 학생들이 분산될 것이고 네 학교 모두 공간이 남아도니 공간적인 문제는 별로 없었다. 동시에 중학교 교장 한 사람이 고등학교 교감이나 지역 차원의 부교육감과 같은 이름뿐인 고위직으로 자리를 옮겨갈 상황이었는데, 이 사실 역시 누구나 알고 있었다. 62세로 백인 중학교 한곳의 교장인 밀그램Miligram이 바로 그 사람인데, 교육위원회의 백인 임원들은 전부 그가 그 고위직으로 갈 거라고 생각했다. 그러면 그가 앉아 있던 교장 자리가 비게 된다. 어쨌든 그는 3년 후면 은퇴할 사람이고, 지역 교육계에서 힘이 막강한 교장도 아니었으니 교육위원회의 생각대로 일이 전개될 것 같았다. 하지만 아프리카계 미국인들은 전부 다 알고, 백인 주민들은 전혀 짐작도 못하는 일이 있었다.

아프리카계 미국인 중학교의 교장인 윅스Wicks 여사는 중중 정신질환을 앓고 있었다. 그녀의 행동은 여러 해째 '예사롭지 않다'가, 최근 들어 상태가 급격히 악화됐다. 정신병 증세가 확연할 때와 아닐 때가 비슷할 정도로 오락가락했고, 난폭한 행동을 동반하는 심각한 편집증 증세를 보였다. 사실 그 몇 해 전부터 아프리카계 미국인 주민들은 윅스 여사와 그 주변 사람들을 보호하기 위해 신체 건강하고 믿을 만한 아프리카계 미국인 여성 몇 명을 항상 그녀 주위에 배치해 만약의 사태에 대비하고 있었다. 소리 소문 없이 이런 조치를 취한 것은 그전에 윅스 여사가 여교사 한 사람을 가위로 공격하는 바람에 손목과 목에 상처를 입히는 불상사가 일어난 것이 계기가 되었다.

하지만 1966년 윅스 여사는 그 도시에서 유일한 아프리카계 미국인 교장이었다. 그뿐 아니라 그 주州에서도 아프리카계 미국인으로서는 유일한 교장이었기 때문에, 아프리카계 미국인의 사회적 성공을 상징하는 인물이었다. 당연히 그 지역 아프리카계 미국인 가정에서는 집집마다 그녀를 모르는 사람이 없었다. 그런데 교육위원회가 학교장을 재임명해야 할 때는 주법규에 따라 학교장들이 자기가 선택한 학교의 운영계획을 짜서 몸소 교육위원회에 출두해 네다섯 시간 동안 질문에 답변하면서 진을 빼는 토론회를 치러야 했다. 교육위원회가 공개적으로 개최하는 이 자리에는 주민들도 많이 참석했는데, 분위기가 상당히 험악해질 때도 많았다. 특히 인종혼합에 강하게 반대하는 일부 지역 주민들은 인종을 섞으려는 움직임이 눈에 띄면 작정을 하고 격렬하게 항의하곤 했다. 밀그램 교장의 중학교가 있는 지역이 바로 그런 곳이었다. 이들은 혹시라도 아프리카계 미국인이 '백인' 중학교의 학교장이 되겠다고 나서면, 본때를 보여주겠다는 기세였다. 웍스 여사가 이러한 토론회를 치르면서 평정을 유지하기는 거의 불가능해 보였다.

그런데 문제가 저절로 '해결'되고 말았다. 어느 일요일 교회 예배 중에 웍스 여사를 각별히 돌볼 임무를 맡은 여성이 잠시 딴 데 정신을 파는 사이에 일이 터지고 말았다. 웍스 여사가 느닷없이 부엌칼을 꺼내 들고 제단 위로 달려가 아프리카계 미국인 목사를 공격한 것이다. 목사는 등을 두 차례 찔렸지만 다행히 목숨을 잃지는 않았다. 당연한 일이지만 웍스 여사는 병원에 입원해야 했고 학교장직에서 해직될 수밖에 없었다. 주로 중산층 백인이 모여 살던 이 도시에는 전후 아프리카계 미국인들이 밀려오기 전부터 병원을 개업한 아프리카계 미국인 의사가 있었는데, 지역사회에서 두루 존경받으며 교육위원회 임원으로도 활동하는 사람이었다.

일요일 교회에서 그 사건이 일어나기 바로 전날인 토요일 저녁, 그는 교육위원회 임원들을 자택으로 초청해 윅스 여사 문제를 본격적으로 논의하자고 제안했다.

그가 임원들에게 말했다. "여러분, 우리가 왜 이 문제를 질질 끌고 있는지 잘 아실 것입니다. 윅스 여사 문제에 대해서도 잘 알고 계시겠지요. 우리 교육위원회 임원들은 아프리카계 미국인과 백인 할 것 없이 의사소통의 문제에 직면해 있습니다. 아프리카계 미국인 주민들은 우리 위원회가 윅스 여사의 중학교를 폐쇄하고 나서 그 학교에 근무하고 있는 아프리카계 미국인 교사들을 그대로 유지할 거라고 믿지 않습니다. 물론 필요한 교사 숫자가 전보다 늘지는 않아도 예전과 다름없다는 것을 잘 알고 있다 해도 그렇게 믿지 않습니다. 하지만 아프리카계 미국인 교사들에게 예전과 같은 직무와 기회를 주기 위해 우리가 밀그램 교장 학군에서의 반발에도 불구하고 그 교사들의 백인 학교(적어도 지금까지는) 배치를 밀어붙이는 일은 저마저도 생각하기 힘들고 여느 아프리카계 미국인들도 생각하기 힘들 것입니다. 또한 백인 일색의 네 학교 중 한곳의 교장을 우리가 아프리카계 미국인으로 지명할 거라고 믿을 사람은 이 나라의 아프리카계 미국인 중 아무도 없을 것입니다. 보나마나 밀그램 교장이 은퇴하기 전까지 3년 동안은 적어도 교장을 교체하지 말고 기다려야 한다는 수많은 백인들의 반대에 부딪치게 될 것입니다. 윅스 여사는 상태가 아주 심각합니다. 아프리카계 미국인 사회에서는 이 사실을 잘 알고 있습니다. 하지만 윅스 여사는 아프리카계 미국인으로서 어려운 여건에서도 훌륭한 성공을 달성한 분입니다. 오랫동안 우리는 그분의 자부심을 지켜봐왔습니다. 학생들의 인종 혼합뿐 아니라 교사와 교육 당국자들의 인종 혼합을 추진하려는 우리의 취지를 사람들에게 알리고 대화로 풀어가려면 어떤 계획을 가지고 추진해야 한다고 보십니까?"

질문

- 여러분은 이 질문에 어떻게 대답하겠는가?

35

매력적인 두 가지 선택지에 앞서

The Structure of a Business Decision

나카무라칠기회사Nakamura Lacquer Company는 일본인들이 쓰는 일상적인 식탁용 칠기를 교토에서 제작하는 작은 회사였다. 2차 세계대전이 끝나고 일본에 들어온 미국 점령군 병사들이 기념품으로 칠기를 사기 시작했는데, 이때 칠기 제품을 만들어 팔았던 수백 개 수공예 작업장 중 한곳이 나카무라칠기였다. 1948년 나카무라는 젊은 나이에 대대로 이어온 가업을 막 떠맡고서 미군의 수요가 사업기회로 연결되리라는 것을 알아봤다. 하지만 전통적인 수공예 제작 방식으로는 작업 속도도 느렸고, 새로 등장한 미군의 수요에 맞추기에 비용도 많이 들어갔다. 그래서 여러 가지 제작 방식을 시도해 코팅, 광택, 품질검사에 기계를 활용하는 방법을 도입했다. 지금껏 단순한 수작업 도구만 써서 만들던 수공예 방식에서 탈피한 것이다. 1952년 미군정이 종료되면서 미군도 떠나고 그들의 기념품 수요도 사라졌지만, 나카무라가 일군 사업은 제법 큰 사업체로 성장했다. 거느린 직원이 수천 명에 달했고, 일본 대중소비재로 판매하는 칠기 그릇을 매년 50만 개나 생산했다. 나카무라칠기회사의 '국화' 상표는 일본에서 가장 유명하고 많이 팔리는 상표가 됐다. 품질도 좋았고, 믿고 구매할 만했다. 하지만 해외 판매량은 없다시피 했다. 물론 일본 내 대형 백화점 매장을 통해서 미국인 관광객에게 판매하는 물량이 있기는 했지만 그마저 어쩌다 생기는 예외적인 경우였다.

1980년 초, 일본 제품에 대한 미국인들의 관심이 많아지던 때였다. 미국에서 두 손님이 연거푸 나카무라를 찾아왔다. 두 회사 모두 평판도 좋을 뿐더러 사업 이력도 탄탄하고 화려했다.

첫 번째 손님이 말했다. "나카무라 사장님, 내셔널차이나컴퍼니National China Company에서 마케팅을 담당하는 필 로즈Phil Rose 부사장입니다. 알고 계시겠지만 저희 회사는 고품질 식기 업종에서 미국 최대 제조업체입니다. 저희 '로즈앤드크라운Rose & Crown' 상표는 이 업종 총매출의 30퍼센트에 육박하지요. 규모는 작아도 안목이 있는 미국 소비자들을 겨냥해 칠기 식기를 판매할 기회를 주십시오. 저희 회사야말로 그 임무를 잘 추진할 수 있는 역량이 있습니다. 일본의 해당 업종을 조사해봤습니다만, 사장님의 회사가 가장 우수하고 현대적이더군요. 3년간 해마다 칠기 식기 세트 40만 개를 매입하는 확정 주문을 제의하고 싶습니다. 단가는 일본 시장의 도매공급 가격에 5퍼센트를 더 얹는 수준이면 어떻겠습니까? 단, 미국 시장에서의 판매 조건으로 부탁드릴 것이 있는데, 다음 사항에 합의

해주시면 됩니다. 저희 상표 '로즈앤드크라운'으로 판매하고 또 3년 약정 기간 중 사장님 회사의 자체 상표는 물론 저희 것 이외의 다른 상표로도 납품하지 않겠다고 약속해주십사 하는 것입니다."

나카무라는 이 일로 상당히 놀랐는데 한숨 돌릴 새도 없이 다른 손님이 찾아왔다. "저는 월터 셈멀배치Walter Semmelbach입니다. 시카고에 있는 셈멀배치-셈멀배치-앤드-휘태커Semmelbach, Semmelbach and Whittaker라는 회사에서 왔습니다. 우리는 호텔과 레스토랑에 납품하는 미국 최대의 공급업체이고 식기류를 비롯한 각종 제품을 매입해서 다수의 백화점에 공급하고 있습니다. 저희가 일궈놓은 시장에 일본의 고품질 칠기 식기가 아주 잘 어울릴 것으로 봅니다. 사실 저희 고객들은 이 품목을 한번 써봐야겠다는 생각들을 많이 합니다. 연간 칠기 세트 60만 개 정도는 너끈히 소화할 시장이 있다는 게 저희 생각입니다. 5년 이내에 수백만 세트까지 성장할 것으로 내다보고 있습니다. 이 업종을 조사해봤지만 이러한 시장 기회에 대응할 수 있는 곳은 일본에서 사장님 회사뿐입니다. 미국 진출에 따르는 비용은 전부 저희가 댈 생각입니다. 향후 2년 동안 제품소개와 판촉 목적의 예산으로 150만 달러를 책정해둘 용의도 있지요. 물론 이런 예산은 저희가 부담할 생각이니 한 푼도 내실 필요는 없습니다. 저희가 부탁 드릴 조건은 두 가지입니다. 첫째, 저희가 5년 동안 표준 수수료율에 따라 귀사의 '국화' 상표에 대한 배타적 판매권을 보유했으면 합니다. 둘째, 같은 기간 실현될 총매출에서 첫 20퍼센트를 떼어 판촉과 제품소개에 지출한 실제 비용을 정산하자는 것입니다. 20퍼센트는 대략 귀사의 이익률일 것으로 추정하는 수치입니다. 또 저희가 지출할 판촉비용과 제품소개

비용에 대한 인증은 사장님이 원하시는 독립적인 회계법인이 맡게끔
하는 방식입니다."

질문

- 방문한 두 손님 모두 취지가 진실하며, 거래처로서 최고의 회사로 확인됐다고 간주하자. 나카무라 씨는 이들의 제의를 진지하게 검토해야 한다. 그가 따져봐야 할 문제는 무엇인가?
- 그는 어떤 결정을 내려야 하는가?
- 두 가지 제의는 어떻게 비교할 수 있겠는가?

경영진의 즉각적 정보 공유는 가능한가
The Corporate Control Panel

　화학업종의 거대 다국적기업에 신임 사장 겸 최고경영자로 취임한 그
는 줄곧 법무와 재무를 맡아보다가 최고 직책에까지 올랐다. 그가 회사
에 처음 들어왔을 때는 동네 회사보다야 컸지만 전국적인 규모에는 못 미
치는 작은 회사였다. 그가 법무 업무를 맡고 보니 회사가 성장하는 속도
가 워낙 빨라서 전임자였던 전속 변호사와는 다른 방식으로 일을 처리해
야겠다고 생각했다. 법무에 대한 그의 기안 능력과 자문은 아주 유용해서
회사가 큰 사업체로 성장하는 데 큰 보탬이 되었다. 이어서 그는 회사의
최고재무책임자 직무를 맡았고, 여러 나라로 사업을 확장하는 일도 착착
진행됐다. 이 일을 맡고서 보니 회사의 기존 재무구조는 물론, 재무정보
와 재무관리도 회사의 성장 속도를 미처 따라가지 못하는 상태였다. 이때

도 그는 훨씬 세련된 정보시스템을 개발하는 일을 훌륭하게 지휘했다. 회사가 빠르게 성장하면서 매끄럽게 변신하는 일이 이와 같은 그의 성과와 잘 맞아떨어졌다. 그뿐 아니라 그는 주로 유럽계 회사들을 인수하거나 합병해서 새 구조로 짜 맞추고 원활하게 통합하는 일에서도 출중한 능력을 발휘했다.

이윽고 그는 1990년경 최고경영자 자리에 올랐다. 하지만 매일 몰려드는 서류가 엄청나서 당황스러웠다. 최고경영자는 사람들과 가까이 접촉해야 한다는 게 그의 지론이었다. 또 본사 밖의 사람들 특히 해외 지법인의 주요 인사들을 방문할 시간도 낼 수 있어야 한다고도 생각했다. 그도 그럴 것이, 해외사업은 1996년에 이르러 전사 매출과 손익의 절반에 육박했고 국내 사업보다도 더 빠른 성장세를 보였기 때문이다. 하지만 그는 숫자와 보고서에 파묻힌 채 본사 사무실에 갇히는 신세가 되어가고 있었다. 그와 같은 숫자와 보고서는 대부분 바로 몇 년 전에 그 자신이 도입한 것이었고 대단한 일을 해냈다고 칭찬도 들었지만, 그 덕분에 일은 더욱 힘겨워지고 말았다.

1년 동안 그는 밀려드는 서류도 다 챙기고 회사도 경영하는 두 가지 일을 다 하려고 애썼다. 하지만 둘 중 하나도 제대로 할 수 없다는 결론에 도달했다. 서류를 붙들고 여러 시간을 보내도 무슨 말인지 잘 이해할 수 없었다. 갈수록 업무가 손에 잡히지 않는 것 같았다. 게다가 돌아가는 사업 현황을 눈여겨보지 못했고, 특히 사람들을 챙기지도 못했다. 그러던 중 회사에서 성과가 아주 혁혁한 연구임원이 퇴사하는 일이 있었는데, 최고경영진이 신경도 안 쓰고 시간도 안 내준다는 게 그의 입에서 튀어나온

퇴사 사유였다. 사장은 무언가 큰 조치가 필요함을 직감했다.

그때 사장은 크리스틴 추디Christine Tschudi가 떠올랐다. 프랑스 지사를 개척해 그곳에서 순식간에 관리담당으로 승진했던 젊은 스위스 여성이었다. 나중에 그녀는 뉴욕본사 근무를 신청해, 하고 싶다던 정보관리 시스템 분야의 공부를 더했다. 기어이 박사과정까지 진학해서 '기업제어판Corporate Control Panel'을 주제로 학위논문까지 마쳤다(사장은 그녀의 학위논문 발표용 자료를 읽어보려고 복사해두었다가 멀찍이 치워두었다. 한마디도 이해할 수 없었기 때문인데, 어쩌면 자료에 말은 별로 없고 수식만 많았기 때문인지도 모른다). 그녀는 이제 해외 지법인을 총괄하는 본사의 부관리담당으로 일하면서 빠르게 명성을 쌓아가고 있었다.

사장은 그녀를 불렀다. 다음은 사장이 그녀에게 지시한 내용이다. "내게 제어판이 있어야겠네. 시급한 일이야. 회사를 통제하고 조종하는 데 필요한 모든 정보를 우리 최고경영진에게 제공해주는 제어판이 필요해. 제어판에서 나오는 정보는 우리가 적기에 행동을 취할 수 있을 만큼 신속해야겠어. 지금 내게 보고되는 정보를 받아보면 거반이 지나간 역사야. 최고경영진과 현업의 경영팀 모두가 똑같은 정보를 받아 보아야 하고, 서로 무슨 정보를 말하고 있는지 분명히 알아야 하거든. 중요한 포인트가 발생하는 영역은 어디이고 그렇지 않은 영역은 어디인지 명료하게 짚어주는 게 필요하네. 그러면 어디어디에 중점을 둬야 하는지 금세 알 수 있겠지. 그리고 정보가 간략하게 집약되면 좋겠어. 그러니까 한 달에 하루 정도만 들여다보면 알 수 있고, 그걸로 우리가 한 달에 2~3일 정도 회의하면 행동이나 연구가 필요한 분야가 어딘지 명쾌하게 합의할 수 있도록 말일세. 우리 경영진이 모이는 그 회의를 바로 자네가 준비해주어야겠어. 서두를 것은 없네. 당장 내일 갖춰질 리야 없겠지. 하지만 우리가 시험할 수 있는 시범적인 모델을 만들어주게. 늦어도 3개월 정도면 충분하겠지?"

질문 _____

- 당신이 이와 같은 '제어판'을 설계한다면 어떤 식으로 일을 풀어가겠는가? 그러한 시스템 구축이 과연 가능한 일이겠는가? 아니면 말로만 듣기 좋은 것일 뿐, 막상 실행해보면 불가능한 일이겠는가?
- 고위 경영진 전원이 제어판으로 똑같은 정보를 볼 수 있어야 한다는 사장의 생각에 대해 어떻게 생각하는가? 타당한 이야기인가?

Part 8

기업가에서
경영자로
변신하라

37

연구 전략과 사업 목표
Research Strategy and Business Objectives

세계 제약시장에서 가장 성공적인 회사에 드는 세 곳이 있다. 각각 에이블, 베이커, 찰리라는 회사다. 에이블과 베이커는 초대형 제약회사다. 찰리는 중간 규모인데 성장 속도는 아주 빠르다. 세 회사는 모두 매출액 규모 대비 똑같은 비중을 연구업무에 지출한다. 이것 말고는 연구업무의 공통점은 전혀 없다. 실제로 연구 활동에 대한 각 회사의 정책도 판이하게 다르다.

역사가 가장 긴 에이블은 2차 세계대전 이래 제약시장의 선두주자인데 (세계화 수준도 가장 높다), 한 번에 하나씩 신중하게 선정한 분야에 연구자금을 대대적으로 투자한다. 아주 큰 위험이 따르는 결정이지만, 대학의 순수 연구에서 돌파구를 여는 파격적인 결과가 나올 때 투자할 분야를

정한다. 그리고 나서 상용 제품이 나오기 오래전에 해당 연구 분야에서 최고 인재들(보통 이론적 연구에서 최초의 연구결과를 낸 사람들)을 채용해, 이들이 지속적으로 연구하도록 독려한다. 목표는 굵직한 분야에서 일찌감치 주도권을 잡고, 그 분야 시장을 장악해서 여러 해 동안 지배적 위치를 유지하는 것이다. 하지만 이러한 분야를 제외하면 연구비를 전혀 지출하지 않고, 아예 관심도 두지 않는다. 이러한 전략은 1920년대 비타민에 대한 최초 연구결과가 발표됐을 때 처음으로 등장했다. 에이블은 비타민 연구로 노벨상을 수상한 화학자들을 채용했고 생화학자, 약리학자, 의학자들을 규합해서 비타민을 개발했다. 그리고 수년 내에 비타민을 만드는 세계 최대 회사가 되었고 오늘날까지도 그 독보적인 위상을 유지하고 있다.

에이블은 다른 연구 분야에는 발을 들여놓지 않은 채 1930년대 중반까지 비타민 개발과 활용에만 머물렀다. 그 다음에는 술파제sulfa drug에 달려들었는데, 역시 이 약품이 '과학적 호기심'에서 그리 많이 벗어나지 못한 단계에 뛰어들어서 1940년에는 이 분야에서 세계적인 주도권을 장악했다. 오늘날에도 이 회사는 술파제 세계시장을 주도하고 있다. 항생제가 부상하기는 했지만 술파제는 전염병과 싸우는 데 사용하는 세계 의약품 시장에서 아직도 광범하게 사용된다.

그 뒤 에이블은 연구 작업에서 이렇다 할 행동이 전혀 없다가, 1950년 중추신경계 약품으로 최초의 진정제가 등장할 때 다시 움직였다. 이때도 에이블은 대대적으로 연구에 뛰어들었고, 진정제 분야에서 독점에 가까운 시장 지위를 거머쥐고 사업을 시작했다. 또 최근에는 미생물학 분야와

세포구조 분야에 대대적으로 투자했고, 이 경우에도 이론적인 연구의 초기 성과를 바탕으로 행동에 들어갔다. 에이블은 선택하지 않은 분야는 쳐다보지도 않았다. 일례로, 항생제는 전혀 신경도 쓰지 않았다. 마찬가지로 수태 조절fertility control 분야도 무시했고, 상당히 의도적으로 관심에서 배제했다. 이 회사는 잠재력이 큰 분야를 선정해서 아주 일찌감치 큰 위험을 떠안고 대대적인 투자를 한다. 아주 큰 위험이 따르는 결정이지만 성공할 경우에는 그만큼 커다란 보상을 얻는다.

베이커라는 회사의 전략은 에이블과는 딴판이다. 베이커의 연구실은 제약산업 전체를 통틀어 가장 유명한데, 실로 엄청나게 다양한 분야에 걸쳐 작업이 진행된다. 하지만 어느 분야든 기초적인 과학연구가 완료되기 전에는 섣불리 뛰어들지 않는다. 기초과학 연구가 완료되면 비로소 작업에 들어간다. 목표는 진입하는 각 분야마다 소수의 약품을 개발하는 것인데, 기존 약품보다 효과가 월등하고 의료 현장에서 뚜렷한 효능을 유발할 수준이어야 한다. 각 분야 연구실에서 10개 약품이 개발되면, 베이커는 그중 두세 개 약품만을 골라 판매까지 가져간다.

한 연구 분야에서 효과적인 신약이 나올 게 분명해 보이면, 자사 신약은 물론 해당 시장 전체를 면밀하게 분석한다. 첫째, 자사 신약이 새 '표준'으로 자리 잡을 만큼 의학적 효과가 월등한가? 둘째, 자사 신약이 (비록 매출은 크더라도) 특수 의료 영역에 국한될지 아니면 의료서비스 전체를 통틀어 큰 영향을 미칠 만한 것인가? 셋째, 자사 신약이 경쟁제품에게 추월당하지 않고 오랜 기간 '표준'을 장악할 공산이 큰가? 만약 이 세 가지 질문 중 어느 하나라도 답이 신통치 않으면, 베이커는 신약을 자사 제품으로 출시하지 않고 연구 내용을 타사에 판매하거나 특허사용권 계약 형태로 넘긴다. 이러한 정책에서 큰 득을 보았는데, 두 가지 효과 덕분이었다. 우선, 자사 제품으로 벌어들이는 이익에 버금가는 돈을 특허사용료 수입으로 벌어들였다. 그리고 소수로 집중해 출시하는 자사 제품들은 그 하나하나가 의료계에서 선두제품으로 확실하게 올라섰다.

그런가 하면 찰리라는 회사는 연구업무를 전혀 하지 않는다. 이 회사는 개발업무만 한다. 그리고 에이블이나 베이커가 중시할 만한 제품은 거들떠보지 않는다. 찰리는 특허획득이 가능한 단순한 개발을 통해서 규모는 작지만 무시할 수 없는 분야에서 독점에 가까운 시장지위를 얻는 것을 목표로 한다. 그러니까 의료처방과 외과시술에서 기존 제품이 제 효과를 못내고 있지만 꽤 단순한 변화로 의사와 외과의들의 치료 성과를 크게 향상시킬 수 있는 분야를 눈여겨보는 것이다. 또 규모가 아주 작은 분야라서 우수성이 확실한 제품이 한번 자리 잡으면, 다른 업체에서 시장에 진입해 경쟁할 의욕이 아예 사라질 만한 대상을 물색하기도 한다.

찰리가 내놓은 최초 제품은 단순한 효소였는데 그 효과가 40년 전부터 익히 알려져 있던 것이었다. 이 효소는 백내장 수술에서 출혈을 막아주고 안과의 시술을 아주 수월하게 해준다. 해야 할 일은 효소의 유통 기한을 연장할 방도를 찾는 것뿐이었다. 그다음 제품은 아주 단순한 연고였는데, 신생아의 탯줄에 발라서 감염을 막고 상처가 빨리 아물게끔 하는 제품이었다. 이 연고는 전 세계 산과 병원 어디에서나 표준으로 자리 잡았다. 뒤이어 신생아를 씻길 때 감염을 막기 위해 쓰는 유독성 용액을 대체할 제품을 내놓았다. 이 제품의 경우도 새것을 찾아낸 게 아니라 있는 것을 잘 배합한 결과였다. 찰리가 들어가는 시장영역은 하나같이 세계시장을 다 합쳐봐야 2,000만 달러 정도에 불과한 협소한 시장이다. 그래서 단 하나의 회사가 정말로 뛰어난 제품을 공급하면 거의 독점에 가까운 시장지위를 확보하게 된다. 경쟁자의 진입 욕구가 생기기 어렵고 따라서 가격 인하 압력도 별로 없다는 이점을 누리는 것이다.

몇 년 전 이 세 회사의 연구담당 부사장들은 주력 경영대학원 한곳이 주최하는 컨퍼런스에서 연구와 사업전략에 대해 발표를 하기로 했다. 이 학교에서 기업정책을 가르치는 교수가 컨퍼런스 의장을 맡아, 첫 시간에 이들 세 사람을 소개했다. 교수는 먼저 에이블의 연구이사를 가리키며 말했다. "A 박사님은 사업 구축에 과학기술을 어떻게 활용할지에 대해 말씀해주시겠습니다. B 박사님(베이커의 연구이사)은 사업의 밑바탕이 서비스인 분야에서 연구의 전략에 대해 말씀해주실 것이고요. 그리고 C 박사님(찰리의 연구이사)은 마케팅이 곧 사업전략의 토대라는 관점에서 말씀해주실 것입니다."

질문

- 컨퍼런스 의장의 소개 발언은 어떻게 해석할 수 있겠는가?
- 각 회사의 사업목표와 기본전략에 주목한다면 컨퍼런스 의장의 발언에서 어떤 내용을 도출할 수 있겠는가?

연구실에서 가장 똑똑한 쥐에게 물어봐
Who Is the Brightest Hamster in the Laboratory?

빅스트롬제약Wickstrom Pharmaceuticals은 19세기 말 미네소타 주 북부 작은 마을에서 시작한 회사다. 스웨덴을 떠나 그 마을에 정착한 스벤 빅스트롬Sven Wickstrom은 얼마 후 허브차를 비롯해 간단한 스웨덴 민간치료제를 판매하기 시작했다. 그 무렵 미네소타 주로 많이 밀려들던 스칸디나비아 출신 농민들이 그가 파는 물건들을 사주었다. 이를 토대로 그의 아들이 작은 회사를 차렸다. 파는 물건은 주로 감기약, 이 돋는 통증을 덜어주는 소아용 진정시럽과 같은 것들이었다. 하지만 사업이 썩 잘되지는 않았다. 그러다 1930년대 들어 의사 처방약이 확산되었고, 처방 없이 팔리는 매약賣藥: patent medicine이 전국적으로 세를 떨치게 되었다. 더불어 빅스트롬의 사업은 시들해지기 시작했다. 창업자의 손자 브라이언 빅스트롬

Brian Wickstrom은 이런 추이를 잘 알고 있었고, 미네아폴리스에서 소년기를 보낼 때부터 가능한 빨리 미네소타 주와 가업에서 벗어나 다른 곳으로 떠나겠다고 다짐했다. 그런데 고등학교를 마치자마자 군대에 징병되어 베트남전쟁에 파병됐다. 군대에서 전역한 뒤에는 정부가 전역자들에게 배려해주는 교육혜택을 받아 대학에 진학했다. 경영학을 전공으로 택한 것은 대기업에 취직하자는 생각 때문이었다. 그런데 1979년 대학을 졸업하고 몇 주도 지나지 않았을 때 아버지가 세상을 떠났다. 어머니는 회사 문을 닫더라도 건질 돈은 건져야 하지 않겠느냐며 아들에게 가업을 맡아 달라고 부탁했다. 그래서 브라이언은 6개월 동안만 회사를 맡기로 했다.

하지만 여섯 달이 다 지나기 전에 브라이언은 회사 사정을 둘러보고 깜짝 놀랐다. 회사가 판매할 만한 제품은 변변히 없었지만, 규모는 작아도 현대적인 제조설비가 아주 뛰어났기 때문이다. 알고 보니 아버지는 제조 장비와 일류 실험실을 갖추는 데 판매수입을 전부 쏟아부었던 셈이었다. 그 시절에는 제약산업에서 제조시설을 갖췄던 곳이 드물었다. 이에 착안한 브라이언은 주력 제약회사의 하도급 계약에 입찰해 수익성 좋은 주문을 따냈다. 이때는 대형 제약회사들이 신약으로 막 탄생한 항생제를 비롯해 '특효약'의 대량생산을 시작하던 단계였다. 브라이언은 이 물결에 올라타 순식간에 돈을 벌어들이기 시작했다. 브라이언의 입장에서도 회사를 경영하는 재미가 쏠쏠했다. 하지만 자기 제품이 있어야 한다는 것은 분명한 사실이었다. 즉, 사업전략도 수립해야 하고 연구에 공을 들여서 제품을 개발하는 일도 필요했다.

전쟁 때 군에서 복무하면서 브라이언은 프리츠 허쉬랜드Fritz Hirschland라는 동료 장병과 친하게 지냈다. 둘은 동갑이었는데 성장 배경은 아주 달랐다. 프리츠 허쉬랜드는 중학교에 들어갈 나이에 가족을 따라 미국에 이민을 왔다. 미국에서 중·고등학교를 마칠 때까지 5대조부터 이어온 가문의 전통을 따라 의사가 되겠다고 줄곧 생각했다. 그러나 웬걸, 고등학교를 졸업하자마자 브라이언 빅스트롬과 거의 같은 때에 군대에 징집됐다. 입대 후 1년이 지나 두 사람은 장교훈련소에서 만났고 금세 친해졌다. 두 사람은 전쟁을 같이 겪었고, 대학에도 같이 갔다. 그 후로 빅스트롬은 가업을 떠맡기 위해 미네소타로 돌아갔고, 그전에 생화학으로 전공을 바꾼 허쉬랜드는 학계에 남겠다는 생각 하나로 대학원에 진학했다.

그런데 허쉬랜드는 빅스트롬이 종종 들려주는 회사 이야기가 흥미진진했다. 박사과정 공부를 계속하는 와중에도 빅스트롬케미컬Wickstrom Chemical에 관여하는 일이 빈번해졌다. 결국 박사학위를 받고 나서 곧바로 연구이사 자리를 맡아 빅스트롬케미컬에 합류하게 됐고, 아울러 빅스트롬이 사업제휴자로 참여하는 프로젝트팀의 과학 파트너 업무도 맡게 됐다. 빅스트롬은 전략을 찬찬히 고민하면서, 제약산업에서 급성장 중인 전문약품 제조업자의 임무와 목표를 정의했다. 한편 허쉬랜드는 과학적 기회를 포착하고, 회사가 중점을 둬야 할 제품을 찾아내서 규모는 작아도 무시할 수 없는 (또 수익성도 좋은) 분야에서 주도적 지위를 획득하기 위해 애썼다. 전체적으로 허쉬랜드는 본래 뛰어난 연구과학자로서의 면모를 십분 발휘하였고, 구체적인 치료 목적에 맞추어 신약을 개발하는 데 탁월하기도 했다. 그뿐 아니라 연구업무를 잘 조직하는 일류 관리자이기도 해서, 젊고 유능하고 의욕적인 과학자들을 한데 아우르고 통솔하는 능력까지 뛰어났다.

브라이언 빅스트롬은 항상 혈기왕성한 젊음의 상징이었건만, 겨우 50세의 나이에 암이 발병해 쓰러지고 말았다. 모두들 빅스트롬 사장이 잘못되면 허쉬랜드가 그의 뒤를 잇게 될 것이라고 생각했다. 하지만 허쉬랜드는 사양했다. "나는 연구실에나 있어야 할 사람입니다. 나보다 훨씬 최고경영자에 적합한 인물이 있어요. 관리담당 부사장과 법률고문을 겸하고 있는 찰리 스완스포드Charlie Swansford가 적격입니다."

그래서 빅스트롬과 허쉬랜드보다 나이가 젊은 스완스포드가 차기 최고경영자가 되었다. 그는 특허전문 변호사로 일을 시작했고 이어서 법무, 특허, 관리, 재무, 인사를 총괄하는 법률고문 겸 관리담당 부사장을 역임했다. 허쉬랜드하고는 빅스트롬만큼 친하지는 않았지만, 곧 가까운 사이가 되었다. 그리고 빅스트롬이 숨을 거두기 전 몇 해 동안 스완스포드는 전문적 경영과 적합한 조직을 갖추지 못해 걱정스러울 때면 허쉬랜드를 찾아가 허심탄회한 대화를 나누었다. 그는 자신의 불만을 이렇게 토로할 때가 많았다. "빅스트롬이 애는 많이 쓰셨지요. 하지만 그렇게 매사에 열심히 하자는 것만으로는 관리가 어려울 만큼 회사가 커졌습니다. 이제는 너무 크고 복잡해져서 아무리 똑똑한 사람이 맡아본다고 해도 직관만으로는 경영하기 어렵습니다." 허쉬랜드는 언제나 빅스트롬 편에서 생각하는 입장이었지만, 수긍할 수밖에 없는 지적이었다. 어쨌거나 이처럼 경영에 대한 전문적 관점에서 걱정하는 스완스포드야말로 빅스트롬의 뒤를 이을 이상적인 후계자라고 생각했다.

허쉬랜드는 스완스포드가 제조부문과 마케팅부문의 조직을 신속하게 재편하고, 탄탄한 실력을 갖춘 최고재무책임자를 영입하는 모습을 보고 흡족하게 여겼다. 그리고 1년 뒤 스완스포드가 향후 1년, 3년, 5년을 내다보는 공식적인 예산계획과 경영계획을 제도화하는 것을 보고 아낌없는 찬사와 박수를 보냈다. 하지만 스완스포드가 연구부문의 예산계획을 작성해 제출해줄 것을 요청하자, 허쉬랜드는 거절했다. "연구업무는 예산을 정할 수 없는 일입니다. 우리 업무는 우리 판단에 달려 있지가 않아요. 연구실 실험용 쥐에게 무얼 먹이거나 피부에 무얼 주사했을 때 실험용 쥐들 다수가 어떤 반응을 보이느냐에 달려 있는 문제입니다. 그들 반응이 한쪽으로 쏠리면 지출할 예산을 서너 배로 늘리고 또 최대한 빨리 지출해야 합니다. 하지만 그들의 반응이 다르게 나오면, 한쪽 연구업무 전체에 대해 예산을 삭감하거나 아예 접고 예산을 동결하기도 하지요."

이와 같은 허쉬랜드의 짤막한 논고를 듣다 못해, 스완스포드는 다음과 같이 말했다. "좋습니다. 말씀하시는 취지가 정 그러시다면, 연구부문 이사직을 사임하시고 실험실에서 가장 똑똑한 쥐를 골라서 후임으로 지명하시는 게 어떻겠습니까? 예산계획을 결정하는 게 쥐들이라면, 당신보다는 그들이 연구를 지휘하고 있다는 말이 되니까요. 권한과 책임은 같이 가도록 해야만 경영이 제대로 된다는 점을 잘 알고 계시지 않습니까?"

허쉬랜드는 이 이야기가 너무 웃겨서 한참 배를 잡고 웃다가 눈물이 나올 지경이었다. 스완스포드는 그의 웃음이 잦아들 때까지 기다렸다가 다시 말했다. "허쉬랜드, 제가 드린 말씀은 반은 농담이지만 반은 진담입니다. 만약 예산계획을 짤 수 없거나 짜지 않으시겠다면, 우리 회사는 그 일을 할 수 있는 다른 사람을 찾아 나서야 합니다. 연구예산의 세세한 속

사정을 알아야만 예산을 짤 수 있는 것은 아닙니다. 기존 방식대로 하면서 시행착오를 통해서 관리할 수 있을 겁니다. 그렇게 하려면 연구업무에도 예산계획이 있어야 합니다. 예산계획은 당신의 도구인 셈이죠. 예산계획이 없다면 경영진으로서는 어떤 결정을 내려야 할지 적절히 예상할 수가 없습니다. 여러 선택지를 가늠할 수도 없습니다. 또 당신과 휘하의 성과 높은 인력에게 업무가 제대로 주어졌는지도 적절히 판단할 수 없지요. 마찬가지로 적재적소에 충분한 인력을 배치하여 목표를 제대로 추구하고 있는지도 판단할 수 없습니다. 고정 불변의 숫자를 내놓으라는 게 아닙니다. 상황이 변하면 예산을 언제든 바꿀 수 있고 바꿔야 하는 것은 당연한 일이지요. 하지만 그렇게 이리저리 바꾸기 앞서 출발점은 분명히 있어야 합니다. 실험실 쥐들이 당신이 할 일을 결정한다고는 생각하지 않습니다. 하지만 쥐들이 정말로 그 일을 결정하는 것이라면, 예산 짜는 방법을 **쥐들에게** 가르쳐야 할 겁니다. 하지만 저는 당신이 그 일을 해주기를 바랍니다."

허쉬랜드는 납득이 가지는 않았지만, 스완스포드의 뜻을 존중했다. 그밖에도 예산계획이 업무를 관리하기 위한 도구라는 스완스포드의 확고한 생각에 흥미로운 점도 있었다. 전에는 늘 예산계획이라는 것이 최고경영진이나 재무팀 사람들이 실제 업무와는 상관없이 실무자들에게 적어 달라고 요청하는 종이쪽지라고만 생각해왔기 때문이다. 허쉬랜드는 자리에서 일어서며 혼자말로 중얼거렸다. "그런데 어디에서부터 시작해야 하지? 나와 연구부서 사람들이 예산계획에서 무언가 얻을 게 있다면 그건 어떤 것들일까?"

질문

- 허쉬랜드 박사는 어디서부터 시작할 수 있겠는가?
- 예산계획 수립이 그에게 가장 보탬이 될 만한 업무영역은 무엇일까?

· C A S E ·
39

인텔의 앤디 그로브:
기업가에서 경영자로 변신하다
Andy Grove of Intel: Entrepreneur Turned Executive

인텔Intel Corporation을 창업한 세 사람 중 하나인 앤디 그로브Andy Grove는 1986년 피터 드러커와 나눈 대담에서 세 가지 질문에 답변했다. 당시 드러커가 던진 질문과 이에 대한 그로브의 답변을 짝지어 아래에 차례로 소개한다.

질문 1 창업을 하여 자기 사업을 일궈가려는 젊은이에게 어떤 조언을 해주시겠습니까?

창업을 하겠다는 젊은이의 마음속에 꼭 심어줘야겠다는 게 하나 있다면 이기심 따위는 완전히 버리고 오로지 회사의 이익만을 보라는 것입니다. 회사보다 자기를 앞세워서는 안 됩니다. 내가 겪어본 바로는, 문제는 전부 다음과 같은 사람들에게서 비롯됩니다. 자기만 성공하고 싶어 하는 사람들, 자기만 정당하다는 사람들, 자기만 옳다고 우기려는 사람들, 자기만 앞세우는 조직개편을 원하는 사람들입니다. 그러한 욕심과 변화가 조직에 미치는 영향은 아랑곳하지 않고 자기만 돋보이길 바라는 사람들이지요.

특히 많은 사람들과 함께 작은 배에 올라탔을 경우에는 더욱 그렇습니다. 서로 바싹 붙어 있는 상태이고 압박감도 크며 긴장감도 심한 상황입니다. 마음이 급하다고 해서 배 앞머리에 자리를 잡아서는 결코 빨리 갈 수 없다는 사실을 알아야 합니다. 오로지 노를 빨리 저어서 배를 앞으로 움직이는 것만이 목적지를 향해 나아가는 효과적인 방법입니다. 같이 창업한 사람들 마음이 이와 같다면 앞으로 닥칠 싸움에서 이미 거반은 이긴 셈입니다.

중요한 것은 단 하나, 회사입니다. 회사가 성공하지 못하면 당신도 성공할 수 없습니다. 회사가 성공하여 나눌 수 있는 보상이 충분해지면 자연스럽게 각자의 몫을 챙기게 될 것입니다. 회사보다 자신을 앞세우면 반드시 실패하게 됩니다. 옳은 것이 중요한 것이지, 누가 옳으냐는 중요하지 않습니다.

질문 2 창업 초기에 해야 할 일로 무엇을 배웠고 또 하지 말아야 할 일로 무엇을 배웠습니까? 여러분 셋이서 옹기종기 모여 앉아 사업을 처음 시작할 때의 이야기가 궁금합니다. 그러고 나서 회사가 잘되고 거대해졌을 때는 각자의 역할이나 분위기가 어떻게 변하게 됐나요?

할 일이란 것이 (처음에는) 개념적으로 아주 단순했습니다. 할 일은 많았지만 오늘 해야 할 일이 몇 개 있었고, 내일 해야 할 일이 또 몇 개 있었습니다. 또 월말 전까지 해야 할 일이 몇 개 있는 그런 식이었습니다. 오늘날 인텔 정도의 규모를 가진 회사면 일을 어떻게 해야 하는지 그 절차에 대해 아주 고심하게 되지요. 하지만 그때는 이와는 아주 딴판으로 무얼 해야 하는지가 분명했고 누군가 그 일을 살피러 가서 그냥 처리하는 식이었습니다.

일을 어떻게 할 것인지 업무 절차에 대한 관심이 없다가 (형식을 따지는) 과정을 더 많이 생각하는 태도로 넘어가게 되는데, 아마도 창업하고 3년 정도가 그 기간인 것 같습니다. 그러니까 처음 3년 동안에는 무얼 하기는 하는데 어떻게 해보자는 계획은 없고, 본능적으로 이끌리는 일을 할 뿐입니다. 회사 내에서 충돌할 일도 별로 없습니다.

채용하는 사람들은 모두 아주 **구체적인 기능**이 있는 사람들입니다. 채용할 때 훈련이나 교육을 생각하지도 않습니다. 창업하는 그 순간부터 사람에 대한 관심은 아주 대단합니다. 또 그 관심의 내용은 어디까지나 기능 중심이고 과업 중심입니다. 그럴 수밖에 없지요. 따라서 과정 중심이라거나, 훈련 중심이라거나, 구조 중심이라는 생각조차 별로 없을 때입니다.

그로부터 17년이 지난 지금, 내 행동은 아주 많이 달라졌습니다. 회사가 엄청나게 커졌고 복잡해졌기 때문입니다. 또 내가 17년 동안 경험한 게 있으니 달라질 수밖에 없겠지요.

지금 내가 하는 일의 내용은 과거와는 아주 많이 다릅니다. 17년 전에는 제가 직접 장비를 구매했고, 실험을 수행하거나 자료를 추출하는 일도 직접 했습니다. 그때는 실리콘 웨이퍼 등을 다루는 제조현장에서 한 발짝 정도만 떨어져 있었을 뿐이지요. 지금은 제조현장에서 멀찍이 떨어져서 일합니다. 세세한 것들을 걸러야 일이 되지만 사람을 다루는 일은 여전합니다. 사람 문제는 예전이나 지금이나 똑같으니까요.

처음에 시작할 때는 사람을 채용하고 관리하고 또 그들과 대화하는 일을 직관적으로 처리했습니다. 그러다가 일을 하면서 두 단계를 지나왔다는 생각이 듭니다. 인텔 창업연도가 1968년인데, 무언가 공식적인 훈련과정이 필요하다는 생각을 한 게 1971년이었습니다. 그 무렵 시간이 지날수록 그런 게 아쉬워지더군요. 계기는 특별한 사건이 아니고 제조부문장이 현장 담당자들과 돌아가며 점심을 나누게 됐는데, 그 자리에서 직원들의 걱정거리를 물어보다가 알게 된 사실입니다. 서너 차례 점심식사를 나누어보고 그는 깜짝 놀랐습니다. 작업장이 너무 덥다거나 춥다거나 아니면 음악을 틀어주면 좋겠다는 식의 소소한 불만이나 건의사항이 나오려니 짐작했습니다. 하지만 막상 이야기를 들어보니 직무 관련 훈련을 받고 싶은데 그런 교육이 없다는 게 현장 어디에서나 튀어나오는 불만이었습니다.

그러니까 인텔에서 시행하고 있는 공식적인 훈련은 이 점심식사에서 비롯된 일이고, 나로서는 짐작도 못했던 것입니다. 그래서 현장 작업자

대상의 섬세한 훈련 프로그램을 하나둘 설계하고 만들기 시작했습니다. 그러고 나니 이런 질문이 떠올랐지요. "관리자들에게도 이런 과정이 필요한 것은 아닐까?"

1973년 관리자들 사이에서 이런 말들이 나왔습니다. "임원들께서 성과 평가를 비롯한 여러 일들을 요구하시잖아요. 그런데 그걸 어떻게 하는 건지 가르쳐주셨으면 합니다." 그러니까 관리자급이 새로 배워야 할 훈련이나 경영관리 훈련이 필요해진 것입니다. 경영관리에 대한 생각이야 몇 해 전 창업 때부터 진작 있어왔던 것이지만, 직관적으로만 생각했던 경영관리 기법을 다시 생각해야 했습니다.

점진적인 과정을 거쳤고 일은 점점 복잡해졌습니다. 여러분들은 새 회사에 입사할 때 이미 많은 것을 알고 시작합니다. 나는 하나하나 점진적으로 알아가게 됐고, 업무도 점진적으로 변화해갔습니다. 내가 어떤 역할을 해야 하는지는 일찌감치 드러났습니다. 사람들을 조직하고 일을 할당하는 일이었습니다. 처음에 함께했던 사람들은 자연히 자기 적성에 맞는 역할로 쏠렸습니다. 팀은 거의 저절로 만들어졌습니다. 팀 내에서 필요한 역할은 그 임무에 적합한 팀원들에게 돌아갔습니다.

만약 적절한 때에 핵심 인물들의 역할을 잘 생각해두지 않으면 회사 안에 파벌과 권력투쟁을 부추기게 됩니다. 창업 초기에 이런 일들이 생기면 치명적인 상처가 생깁니다. 새로 영입하는 사람들과 부하 직원들은 일하는 방식이 나와는 달랐습니다. 그런 사람들과는 심각한 갈등이 생겨났습니다. 그들은 주어지는 역할을 맡으려고 하지 않았고, 창업 멤버들과 충돌했을 뿐 아니라, 일하는 방식마저도 달랐습니다. 각자 자기들 방식에 따라 일해야 한다고 우기고, 틈만 나면 다른 이들과 연대해서 힘을 행사하려고 하니, 결국 회사 안에서 권력투쟁이 벌어지게 됐습니다. 그로 인해 감정 에너지를 엄청나게 낭비하는 결과를 빚었지요. 따라서 내가 처리해야 할 일은 아주 일찌감치 권한과 책임을 지정하는 것이었습니다. 권한이니 책임이니 하는 것을 놓고 신경 쓰고 싶지는 않았지만 다른 도리가 없었습니다.

창업기 사람들은 대립도 하고 논쟁도 해가면서 변화를 추구하려는 의욕이 강했습니다. 그때 우리들은 학생처럼 이것저것 목말라하는 게 많았고, 새로운 분야를 개척하자는 생각에 이끌렸으며 오래된 분야에서 써먹던 자기 입장을 우기는 태도는 별로 없었습니다. 똑같은 이유에서 고객을 찾아 나서는 일에 저항하지도 않았습니다.

나는 '찾아 나서는' 일보다는 '찾아오는' 사람들을 위한 '청지기' 역할이 더 많았습니다. 이러한 역할을 꽤 일찍부터 맡았지요. 이곳 회사에 자부심깨나 있는 반도체 장치 인사—그러니까 나를 말합니다—는 자리를 잡고서, 커다란 대기업 담당자들과 상대할 도구를 만들면서 지냈습니다. 이때는 상대편 대기업의 큰 관심사가 기술의 실질적 내용이라기보다 인텔이 살아남을 회사냐 아니냐는 것이었습니다. 나는 곧바로 이 일에 착수했습니다.

그때는 우리 산업 전체가 온갖 제품을 내놓겠다는 장담만 쏟아냈지, 그대로 이행한 게 하나도 없을 때였습니다. 당연히 우리가 확보한 고객 기반은 아주 취약했습니다. 그래서 회사 로고도 인텔은 '**한다면 합니다**Intel Delivers'로 정했던 때였습니다.

새로 할 만한 일이 없나 늘 기웃거리고 찾아봅니다. 무얼 찾으면 웬만큼 시간을 투자하지요. 그러다 보면 시간이 점점 빡빡해지는 걸 느낍니다. 어느 순간이 되면 무얼 솎아내야겠다는 감이 옵니다. 그럴 때면 내가 무얼 하고 있나 곰곰이 짚어보고 하고 싶은 것이 무엇인지, 지금 하고 있는 일 중에 그만둘 수 있는 게 무엇인지 찾아봅니다. 그만둬야 할 일들은 대부분 다른 수단으로 해결할 방법을 찾게 됩니다. 예컨대 경영진 회의를 매주 한 번씩 하다가 격주로 하는 식이지요.

어떤 경우든 시간이 가장 어려운 문제입니다. 그래서 스스로 묻게 됩니다. "지금 하는 일 중에 그만둬야 하는데 계속 붙잡고 있는 일이 무얼까?" 그러니까 애써서 힘든 상황을 만들고 나서, 그만둬야 할 게 없는지 뒤늦게 생각해보는 꼴입니다.

중요한 것은 내가 하는 일을 눈여겨보는 겁니다. 이 일을 계속해야 하나? 잘하고 있기는 한 건가? 하는 일에 가치를 제대로 보태고는 있나? 이 일이 다른 것보다 더 값진 일인가, 아니면 그만큼은 못한 일인가? 나 자신과 협상을 하다 보면 상황을 냉철히 직시하게 됩니다. 무언가를 당장 그만두지는 못합니다. 하지만 다른 일들과 얽힌 것을 풀어가는 데 웬만큼 시간(한 여섯 달 정도)이 걸리고, 그러고 나면 미련 없이 그만둘 수 있게 됩니다.

질문

- 앤디 그로브가 기업가로서 잘했던 것은 무엇인가?

- 인텔이 복잡한 회사로 성장한 뒤 경영자로서 잘했던 것은 무엇인가?

- 앤디 그로브의 경험에서 어떤 배움을 챙기겠는가? 그러니까 그가 인텔을 세운 공동 창업자로서 또 나중에 인텔의 사장으로서 경험한 것을 생각해보자.

삶의 질을 개선시키는 사업을 목표로
The Chardack-Greatbatch Implantable Pacemaker[*]

윌슨 그레이트배치Wilson Greatbatch는 심장전문의 윌리엄 차댁William Chardack과 공동 작업을 통해 1958년 이식형 심박조절기를 발명했다. 동시에 '차댁-그레이트배치 이식형 심박조절기Chardack-Greatbatch Implantable Pacemaker'라는 이름으로 특허도 등록했다. 이 심박조절기가 최초의 심박조절기는 아니었지만, 출시부터 큰 성과를 거두었고 그 후로도 가장 성공적인 심박조절기였다.

---

[*]이 사례는 다음 두 가지 자료의 내용을 활용해 작성했다. Lyal D. Asay and Joseph A. Marciariello, Executive Leadership in Health Care, Jossey-Bass, San Francisco, 1991, p. 233. Wilson Greatbatch, The Making of the Pacemaker: Celebrating a Life-Saving Invention^, Prometheus Books, Amherst, New York, 2000.

이 심박조절기를 일반 환자에 이식한 것은 1960년 뉴욕 주 버팔로에 위치한 밀라드 필모어병원Millard Fillmore Hospital에서 이루어졌다. 심박조절기를 가동하는 최초의 전원 장치는 수은-아연 전지였고, 당시 추정 수명은 5년이었지만 실제로는 1년 반에서 2년 정도 쓸 수 있었다.

그레이트배치는 1970년 이식형 심박조절기에 크게 기여하는 두 번째 성과를 올렸다. 리튬-요오드 전지를 발명해서, 전압 용량을 수은-아연 전지의 두 배로 늘렸고 실제 수명도 10년 이상으로 연장하는 데 성공한 것이다. 리튬-요오드 전지가 나온 뒤 새로운 네 가지 전지가 등장해 서로 경쟁했다. 리튬-납, 리튬-은-크롬산염, 리튬-염화티오닐, 리튬-황화제2구리가 그것들인데, 이중 네 번째 리튬-황화제2구리 전지가 심박조절기에 적합했다. 하지만 리튬-요오드 전지가 여전히 표준으로 남아 있다.

1961년 차댁-그레이트배치 이식형 심박조절기의 특허사용권을 메드트로닉Medtronic, Inc.에 넘기는 계약이 체결됐다. 당시 창업 10년째인 메드트로닉이 심박조절기 사업에 뛰어들면서 지금까지 수백만 개의 심박조절기가 인체에 이식되어 수백만 명의 목숨을 구했고, 이식 환자들에게 더 건강한 생활을 가져다주었다. 메드트로닉은 현재 매년 25만 개 정도의 심박조절기를 5,000~1만 달러에 판매하고 있다. 약 20억 달러대에 달하는 시장이다.

윌슨 그레이트배치는 코넬대학교Cornell University에서 전기공학을 전공한 뒤, 심박조절기를 발명해서 자기 차고에서 50대를 직접 제작했다. 그가 다니던 회사가 제조물책임법에 따른 손해배상 소송을 우려해 그의 개발

계획을 거부한 뒤의 일이다.

심박조절기 특허사용권이 메드트로닉에 넘어가고 나서, 윌슨은 개인회사로 윌슨그레이트배치 유한회사Wilson Greatbatch Ltd.를 창업해 심박조절기용 전지와 심박조절기에 들어가는 정밀부품을 만들기 시작했다. 전지 기술이 심박조절기의 수명을 결정한다는 점에 착안해서 창업한 회사였으므로, 전지 제작에 사업을 집중했다.

1997년 윌슨의 회사 내 고위 경영자들이 손잡고 회사의 지배지분을 인수했다. 모자라는 자금은 다른 회사 두 곳에서 조달했다(글로벌헬스케어 파트너스Global Healthcare Partners와 도널드슨러프킨앤드젠레트Donaldson, Lufkin & Jenrette란 곳의 계열사 디엘제이머천트뱅킹DLJ Merchant Banking Inc.에서 부족한 자금을 마련했다). 상장회사로 다시 태어난 그레이트배치주식회사Greatbatch Inc.는 GB라는 종목코드로 뉴욕증권거래소에 상장되었다.

어느덧 87세의 고령이 된 윌슨 그레이트배치는 발명가로서 투철한 독립심을 지녔고 신앙심도 깊었으며 문제 해결 능력도 뛰어났다. 그는 항상 무언가 꿈꾸고 궁리하는 사람이었는데, 의사나 다른 지인들과 이야기하면서 종종 아이디어를 떠올렸다. 그는 다른 이들을 도와줄 수 있겠다 싶은 착상을 붙들고 풀어가기를 좋아했다. 이익이 나야 사업도 유지하고 연구활동도 계속할 수 있으니 이익도 중시했지만, 윌슨은 삶의 질 자체를 높여줄 가능성이 높은 아이디어에 주로 달려들었다.

윌슨과 그의 회사는 150개가 넘는 특허(주로 전지 기술 분야)를 획득했다. 하지만 발명에 착수했다 잘못되는 경우도 많아서 실패율도 높았다. 하지만 그는 실패를 앞으로 맞을 성공의 토대로 간주했다. 실패로 인해

훗날 그 자신이 성공할 수도 있지만 또 다른 이들의 성공을 자극할 수도 있다고 믿었던 것이다.

질문

- '인공적인 심장박동'의 역사를 자세히 살펴보고 윌슨의 역할도 점검해 보라. 그의 전략을 어떻게 평가하겠는가?
- 심박조절기의 발명과 향상을 위해서 어떠한 '지식들'이 결합되어야 했는가?
- 혁신가로서 윌슨의 전략을 어떻게 설명하겠는가?
- 이 사례에서 주목할 만한 다른 점이 있다면 어떤 내용을 지적하고 싶은가?

Part 9

원칙이
전략에
우선한다

PETER F. DRUCKER MANAGEMENT CASES

41

창업자의 후임은 무엇을 고려해야 하는가
The Invincible Lief Assurance Company

인빈시블 생명보험Invincible Life Assurance Company은 말 그대로 필립 멀홀랜드Philip Mulholland의 자식과도 같은 회사였다. 이 회사를 1차 세계대전 직후에 창업했는데, 당시 젊은 나이에 보험판매원으로 일하던 그는 경제성장이 빠른 중서부 지역에서 동부의 기성 대형 생명보험사보다는 현지 사람이 소유하고 경영하는 회사가 더 나은 서비스를 제공할 수 있을 거라고 확신했다. 창업을 하고 여러 해 동안 회사를 일구어가며, 지역 내 제일가는 생명보험사로 올려놓았고, 이어서 전국적으로도 선두 그룹에 끼는 회사로 올려놓았다. 그는 전에 없던 보험상품을 새로 만드는 개척자이기도 했다. 일례로, 해당 지역에서 단체생명보험과 직장인을 위한 기업연금을 처음으로 출시해서 키워놓은 회사가 바로 인빈시블 생명보험이었다.

인빈시블 생명보험은 멀홀랜드의 자식이자 그의 삶이기도 했다. 창업하고 10~12년 동안 그는 사무실에 틀어박혀 살다시피 했다. 주말에도 쉬지 않고 영업 담당자들을 방문하고, 새 대리점을 설치하고, 고객들이 이의를 제기한 문제점들을 몸소 해결하러 다녔다. 20대에 결혼한 그의 행복한 결혼생활은 고작 몇 년에 불과했다. 일찍 아내가 세상을 떠나자 아이 없는 홀아비로 혼자 살았다. 그때부터 죽을 때까지 그에게는 인빈시블 생명보험이 삶의 전부나 마찬가지였다. 죽기 전 20년 동안은 사무실에서 세 블록 떨어진 호텔의 단출한 스위트룸에서 살았고, 잠을 잘 때만 호텔 숙소에 갔다.

멀홀랜드는 인품이 잔잔한 사람으로 그를 아는 모든 이들의 존경과 호감을 받았다. 그는 세상을 떠날 때 평생 모은 돈을 대부분 자선단체에 기부했고 남은 부동산마저도 직원들의 자녀를 위한 장학기금으로 내놓았는데, 친구들은 그럴 만한 사람이니 그러려니 여길 정도였다. 회사가 이미 오래전에 크게 성장했음에도 변변치 않은 작은 사무실을 그대로 썼으며 젊은이들을 돕는 데 각별했고, 회사 안을 거닐다가 똑똑한 젊은 친구들을 보면 인사를 건네고 같이 어울렸다. 사람을 가리지 않고 젊은이들의 문제가 무엇이고 보험산업의 문제가 무엇인지 장시간 이야기를 나눌 때도 많았다. 사실 미국의 생명보험 산업에는 곳곳에 멀홀랜드가 키운 '후배들'이 퍼져 있다. 모두 그가 발굴해서 훈련시키고 일할 자리를 찾아준 사람들이다. 그중에는 오늘날 미국 보험산업의 거목으로 성장한 사람들도 있다.

하지만 창업자의 바로 이러한 특징 때문에 회사는 질서도 없고 조직체계도 없는 꼴이 되고 말았다. 멀홀랜드는 보험회사에서 생기는 어떤 일이든 자기가 가장 잘한다는 생각은 추호도 한 적이 없었지만, 회사 사람들은 전부 그렇게 생각했다. 회사는 성장했지만 피부로 느껴지지는 않았고, 멀홀랜드가 느끼기에는 회사가 여전히 보험료 산정표와 낡아빠진 타자기만으로 창업하던 시절의 작은 사무실과 크게 달라지지 않은 것 같았다. 그러다 보니 회사의 규모가 커진 뒤에도 커다란 사안은 전부 (또 작은 사안들도 대부분) 자동적으로 그에게 올라갔고, 그의 손을 거쳐야만 최종 결정이 나는 식이었다. 하다못해 사무실 사환에서부터 고위직까지 모든 임직원들의 급여마저도 그가 직접 결정했다.

일례로 '인수심의위원회underwriting committee'라는 사내 공식기구가 있었는데, 보험금이 10만 달러를 넘어서는 보험계약이나 미심쩍은 보험금 신청은 여기서 결정하도록 되어 있었다. 주 정부의 보험위원회가 만든 규정이다. 하지만 인수심의위원회가 의결해야 할 보험계약이 생겨도 담당 구역별 보험 영업관리자들은 전화 한 통으로 멀홀랜드와 상의해 '처리'해버리기 일쑤였다. 또 멀홀랜드는 늘 다음번 위원회 모임 때 해당 사안을 '상정'하자는 생각은 했지만, 실제로 그리하는 경우는 별로 없었다. 더욱이 위원회의 심의위원 자리가 비어도 새 위원을 지명하지 않은 채 여러 해가 흘러가기도 했다. 전에 없던 보험증권이나 계약(즉 새로운 유형의 생명보험 상품)을 만들 때도 항상 그가 직접 상품 내용을 설계해서 결정했다. 보험계리부는 기계적인 계산만 해서 그에게 전해줄 뿐이었다. 그리고 모든 인사발령과 승진을 그가 직접 감독하고 결정했다. 따라서 임원이라고 해도 순수하게 전문적인 업무만 독자적으로 처리했고, 멀홀랜드의 지시 라인을 따라 돌아가는 일상적인 업무 말고는 간여할 수 있는 일이 없었다.

설상가상으로 그가 젊은 직원들을 잘 대해주고 신경 써준다는 것이 오히려 기형적인 결과를 빚었다. 회사가 번창하다 보니 멀홀랜드는 창업 초기부터 같이 일했던 고참 직원들을 아주 관대하게 대우했다. 사내 모든 임직원의 급여는 엄격한 기밀이기 때문에 멀홀랜드밖에는 누가 얼마나 받는지 아는 사람이 없었다. 하지만 부서마다 자기 상사보다 꽤 높은 급여를 받는 고참 직원이 있다는 것은 누구나 다 아는 비밀이었다. 게다가 부서마다 멀홀랜드의 눈에 든 젊고 똑똑한 직원들이 있었는데, 멀홀랜드는 부서장에게 통보도 하지 않고 이들에게 직접 업무를 지시하기도 했고, 이런 업무에 대한 별도 보수를 따로 지급하기도 했다. 물론 금액이 얼마인지는 공개되지 않았다. 또 멀홀랜드가 붙여준 직원들의 직함은 직무와 직급을 뜻하는 게 아니라, 저마다 다양한 일의 특성에 대한 보상 같은 것이었다. 예컨대, 직급이나 직함상으로 부사장에 못 미치는 사람들에게 보고를 하는 부사장이 25명 정도나 있었다. 또 멀홀랜드 자신이 모든 결정을 내렸기 때문에 그에게 보고할 일을 맡은 사람들은 자기 부서장에게 보고하는 게 아니라 멀홀랜드에게 직접 보고하는 게 상례였다. 자기 직무가 (명목상으로나 실질적으로나) 멀홀랜드에게만 보고하면 되는 사람들이 누구누구이고 총 몇 명이나 되는지 딱 부러지게 정해진 것은 아니었지만, 상시 100명 가까이 됐다.

이런 방식이 멀홀랜드가 살아 있을 때는 그런대로 잘 돌아갔다. 하지만 인빈시블의 창업자이자 회사 역사상 유일한 회장 겸 최고경영자인 멀홀랜드가 갑자기 사망했다. 그의 77세 생일과 회사 창업 50주년 기념일을 몇 주 앞두고 생긴 일이었다.

그가 사망하고 며칠 뒤 소집된 이사회에서는 별 토의도 없이 만장일치로 차기 최고경영자로 제임스 윈트레스James Wintress를 선출했다.

이 일을 그리 놀라워하는 사람은 제임스 윈트레스 본인만 빼고 한 사람도 없었다. 윈트레스는 투자본부장을 15년간 역임했는데, 사장 밑 최고위직 선임 부사장들 중에서 최고 연장자는 아니었다. 그가 후계자로 지목된 이유 하나는 다른 선임 부사장들은 모두 70세나 그 이상의 고령이어서, 이들 중에서 대표직을 맡을 만한 연령에 있는 사람이 없었다는 점이다. 둘째로, 사실상 자기 본부를 자기 책임에 따라 경영했던 본부장은 그가 유일했는데, 왜냐하면 멀홀랜드는 재무와 투자 경험이 전혀 없어서 투자결정은 완전히 윈트레스에게 일임했기 때문이다. 또 생명보험 이외의 다른 업종을 경험해본 유일한 임원이 윈트레스이기도 했다. 그는 인빈시블에 선임 증권분석가로 입사하기 전에 대형은행에서 신탁부문 임원으로 일했던 경험이 있었다. 셋째로, 윈트레스는 이사회 임원들이 아는 유일한 부사장이었다. 왜냐하면 다른 모든 사안은 멀홀랜드가 직접 발표했지만, 투자결정에 관한 발표만큼은 윈트레스가 했기 때문이다.

하지만 윈트레스 자신은 이만저만 놀란 게 아니었고 조금도 유쾌하지 않았다. 고위 경영진 가운데 대표직을 맡을 만큼 젊은 사람이 없기는 했다. 하지만 63세인 자기 나이도 너무 늙은 것이 아닌가. 게다가 투자 업무를 빼면 생명보험의 다른 업무에 대해서 아는 게 별로 없었다. 특히 보험판매, 보험금 청구, 이의제기, 신상품 기획에 대해서는 까막눈이었다. 더욱이 멀홀랜드의 경영방식으로 말미암아 회사 내 각 기능이 서로 고립

되는 경향이 심화됐으니 걱정스럽기만 했다. 더욱이 윈트레스는 2년이 지나기 전에 은퇴할 생각이었다. 회사정책에 따라 급여의 4분의 3을 기준으로 퇴직금을 받을 수 있는 은퇴시점이 그때쯤이었기 때문이다(강제적인 은퇴연령 규정은 없었다).

윈트레스는 대표직 후임자 선정에 대해 이사회에서 밝힐 자기 의견이 확고했었다. 회사를 떠나 잘 자리 잡은 '멀홀랜드 후배들' 중에서 신임 대표를 물색하자고 주장하기로 굳게 작정했었다. 사실 언뜻 생각하기에도 손꼽을 만한 후보가 여럿 있었다.

후임자의 외부 물색에 대해서는 이사회에서 물어보지도 않았지만, 윈트레스가 이렇게 마음먹은 데는 한 가지 이유가 있었다. 그러니까 인빈시블에서 성장하면서 멀홀랜드에게서 훈련받은 사람이라면, 인빈시블의 직장 분위기는 물론 창업자의 업적을 잘 알고 존중해줄 거라고 생각했던 것이다. 즉, 직장 분위기와 창업자의 자취 두 가지를 볼 줄 알 것이니 회사의 조직개편을 막무가내로 밀어붙이다가 사람과 직원들의 사기에 해를 입히는 일을 하지 않을 것 같았다. 또 뒤집어 생각해보면, 그러한 사람들이야말로 더 나은 회사를 경험해보았으니 인빈시블의 조직을 대대적으로 개편해야 한다는 점도 잘 알고 있을 게 분명했다. 게다가 윈트레스가 염두에 둔 사람들은 40대 후반에서 50대 초반으로 젊으니 대대적인 조직개편을 감당하기에 적절한 연령이기도 했다.

하지만 윈트레스는 결국 대표직을 수용하고 말았다. 그리 마음먹은 이유는 연령도 문제이고 경험 부족도 문제이지만, 치러야 할 조직개편과 까다롭고 고통스러울 인사문제가 너무 걱정되었기 때문이다. 그가 보기에 회사가 닦아놓은 기술과 기능 면의 실력만으로도 앞으로 5년 동안은 꽤 매끄럽게 돌아갈 것 같았다. 그러니 기술과 기능 면의 실력에 대해 그의 전문지식이 다소 부족해도 큰 지장은 없을 것 같았다. 동시에 5년이라는 시간이면 회사 조직의 짜임새를 갖출 수 있을 테니, 관리체계가 웬만큼 자리 잡힌 회사로 만들어 다음 후임자에게 넘겨주자고 생각한 것이다. 그는 자신이 일할 수 있는 최대한의 기간이 5년이라고 못 박아두기로 작정했고, 이사회 임원들에게 그 뜻을 분명히 전달했다.

대표직 취임을 수용하고 나서 윈트레스는 조직개편이란 대사를 정확히 어떻게 치러야 할지 고민하기 시작했다. 자신의 구체적인 고민을 이사회 임원들과 토의할 수는 없다고 생각했다. 조직의 문제점을 거론하는 것 자체가 고인이 된 멀홀랜드에 대한 비판으로 비칠 것이라는 이유만으로도 곤란한 일이었다. 그러면 당연히 멀홀랜드가 했던 대로 회사를 경영하라고 자신을 선출한 이사회의 뜻을 거스르는 걸로 여겨질 게 뻔했다. 또한 휘하 임원들과도 조직문제를 거론할 수 없다고 판단했다. 그랬다가는 당장 입에서 입을 타고 소문이 퍼져서 회사 분위기가 발칵 뒤집힐 게 뻔했기 때문이다. 그래서 증권산업에서 성장한 40년지기 친구의 조언을 들어보기로 했다. 그사이 친구는 굵직한 비상장 투자은행 한곳의 파트너 대표에 올라 있었다. 아마사 그레이Amasa Gray라는 친구였는데, 조직을 들여다보는 심안으로 정평이 나 있었고 여러 제조업체의 조직개편을 훌륭하게 치러내기도 했다. 더욱이 회사와 이해관계가 엮인 사람도 아니니 그 친구와 상의하면 보안을 걱정할 필요도 없었다.

여러 날에 걸쳐 윈트레스의 말을 듣고 나서 그레이가 들려준 조언은 다음과 같았다. "조직을 다시 꾸미는 일이 5년 내에 끝날 리 없다는 것을 자네도 잘 알지 않은가? 독특한 사람들도 있고, 무시하기 어려운 관례도 있고, 지켜줘야 할 체면도 있겠지. 타협해야 할 것들이 아주 많을 걸세. 회사 사람들이 이해하고 지지해주지 않는다면 어떤 조직개편이든 좋을 게 없네. 게다가 구세대 고참 직원들의 습관과 태도는 그리 빨리 바뀌는 것이 아니야. 젊은 세대를 관리자로 육성하는 일처럼 표준적인 치유책도 도입해야겠지만, 그러기에는 시간이 부족하다는 걸 자네도 잘 알 걸세. 이런 일이 결실을 보려면 10~15년 정도는 걸리기 마련이네. 그런데 자네에게 주어진 시간은 고작 5년뿐이야. 어쨌든 자네는 실질적인 효과가 필요하고 또 빨리 결실을 봐야 할 입장이군. 5년 뒤에는 자네의 뒤를 이을 후임자가 필요하네. 그뿐 아니라 자네를 도와줄 실무 경영진이 자네보다 대부분 나이가 많다고 하니, 이분들은 그보다 빨리 교체되어야 하겠지. 하지만 자네 휘하에 이들을 대신할 사람이 아직 없잖은가. 더구나 어떤 사람이 교체되어야 할지, 어느 직무를 그대로 유지해야 할지, 그러한 직무에 앉힐 사람은 어떤 자질을 갖추어야 할지 아직 파악되지 않은 상태로군.

회사의 기본 원칙, 직무체계, 인사 배치를 똑 부러지게 천명할 기본 방향을 짜도록 하게. 회사란 이래야 한다고 믿는 자네의 판단대로 기본 방향을 잡는 게 지금 당장 해야 할 일이야. 이 원칙적 요소에 있어서는 일체의 타협을 허용하지 말아야 하네. 필요하다면 물불을 가리지 말고 이 원칙을 고수해야 해. 또 눈에 확 드러날 만큼 조직개편, 기존 직무 폐지, 급여체계 정비, 새 직무와 기구의 신설을 충분한 규모로 실행해야 하네. 아울러 자네가 추구하는 게 무엇이며, 또 개편 작업이 장난삼아 하는 일이 아니라는 걸 사내 모든 사람에게 분명히 밝혀야 해. 첫째, 원칙적인 기본 방향을 짜고, 그다음에는 당장 행동에 들어가야 할 조치가 어떤 것들이고 그 이유가 무엇인지 판단하게. 이 일을 마치고 나면, 그 계획을 이사회 임원들과 휘하 고위 경영진하고 공유하고 토의하도록 해. 그러고 난 뒤에는 회사 밖에서 도와줄 사람을 찾아도 될 것이고, 아마도 쉽게 구할 수 있을 걸세.

하지만 무엇보다도 생각을 해야 하는 이 일을 끝내기 전에는 그 내용을 입에 올리거나 외부 전문가를 불러들여봐야 화만 부르게 될 걸세. 기본 방향을 잡고 기본 원칙들을 결정하는 작업을 석 달쯤에 걸쳐 철저하게 따져봐야 해. 그전까지는 기존 관행이라든가 실무적 융통성, 인물, 자잘한 전술 같은 것들일랑은 아예 잊어버리게. 원칙적인 기본 방향과 계획을 결정하고 나서, 그때 자네와 다시 이야기하게 된다면 아주 기쁘겠네. 하지만 그 일을 끝내기 전에는 내가 도와주려고 해도 도움 될 게 별로 없을 거야."

친구의 이야기를 듣고 윈트레스는 그다지 흡족하지는 않았다. 마음이 급하다 보니 일의 의미보다는 써먹을 방법이 더 듣고 싶었던 것이다. 하지만 그레이가 옳다고 인정할 수밖에 없었다. 그레이가 지적해준 일은 사장이 해야 할 일이고, 피할 수도 없으며 남에게 위임할 수도 없는 일이었다. 그래도 의구심은 남았다. 한편으로는 그레이가 의욕적으로 마음 써준 것 같지 않다는 생각도 들었고, 고작 5년을 내다보고 기본 방향을 잡는다는 게 좋은 것 같지도 않았다. 다른 한편으로는 그레이의 주장이 너무 강경하고 까다롭게 느껴졌다. "일체의 타협을 허용하지 말고… 필요하다면 물불을 가리지 말아야 한다"는 말도 지나치게 엄격한 것 같았다. 이 말을 들을 때는 속마음으로 '비인간적인 것 아닌가' 하는 생각도 들었다. 하지만 전체적으로 그레이의 논지는 인상 깊었다. 결국 윈트레스는 어지러운 마음으로 며칠을 더 보낸 끝에 조직개편의 올바른 기본 방향이 무엇일지 직접 짜보기 위해 책상에 앉았다.

질문

- 윈트레스는 어디서부터 생각을 풀어가야 할까?
- 윈트레스가 추진할 만한 일 중에서 해보나마나 잘못되고 제대로 먹히지도 않을 게 있다면 어떤 것들이겠는가?
- 그와 반대로, 그가 추진할 만한 일 중에서 분명히 올바른 일이고 지금 닥친 문제에 적합하기도 한 게 있다면 어떤 것들이겠는가?

·CASE·

42

실패한 기업 인수
The Failed Acquisition

보통 기업 인수가 성공하느냐 마느냐는 인수자가 피인수자에게 무엇을 보태주느냐에 달려 있지, 피인수자가 인수자에게 무엇을 보태줄 것이냐에 달려 있지 않다. 일반적으로 기업 인수는 인수자가 인수하려는 대상 기업에 무엇을 보태줄 수 있는지 미리 곰곰이 따져보고 인수 계획을 추진할 때에만 성공할 수 있다.

여기서 무엇을 보태주느냐의 문제는 돈과는 거리가 있는 문제다. 돈 자체만으로는 절대로 충분하지 않다. 피인수 기업에 보탬이 되는 요소가 '기술'이 될 수 있다. 또 '제품'이 될 수도 있고, '유통'이 될 수도 있다. 하지만 어느 것이 되었든 피인수 기업이 전에 없던 새로운 성과를 낼 수 있는 요인으로 작용해야 한다. 이 보탬이 될 요인은 인수를 실행하기 전에 면밀하게 검토되어야 하며 그에 따라 계획이 수립되어야 한다. 그리고 인수가 실행되면 그러한 요인들이 조속히 가시화되어야 한다.

세 가지 실례를 들어보자. 하나같이 인수자가 피인수자에게 무언가 보탬이 될 만한 상황을 토대로 인수가 추진되었다. 1990년대 대규모 은행 인수 중 하나는 1998년 트래블러스Travelers가 시티뱅크Citibank를 인수한 일이었다. 트래블러스는 시티뱅크 지분을 매입하는 데 700억 달러를 지불했다.

시티뱅크 인수는 성공적이었다. 인수자 트래블러스는 시티뱅크에 보탬이 될 게 무언지 면밀히 검토했고 시티뱅크가 현격히 나아질 만한 인수 계획을 짰기 때문이다.

시티뱅크는 세계 주력 상업은행 중 명실상부하게 초국적 경영을 하고 있는 유일한 은행이다. 세계 모든 나라에 거의 빠짐없이 진출해 성공적으로 기반을 잡았고, 경영도 현지 중심에 가까운 초국적인 경영 체제를 구축했다. 하지만 상품과 서비스에서는 아직도 전통적인 은행에 가까웠다. 또 시티은행이 키워놓은 유통망과 경영관리 역량은 컸지만, 이에 비해 상업은행으로서 내놓을 수 있는 상품과 서비스는 상대적으로 왜소했다. 한편 트래블러스는 가동 중인 상품과 서비스의 폭이 아주 넓었다.

트래블러스는 시티뱅크의 영업 규모를 대폭 늘려줄 수 있으리라고 봤다. 즉, 전 세계에 두루 퍼져 있는 시티뱅크의 유통망과 경영관리 자원이 아주 훌륭하니, 여기에 자신의 상품과 서비스만 얹어주면 별다른 추가비용 없이 판매량이 늘어날 것이라 생각했던 것이다.

두 번째 사례는 일본의 대형 소매업체 이토요카타Ito-Yokado이다. 창업한

지는 50년이 좀 못 되는데, 거의 기업 인수를 통해서만 성장을 해왔다. 그리고 다른 기업을 인수할 때마다 피인수 기업이 성장하는 데 이토요카타가 어떤 보탬이 될지를 생각해 추진했다. 이토요카타는 아주 잘나가는 미국 기업의 일본 프랜차이즈를 골라 체계적으로 인수했다.

하지만 그러한 프랜차이즈를 인수하더라도 미국 본사의 현지 프랜차이즈보다 일본 프랜차이즈를 더 질 좋은 사업으로 성장시킬 수 있다고 판단될 때만 실행에 옮겼다. 그리고 이토요카타가 추진했던 인수 사례 중 대부분이 그렇게 실현됐다.

세 번째는 미국 자동차회사 크라이슬러Chrysler를 독일 회사 다임러벤츠Daimler-Benz가 인수했던 사례다. 이 일이 알려질 당시 두 기업의 보도자료에서는 '대등한 합병'이라는 주장이 수도 없이 나왔지만, 명백히 한쪽이 다른 쪽을 매입하는 인수였다.

크라이슬러는 제품은 있었지만 시장이 없었다. 크라이슬러의 판매 시장은 미국밖에 없었는데, 미국 시장만으로는 크라이슬러가 갖춘 엄청난 디자인능력과 생산능력을 소화하기에 충분하지 않았다. 하지만 세계적인 자동차시장에서 생존하려면 그 정도의 디자인능력과 생산능력을 갖추어야 했다.

한편 다임러벤츠는 세계 자동차시장 중 유일한 성장시장(아시아 특히 남아시아와 라틴아메리카)에 갖춰둔 그들의 엄청난 유통능력을 크라이슬러에게 제공할 수 있을 거라고 생각했다.

대단한 성과를 거둔 기업 인수 사례들을 보면, 인수자가 기여하는 효과를 통해 피인수 기업의 실제 사업 내용이 바뀌게 된다. 이것이 피인수 기업이 과거에 성공했던 요인을 미래의 성공 요인으로 변화시키는 작용을 하고, 그에 따라 피인수 기업은 전혀 다른 기업으로 변모한다. 이와 같은 기업 인수의 목적에는 대단한 야심이 엿보인다. 하지만 사업의 실제 세계에서 그러한 목적이 실현되는 사례는 얼마나 될까?

앞선 사례 가운데 처음의 두 사례에서는 그러한 목적이 달성되었다. 세 번째 사례는 어떠했을까? 이 경우는 다임러벤츠가 생각했던 효과를 창출하지 못했다. 실제로 2007년 크라이슬러는 미국의 대형 사모투자회사에 다시 매각되었다.

질문

- 세 번째 사례에서 무엇이 잘못됐던 것일까?
- '인수자(다임러벤츠)가 피인수자(크라이슬러)에게 기여할 수 있는 내용을 미리 철저히 검토해야 한다'는 규칙 자체가 틀린 것일까, 아니면 앞선 두 사례가 성공한 반면 세 번째 사례가 실패한 데는 다른 이유가 있는 것일까?

·CASE·

43

중앙통제인가, 지방 분권화인가
Banco Mercantil: Organization Structure

방코메르칸틸Banco Mercantil은 라틴아메리카 주요 국가 하나에 자리 잡은 거대은행이다. 그 나라 수도에 설치된 이 은행의 지점은 거의 모든 동네에 다 있을 정도로 지점망이 넓었다. 수도 시민광장에 있는 지점의 빌딩은 다른 어느 지방 도시에서도 찾아보기 힘들 만큼 웅장한 규모를 자랑했다.

1960년대 말까지는 수도 밖에 위치한 지방지점 수백 곳은 예금수신 기능만을 주로 담당했다. 즉, 예금을 받아서 수도의 본점 관할 영업망에 공급할 뿐, 자체 여신업무는 거의 하지 않았다. 이 은행의 전체 여신 규모 중 90퍼센트는 수도에서 집행됐다. 그리고 대기업과 거래하는 기업금융업무도 거의 다 수도에서 이루어졌다. 국제금융업무도 수도에 집중되었다. 이 은행의 국제금융업무는 해외 금융 중심지인 뉴욕, 런던, 취리히에서 자금을 융자 받아 국내 기업고객들에게 대여해주는 일을 주로 했다. 그 밖에 투자업무도 수도에서 이루어졌는데, 예컨대 국내 대기업들을 대상으로 기업연금의 자산운용을 관리해주는 업무도 투자업무에 속하며, 당시 빠르게 성장하는 추세였다. 법적으로 별개인 은행에 속해 있던 주택융자 사업은 실제로 방코메르칸틸 내 한 본부가 운영하고 있었는데, 이 주택융자업무만이 지방의 사업규모가 좀 컸다. 그래도 지방지점들의 주택융자 규모는 전체의 20퍼센트 정도에 불과했는데, 인구 성장이 수도에 집중되어 있었던 탓이다.

시간이 흐르면서 극적인 변화가 나타나기 시작했다. 수도가 계속 성장하기는 했지만, 인구밀도가 너무 과다하다 보니 예전에는 시들하기만 했던 지방도시들로 성장의 무게중심이 점차 옮겨가기 시작했다. 주택융자업무에서 가장 먼저 이러한 변화가 나타났다. 수도보다도 지방에서 주택융자가 훨씬 빠르게 늘어났다. 이어서 기업들이 지방의 노동력을 활용하고 그곳 시장에 접근하려고 지방도시나 그 근방에 공장을 짓기 시작했다. 기업여신도 지방의 주요 도시에서 급증세를 보이기 시작했다. 소기업이며 운송회사, 쇼핑센터, 지방 관청도 지방도시 인구 증가를 좇아 덩달아 지방으로 퍼져 나갔다. 지방의 주요 도시들은 빠른 속도로 웬만한 규모의 도시가 되어가기 시작했다.

방코메르칸틸은 이 나라의 전통적인 경제구조를 닮은 조직을 갖추고 있었다. 커다란 수도본부를 두어서 최고경영자인 행장이 직접 지휘했다. 수도 밖의 수백 개에 달하는 지방지점들은 지역본부에 보고했고, 지역본부는 다시 '국내사업본부Zona Interior'를 관장하는 본점의 전무에게 보고했다. 이 전무가 다시 행장에게 보고했다. 수도본부와 국내사업본부 다음에 기업금융본부가 있었다. 처음에는 기업금융업무를 수도본부 산하에 두었다가 나중에 별도 본부로 독립시켰다. 기업금융본부도 전무 한 사람이 지휘하면서 행장에게 보고했다. 국제금융, 주택융자, 신탁업무(기업연금 중심의 자산운용)도 별도 본부로 성장했고, 수도에 있는 본점에 본부 기능을 두고 각각 전무가 맡아 지휘하면서 행장에게 보고했다. 처음에는 이러한 구조가 잘 굴러갔다. 하지만 이런 구조로는 지방도시들의 성장과 더불어 불어나는 방코메르칸틸의 덩치를 감당할 수 없게 되었다.

1984년 새로 취임한 신임 행장은 사업계획을 수립하도록 지시했다. 사실 사업계획이라는 것은 이 은행 역사상 처음으로 해보는 일이었다. 놀랄 일도 아니었지만, 사업계획을 취합하고 보니 국제금융을 빼고는 미래의 성장은 수도 밖의 지방에서 실현될 것으로 전망됐다. 사업계획상의 예측에 따르면, 20세기 말 은행 총여신 중 수도본부의 비중은 1984년 65퍼센트에서 30퍼센트 이하로 뚝 떨어질 것으로 나타났다. 기업금융본부의 여신은 총여신의 30퍼센트로 성장할 것으로 전망됐고, 그중 3분의 1이 지방에 본부를 둔 대기업들 대상이었다. 국내사업본부 밑의 지방지점들은 총여신의 40퍼센트를 차지하고, 총수신의 50퍼센트를 훌쩍 넘어설 것으로 전망됐다. 신규 사업으로 잡은 금액 중 거반이 7대 지방도시에서 발생되리라 예측되었다. 하나같이 이미 인구 200만을 넘어선 커다란 중심지로 변모한 곳들이다.

이러한 시장 변화에 대응하려면 은행 조직을 어떻게 꾸며야 할까? 신임 행장은 조직개편 특수임무팀을 설치해 이 과제를 맡겼고 직접 팀을 지휘했다. 이곳에서 1년 동안 연구한 끝에 분권화 계획을 수립했다. 주된 내용은 나라를 8대 권역으로 나누어 은행 여덟 곳을 두자는 것이었다. 그 중 제일 큰 곳은 물론 수도에 자리 잡을 방코메르칸틸인데, 사실상 기존의 수도본부인 셈이고 전과 다름없이 행장이 지휘를 맡는다. 나머지 일곱 개 지방은행은 지방의 중심 도시로 성장한 일곱 곳에 두는데, 각각 독자적인 손익 책임을 부여하자는 것이다. 각 지방은행은 전무급이 지휘를 맡아 지방의 '행장' 역할을 한다. 즉, 관할 지역 내 모든 지점에 대한 책임을 맡아 그 지역에서 본점 대표 역할을 하는 것이다. 이 전무 일곱 명은 수도 본점의 선임 전무에게 보고하고, 선임 전무가 다시 행장에게 보고하도록 한다. 그 밖에 기업금융, 신탁업무, 국제금융, 주택융자 네 업무는 수도 본점에 본부 기능을 두고 각각 전무급이 지휘를 맡아 행장에게 보고하도록 한다. 일반은행업무bank operations는 수도에 본부를 두고 전무급이 지휘를 맡아 행장에게 보고하도록 한다. 최고 의사결정기구로는 열네 명으로 구성되는 집행위원회를 두는데, 집행위원으로는 행장, 지방업무를 총괄하는 선임 전무, 기업금융·신탁업무·국제금융·주택융자를 지휘하는 전무 네 명, 일반은행업무 담당 전무, 본점 법률고문 등이 참여한다. 이코노미스트, 사업개발팀장, 기획팀장, 인사팀장을 포함한 소수의 사람들로 하여금 집행위원회를 보좌하는 스태프기능을 담당하도록 한다.

이 조직개편안을 고위 임원들에게 제시하자 지방 업무를 관장하는 사람들이 거세게 반발했다. 이들은 우선 진정한 분권화 원리에 위배된다는 점을 지적했다. 일곱 개 지방은행을 지휘할 전무급이 사업에 대한 권한과 책임을 완전히 보유하게 된다는 점은 인정했다. 하지만 급성장하는 사업인 기업금융, 신탁업무, 주택융자에 대해서 아무런 직접적 권한이 주어지지 않으며, 이들 업무가 본점 사업본부에 귀속된다는 점을 지적했다. 일반은행업무도 마찬가지였다(즉 은행 비용의 70퍼센트가 인건비인데 이에 대한 권한이 없어지는 것이기도 했다). 이 밖에도 지방의 예속적 지위는 조직 차원에서 잘못된 것이고 은행의 전략과도 배치된다며 반대했다.

지방 업무 쪽 임원들은 다음과 같이 지적했다. "수도 밖의 지방에서 은행이 가장 많이 성장할 거라고 봅니다. 그럼에도 지방을 구식 국내사업본부 시스템과 다름없이 취급하는 구조이고, 최고경영자인 행장에게 보고하는 게 아니라 수도본부 전무에게 보고하도록 해놓았군요." 마지막 문제점으로, 그들은 행장이 수도본부를 지휘하는 예전 체제의 존속에 대해서도 강력하게 반발했다. 이유인즉 이러한 이야기였다. "이렇게 하면 행장이 우리에게 배려하는 시간도 관심도 없을 것이고, 그러니 자동적으로 자원과 좋은 인재들이 수도로 쏠리게 되겠지요. 성장 기회와 이에 따른 필요는 정작 수도 밖에 있는데도 말입니다."

행장은 이러한 비판에 일리가 있음을 인정할 수밖에 없었다. 그래서 지방 업무를 보는 임원들에게 다른 대안을 짜오라고 지시했다. 그들이 가져온 계획을 보니, 행장은 은행의 최고위 대변인 역할하고 정부, 세계은행과 같은 국제금융기관, 노동조합과 접촉하는 최고위 연락창구 이외에는 아무런 직무가 없는 모양새였다. 이에 더하여 대형 기업고객과 문제가 생길 때 기업고객 최고경영진을 대상으로 문제 해결사 역할을 맡도록 되어 있었다. 반면, 모든 일반은행업무는 지방은행 대표 밑에 위치시켰다. 그러니까 수도 본점의 대표와 나머지 일곱 개 지방은행 대표가 각각 일반은행업무를 나누어 가지는 구조다. 이들 여덟 명에다 국제금융본부장을 아울러서 최고 의사결정기구인 집행위원회를 구성하고 행장이 그 의장을 맡도록 했다. 집행위원회는 매주 한 번씩 개최하고 최소한 오전 내내 회의할 시간을 확보하도록 하며, 수도에서만 개최할 게 아니라 적어도 1년에 두 번은 각 지방은행에서 만날 수 있도록 하자는 것이다. 국제금융업무는 영업본부로서의 기능을 그대로 유지한다. 반면 기업금융업무는 영업기능과 스태프기능을 반반 섞은 모양새로 그려놓았다. 즉 대형 기업고객은 기업금융본부가 맡도록 하고, 지방은행 관할의 기업금융업무에 대한 자문기능을 수행한다는 것이다. 일반은행업무와 주택융자업무에 대한 본점의 역할은 스태프기능으로 전환해서 정책 수립, 감사, 훈련 업무만을 담당하게 하고, 각 지방은행이 일반은행업무와 주택융자업무를 독자적으로 운영한다는 구도다. 또 신탁업무는 당분간 본점에 집중시킬 필요가 있다고 봤는데, 그 이유는 지방에 신탁업무가 별로 많지 않고 어찌 되었든 기업연금 고객들(신탁업무의 주 고객)은 펀드매니저, 이코노미스트, 보험계리사를 하나의 조직으로 아우른 단일 창구와 상대하고 싶어 할 거라는 점이었다.

행장은 이 내용에 깜짝 놀라며 불쾌감을 숨기지 못했다. 우선 그가 지적한 대로 행장에게 보고할 사람이 20명에 육박하게 될 판이었다. 왜냐하면 인사팀과 홍보팀뿐 아니라 법률고문, 이코노미스트, 사업개발팀, 기획팀도 행장 직속의 보고라인에 들어갈 것이기 때문이었다. 행장은 또 이 조직개편안에 따르면 의사결정권이 완전히 분산될 거라는 점을 명확히 인식했지만, 동시에 분산이 너무 심해서 오히려 문제가 될 것임도 알아보았다. 하다못해 사소한 사안들도 '정치적'인 문제가 되어버려서 집행위원회에서의 정치와 결탁에 의해 결정될 것이며, 집행위원회에서 표결로 결정하면 언제고 행장의 의사가 기각될 수 있다고 봤다. 그리고 기업금융업무, 신탁업무, 주택융자업무의 역할과 기능이 모호해진다는 점도 못마땅했다. 영업기능과 스태프기능에 양다리를 걸치는 게 좋지 않다고 봤기 때문이다. 그는 또 일반은행업무는 반드시 한곳에 집중되어야 한다는 강한 신념을 가지고 있었다. 무엇보다도 행장 자신이 그저 얼굴마담 역할밖에는 할 일이 없는 방안이니 불쾌할 수밖에 없었다.

결국 절충안을 짜내는 데 대형 컨설팅회사의 도움까지 받아서 2년이 걸렸다. 절충안에서는 8개 지방을 두는 대신 수도와 4개 권역으로 나눠서 5개 권역을 두었다. 각 권역을 전무가 맡아 지휘하고, 행장에게 보고하도록 하며, 집행위원회에 참여하는 식이다. 행장은 더 이상 수도본부를 경영하지 않고, 최고결정권을 가진 최고경영자로서만 일한다. 국제금융업무, 주택융자업무, 신탁업무도 별도의 영업 '은행'으로 취급하여 본부 명칭에도 '권역region'이라는 용어를 쓰기로 했다. 이들 본부 또한 다른 권역과 마찬가지로 전무가 맡아 지휘하고 행장에게 보고하며, 집행위원회에 들어간다. 기업금융업무를 맡아 지휘하는 전무도 행장에게 보고하고 집행위원회에 들어가는데, 이 업무만큼은 영업기능과 스태프기능을 병행하도록 했다. 업무의 80퍼센트는 기업고객을 직접 상대하는 별도 '은행'처럼 기능하고, 20퍼센트는 '자문', 기획, 정책결정과 특히 수도 밖 지방은행의 기업금융업무를 훈련하는 역할을 담당하도록 했다. 일반은행업무의 지위는 불확실한 모습으로 그려져 있었다. 즉 그 대표인 전무급(역시 행장에게 보고하고 집행위원회에 들어간다)은 '행장 직속으로 효율적인 일반은행업무를 구축·추진·운영하고 전 시스템에 걸쳐 해당 인력을 감독할 책임'을 맡는다고 해놓았을 뿐 아니라, 동시에 '지방은행들이 일반은행업무를 효율적으로 운영하고 해당 인력을 훈련하고 감독하는 책임을 잘 수행하도록 자문하고 상담하는 책임'도 있다고 명시해놓았다. 그 밖의 다른 기능들(경제분석, 기획, 예산, 사업개발, 인사, 홍보, 또 컨설턴트가 권고해 도입한 새로운 마케팅 기능)은 새로 설치된 직무인 관리담당 부사장급에서 선임 임원이 관장하게 되었다. 이 사람은 집행위원은 아니지만 참관인으로 집행위원회에 들어가도록 했고, 누구에게 보고하는지는 딱히 분명하지 않았다. 법률고문도 물론 참관인으로 집행위원회에 들어간다.

질문

1. 서로 다른 세 가지 조직 구조를 살펴볼 때, 분권화라는 기준에 각각 어떻게 부합하는가? '연방적 분권화federal decentralization'에 가장 근접한 것은 어느 것인가? 연방적 분권 조직이 잘 기능할 수 있겠는가? 세 가지 조직 중 '유사 분권화simulated decentralization'는 어느 것인가? 혹시 세 가지 중에서 속 내용은 '분권화'와 아주 거리가 멀 뿐 아니라, 실상은 기능조직이면서 껍데기만 살짝 분권화인 것처럼 위장해놓은 것도 있는가?

2. 분권화는 '통제는 중앙에서 하되 운영이 분산된 조직'을 뜻한다. 행장이 제시한 계획은 '통제'를 강조했고, 지방은행 대표들이 제시한 계획은 '분산된 운영'을 강조했다. 행장의 계획은 일곱 명만이 행장에 보고하도록 해서 통솔범위에 중점을 두었다. 지방은행 대표들의 계획대로 한다면 20명이 행장에게 보고하는 꼴이어서 분명히 한 사람이 감독할

수 있는 범위를 넘어선다. 하지만 지방 중심도시들이 빠르게 성장할 거라는 예상에 비추어볼 때 지방은행 대표들의 계획은 사업 논리와 전략계획을 훨씬 충실하게 따르는 방안일 것이다. 이처럼 '분권화'와 '중앙통제'는 서로 상충되는 요구사항이다. 달리 보면 역동적인 전략 운용과 조직의 논리가 상충되는 상황이다. 최종적으로 수립된 계획은 상반되는 이 두 가지 요소를 어떻게 만족시키는가?

3. 관리담당 부사장직을 신설한다는 게 어떤 의미가 있겠는가? 그가 관장하는 기능들을 하나로 묶어서 단위조직으로 삼을 만한 구성요소들이라고 할 수 있겠는가? 또 그 기능들은 아주 전문성이 높은 것들인데, 이들을 통합해 지휘하는 그가 할 수 있는 일은 무엇이겠는가? 최초 계획대로 이 전문 기능들을 분리해두고 집행위원회를 각각 독자적으로 보좌하게 하는 게 낫겠는가?

·CASE·
44

글로벌 기업의 조직구조 개편
The Universal Electronics Company

유니버설일렉트로닉스Universal Electronics가 라틴아메리카에서 활발한 사업을 전개한 지 여러 해가 되었다. 미국 회사임에도 본토보다는 오히려 라틴아메리카에서 사업실적이 더 좋았다. 미국 전자산업에서는 업계 순위 6~7위를 넘어본 적이 없지만, 라틴아메리카에서는 큼직한 나라들마다 진출 초기부터 일제히 선두 업체로 올라섰다. 라틴아메리카에 진출한 자회사 법인들은 전부 유니버설 본사 사람이 나가서 경영을 했지만, 이것만 빼면 법인이 돌아가는 게 현지 기업과 다를 게 없었다. 현지 인력을 채용했고 현지 상표를 따로 내서 제품을 제조하고 판매했다.

1970년 라틴아메리카 사업은 이 회사 전사 이익의 20퍼센트 정도에 육박했는데 이 지역에 투자된 자본금은 8퍼센트에 불과했으니, 자기자본이익률에 크게 기여하는 지역이었다. 특히 저렴한 라디오, 진공관, 통신전송 장비, 전화장비 시장의 경우는 라틴아메리카 사업이 미국 본사보다도 훨씬 빠르게 성장했다.

그렇지만 유니버설은 라틴아메리카를 제외하면 해외사업 경험이 전무했다. 그러다가 유럽에서 뜻밖의 기회가 찾아왔다. 이탈리아에서 독점판매권 계약을 맺은 수입업자와 분쟁이 생기는 바람에 이탈리아인 변호사 페데리고 만조니Federigo Manzoni를 만난 것이 그 시작이었다. 1970년 만조니는 독점판매권 분쟁을 해결하려면 이 회사를 아예 매입해버리는 게 최선이라고 제안했다. 중소 규모의 이 회사는 자본금이 아주 부족했던 반면, 시장에서 평판도 좋았고 갖춰놓은 운영시설도 나무랄 데 없었다. 이 일이 인연이 되어 유니버설의 유럽 사업이 본격적으로 뻗어가기 시작했다. 지금은 유럽에 진출한 큼직한 자회사 법인이 다섯 개이고 모두 100퍼센트 지분을 소유하거나 다수 지분을 소유하고 있다. 다섯 곳 모두 미국 본사보다 성장 속도도 빨랐고 이익률도 높았다. 더욱이 유럽공동체의 공동 시장이 대폭 성장하기 전에 일찌감치 진출하기도 했고, 다섯 개 법인 모두 저렴한 비용으로 매입하거나 투자해서 지금에 이르렀다. 만조니는 나중에 이탈리아 법인장으로 영입되었는데, 이탈리아를 유럽에서 성장 속도도 가장 빠르고 이익률도 가장 높은 효자 시장으로 키워놓았다. 유럽 시장의 잠재력을 보는 그의 안목에 더하여 정력적인 활동과 대단한 협상력에 주로 힘입어서, 유니버설은 유럽에서 대폭적인 성장을 달성하게 되었다. 그 덕분에 유니버설은 주식시장에서 '성장주'라는 명예를 얻기도 했다.

1974년 유니버설이 유럽에서 벌어들인 특허사용료 수입은 이 지역에서 특허권 유지비와 사용료로 내주는 비용을 지불하기에 충분했다. 1987년에는 유니버설 전사 이익 중 45퍼센트를 유럽에서 벌어들였다. 유니버설의 10년 계획을 보면 유럽의 이익 비중이 1995년에는 55퍼센트로 높아지고, 그 이익 금액은 8년 내에 두 배로 늘어날 것으로 전망되었다.

유럽 사업은 유니버설 사장 줄리안 드로슈Julian DeRoche가 애지중지하는 사업이었다. 드로슈 사장은 유럽에서 추진한 기업 인수를 건건이 직접 협상했고, 그 인수 건마다 이사회에 강력히 밀어붙여서 성사시켰다. 이렇게 인수했다가도 필요한 경우에는 회사 구조를 확 바꿨고, 인수한 현지회사의 경영을 맡길 만한 뛰어난 인력을 눈여겨보며 찾아내기도 했다. 또한 아주 어려운 일이었지만 현지의 기술 인력과 연구 인력을 본사 인력과 엮어주는 일에도 열성이었다. 그 덕에 매우 긴밀해진 본·지사간 기술협력이나 재무 상태 및 법인장급 인사에 대한 본사 통제를 제외하면, 현지법인의 경영은 전반적으로 현지에서 알아서 하는 체제가 되었다. 법인마다 각국의 관습과 법규에 따라서 조직된 현지 사람들이 경영그룹을 형성해서 스스로 경영하는 체제로 자리 잡았다.

본사가 지사를 지배하는 구조와는 달리, 역으로 유럽 인사 중 만조니와 규모가 큰 독일 법인장은 미국 유니버설 본사의 이사회에 참여하기까지 했다.

유니버설은 유럽 회사들을 인수한 덕에다 미국에서 우주개발 계약 입찰에 힘입어서 이 기간에 인력과 매출이 크게 신장했다. 1970년 2억 달러였던 매출이 10년 뒤 10억 달러에 육박했다. 인력 규모도 2만 명이 채 못

되었다가, 1987년에는 5대륙에 두루 퍼진 회사 인력이 10만 명을 넘어서게 됐다(이러한 성장 과정에서 유럽 지법인들은 다시 자기 소속 지법인들을 해외로 확장하게 되었다).

그 사이 드로슈가 더 젊어질 리는 없는 일이니, 1986년에는 자신의 은퇴도 구상해야겠고 회사 구조에도 기본적인 재편이 필요하다는 생각에, 본사스태프의 고참 부사장에게 일러 국제적 회사의 필요에 맞는 조직 구조를 짜보라고 지시했다. 전통적으로 유니버설은 기능 위주로 조직된 제조회사였고, 사장 휘하에 각 기능별로 부사장을 두었다. 그러니까 연구, 엔지니어링, 제조, 마케팅, 재무 등 각 기능별로 부사장이 업무를 관장하고 사장에게 보고하는 식이었다. 이 회사의 방위산업을 예로 들면, 이 부문을 관장하는 전무는 사내 모든 기능조직을 거쳐야만 일을 진행시킬 수가 있었다. 라틴아메리카 사업은 국제본부 산하에 있었는데, 이 본부는 현지 생산법인도 감독하고 본사수출도 감독했다. 그런데 본부 밖 사람들이 보기에 국제본부 사람들이 주로 하는 일이라는 것이 도무지 알다가도 모를 외환거래 같기만 했다. 미국에서는 유니버설일렉트로닉스 판매회사 Universal Electronics Distribution를 따로 설립해서 국내 판매 업무와 자사 소비재 제품의 애프터서비스를 담당하도록 했다. 이와 같이 이리저리 조직을 보완했지만, 유니버설 조직의 밑바탕은 소규모 제조회사에서 흔한 기능 위주의 구조였다.

조직설계 업무를 맡은 본사스태프 부사장은 1980년 유니버설에 입사하기 전에 대형 제조업체에서 조직 설계를 다부지게 훈련받은 사람이었다. 우선 사내 많은 사람들의 이야기를 듣는 일부터 시작했다. 아울러 다른 '국제적인 회사들'은 어떤 모습인지 대기업들 위주로 순회를 하며 살펴보았다. 마침내 1987년 초에 4개 본부를 설치하는 청사진을 수립했다. 즉 국방우주전자본부, 가전본부, 산전본부, 국제본부를 두자는 것이다. 미국과 캐나다 이외 지역의 사업은 전부 국제본부 산하에 두기로 했다. 4개 본부에 속하지 않는 사장 직속의 본사스태프에는 연구, 구매, 인사 등 전형적인 '스태프 보좌' 기능이 들어갔다.

본사스태프 부사장은 국제본부를 지휘할 본부장감으로 평소 그가 대단히 존경하던 만조니를 생각했다. 하지만 유럽의 시장통합 추세에 대해 만조니와 이야기하던 중 이런 이야기를 들었다. 유럽의 어느 나라 사람을 다른 나라 사람보다 높은 상위 직급에 앉히기는 여전히 어려울 거라는 지적이었다. 그는 만조니에게 단도직입적으로 물어봤다. 유럽에 큰 법인을 새로 만들어 그 산하에 독일, 프랑스, 네덜란드, 영국을 비롯한 여러 지사를 소속시키고, 그 법인장을 이탈리아 사람이 맡는 게 별 무리가 없겠느냐고 물었다. 만조니는 퉁명스러운 어투로 그리하겠다면 할 수는 있겠지만, 자기라면 그런 고달픈 법인장 노릇은 영 탐탁지 않다고 말했다.

결국 부사장은 내키지는 않았지만 다른 후보를 찾기로 했다. 액슬 소렌슨Axel Sorensen이 생각났는데, 덴마크에서 태어나 거기서 공부한 뒤 미국 시민이 되었고, 유럽 사업이 팽창하기 전 최대 해외법인이었던 브라질 법인장을 역임한 인물이었다. 소렌슨은 미국 본사에서 고속 승진을 거듭하다가 콜롬비아에 주재원으로 나가 수석엔지니어로 일했다. 그곳에서 다시 브라질 법인으로 넘어가 현지 수석엔지니어로 근무한 뒤, 성과도 좋고 평판도 좋은 현지 법인장으로 승진했다. 본사스태프의 부사장은 국제본부장을 맡을 소렌슨을 뒷받침할 든든한 버팀목이 필요하다고 생각했고, 그렇게 하면 국제본부장의 해외출장 부담도 줄어들 거라고 봤다. 결국 국제본부장을 바로 밑에서 보좌하는 부본부장 그룹의 수장으로 만조니를 배치했다. 그러니까 만조니는 국제본부장 산하 유럽스태프장이면서 부본부장 그룹장을 겸하는 셈이다.

본사스태프의 부사장이 이 조직도의 초안을 사장에게 보고했다. 드로슈 사장은 무언가 자신이 바라던 것 같다는 생각에 흡족해하며 말했다. "찬찬히 따져봐야 할 일이니 먼저 만조니하고 의견을 나눠보세요. 우리보다는 그가 유럽인들을 잘 압니다. 본사 최고경영진에게 이 이야기를 꺼내기 전에 만조니와 먼저 상의하는 게 좋겠어요."

그래서 부사장은 이탈리아 로마로 날아가 만조니에게 조직도 개요를 보여주었다. 만조니는 그 그림을 보자마자 단박에 폭발할 듯 성을 냈다. 평소 차분하고 온화하며 상냥하기만 하던 사람이 돌변하는 모습을 보고 부사장은 화들짝 놀랐다. "이것은 모욕적일 뿐 아니라 멍청하다 못해 회사를 망칠 지경이군요! 저는 당신을 잘 알고 또 좋아하기도 합니다. 하지만 이대로 하시겠다면 유럽의 사업을 다 망쳐놓을 터이니 쫓아다니며 말리고 싶은 심정입니다. 잘될지는 몰라도 저만큼은 이탈리아 법인장으로 남아 있고 싶군요. 모름지기 '국제적인 회사'의 조직을 이렇게 짜는 것도 정신 나간 짓이지만, 제가 '부본부장'을 맡아 더욱 망쳐놓고 싶은 생각은 없습니다. 하늘이 무너져도 그럴 수는 없지요. 자, 보세요. 여기 두 나라 독일과 프랑스 말입니다. 법인장을 맡고 있는 독일인과 프랑스인은 혹시라도 이 무모한 계획을 전해 듣기만 해도 일주일 내에 사표를 내던질 겁니다. 그 사람들이 유니버설에서만 일해야 할 이유는 없습니다. 오늘날 유럽에서 최고의 인재들이 일할 곳은 넘쳐납니다. 자기들 나라에 유니버설의 미국 내 어느 지사 못지않게 이익을 내는 전자회사가 없겠습니까? 그런 회사를 못 찾는다고 해도 유럽이 그들을 티베트의 중고품 가게나 경영할 사람으로 취급할 동네는 아닙니다."

만조니가 워낙 격하게 반응하는 바람에 부사장은 어안이 벙벙했다. 어찌할 바를 몰라 도대체 마조니가 반대하는 게 무엇인지 물어볼 엄두도 내지 못했다.

질문

- 만조니가 잘못됐다고 본 것은 무엇일까?
- 본사스태프 부사장의 관점은 아주 많은 미국 기업들이 '국제' 업무를 조직하는 방식과 별로 다를 게 없다. 진정한 '국제적 기업'에 적합한 조직이 어떤 모습일지 이에 대한 만조니와 본사스태프 부사장의 생각은 어떤 점에서 다른가?
- 당신이 생각하는 적합한 조직은 어떤 모습이겠는가? (단서 하나: 그러한 조직구조가 경제적 현실과 조응하고 또 앞날에 대한 회사의 예상과도 조응하는가?)

·CASE·
45

다양한 문화권에서 연구업무를 조율하는 방안
Research Coordination in the Pharmaceutical Industry

미국에서는 물론 세계적으로도 초대형 제약회사에 속하는 회사의 이야기다. 이 회사는 커다란 연구센터를 5개국(미국, 영국, 아일랜드, 프랑스, 일본)에 두고 있다. 미국 연구센터는 1920년대로 거슬러 올라간다. 이 회사는 2차 세계대전 중 페니실린의 대량 생산을 개척한 선두 회사에 속했는데, 이 일로 영국에 연구센터를 설립하게 됐다. 그때만 해도 영국이 항생제에 관한 기본지식을 주도하던 시기여서, 항생제 연구를 위한 대규모 과학기술적 작업의 연구센터가 영국에 있는 것이 당연했다.

한편 아일랜드 정부는 규모가 좀 되는 공장을 신설할 경우 해당 기업에 엄청난 세금혜택을 제공했는데, 그 수혜를 누리고자 현지 공장을 짓다 보니 연구센터도 따라붙게 되었다. 아일랜드 공장은 주로 유럽시장을 겨냥

한 중간재 생산기지로 설계되었다. 그곳 공장에서 활용할 기술이 대부분 기존에 없던 신기술들이기 때문에, 기술과 과학 양면으로 설비담당 공학기사는 물론이고 설비담당 화학기사를 상당수 배치해야 했다. 그러다 보니 자연스럽게 아일랜드 정부 측으로부터 본격적인 연구센터를 설립하는 게 어떻겠느냐는 제안이 나왔다. 정부 측이 요구했던 조건은 잘 훈련된 아일랜드 과학자들을 아일랜드에 머물게 해야 하고, 영국이나 미국 또는 캐나다로 파견하지 말아야 한다는 것이었다. 정부 측의 여러 가지 혜택이 뒷받침되는 일이니 당연히 이 제안을 수락하고 연구센터를 건립했다.

프랑스에는 가축병 치료제, 오래된 프랑스 특유의 제품, 프랑스 정부와 대학과 업계에 걸쳐 산학협동이 활발한 제품을 다뤄보자는 생각에 연구센터를 설치하게 됐다. 이 회사가 물색한 프랑스 과학자들은 미국에서의 근무에 대해 꽤 시큰둥했고, 영국에서 근무하면 어떠냐고 물었더니 거세게 반발했다. 영국에 간다면 중부지방으로 가야 하는데, 루아르Loire의 좋은 날씨와 풍광을 버리고 맨체스터의 희뿌연 안개 속으로 들어갈 이유가 뭐냐는 식이었다.

일본에서는 처음에 합작투자 건이 계기가 되어 연구센터가 생겼다. 합작사업이 아주 잘되어서 너무 빨리 사업규모를 키워가다가 일본 파트너가 자금을 조달할 수 없는 처지가 되었다. 그래서 1988년 일본의 합작 파트너를 인수하였는데 덩달아 일본 파트너가 운영하던 연구센터도 같이 인수하게 되었다. 규모도 크고 연구 성과도 날로 좋아지는 연구센터였는데 연구 인력은 모조리 일본인들이었다. 이 회사는 매년 전 세계 연구 인력이 모이는 연례 컨퍼런스를 개최하는데, 처음에는 컨퍼런스 내용을 이해하고 토의에 참여할 만큼 영어를 구사하는 사람이 단 한 사람밖에 없었다. 그러나 열대의학에 관한 한 일본 연구센터는 일류 연구 성과를 속속 내놓았고, 이만한 실력과 강점은 이 회사 어느 연구센터에도 없었다.

이렇게 다섯 개 나라에 연구센터를 키워놓았더니 다섯 곳 모두에서 불평불만이 들려왔다. 연구센터 사이에 조율이 전혀 안 되고 있다는 이야기였다. 쓸데없이 같은 일을 하는 중복업무가 항상 발생했고, 설상가상으로 중요성도 크고 장래성이 좋은 연구는 서로 다른 곳에서 하겠거니 생각해 아무도 하지 않는 사태까지 벌어졌다. 또 연구센터마다 다른 곳의 협력을 구하려면 어느 센터의 누구와 공통의 관심사를 토의하고 도움과 조언을 구할 수 있는지 제대로 아는 사람이 없었다.

이와 같은 상황에서 전사적으로 연구업무를 총괄할 사람을 부사장급으로 두게 되었다. 로드니 반델던Rodney VanDelden 박사가 그였는데, 어쩌면 회사 역사상 연구업무에서 '최초로' 최고책임자가 생겼다고 해야 할 것이다. 네덜란드 태생인 그는 미국에서 공부한 뒤, 영국 연구센터에서 수석 생화학자로 일하다가, 1988년경 미국 연구 인력이 망쳐버린 중추신경계 약품 연구를 해결하기 위해 미국으로 건너갔다. 이 일을 계기로 그에게 연구업무를 총괄할 직책이 주어진 것이다. 물론 그의 전임자도 미국의 연구임원이기는 했다. 하지만 서로 동등한 다섯 센터장 중 큰 형님 정도일 뿐이었다. 즉 각각을 '조율'하는 형님의 역할이지, '관리'하는 역할은 아니었다. 그러나 반델던이 맡은 일은 바로 다섯 센터를 '관리'하는 일이었고, 처음으로 등장한 이 권한의 가시적 상징으로써 모든 연구센터의 예산을 통제하는 권한이 그에게 주어졌다. 그전에는 각 연구센터가 나름대로 업무를 정해 나름의 연구예산을 설정하고 관리했었다.

질문

- 반델던이 선택할 수 있는 관리방안에는 어떤 것들이 있을까? 그가 예상할 수 있는 문제는 어떤 것들일까?
- 그가 활용할 수 있는 조율의 유형과 조직의 유형에는 어떤 것들이 있을까?
- 이 회사처럼 다국적이고 다언어에다 연구 분야도 다양하며 문화도 다양한 환경에서 어떤 조직과 조율 방식이 적용 가능할지 알아보려면, 각 조직 유형과 조율 유형을 어떻게 시험해볼 수 있을까?

·CASE·
46

일인 독재의 후유증
The Aftermath of Tyranny

라수모프스키컴퍼니Rasumofsky Company는 '59'라는 상표로 살충제와 공업용 화학제품을 제조하는 회사다. 오랫동안 페르디난드 불록Ferdinand Bullock이라는 사람이 경영을 해왔고, 최근 17년 동안 착실히 성장했던 것도 그 덕분이었다. 불록은 직함만 사장이 아닐 뿐, 사실상 모든 면에서 사장 역할을 대행했다. 심지어 1979년 전무로 승진하기 전부터 회사를 실질적으로 지휘했다. 그리고 전무가 되고 나서는 회사의 모든 것을 통제하면서 중요한 사안을 전부 자기 손으로 결정했다.

사장은 몇몇 단골 고객과 관련한 업무를 처리하는 것이 전부였다. 이 고객들은 반세기 전부터 회사 매출의 대부분을 소화했고, 충성스러운 고객들이어서, 회사의 자금조달을 도왔던 일도 있었다. 이런 충성 고객들

덕분에 회사는 어려운 대공황 시기를 버텨낼 수 있었다. 하지만 이제 이들 단골 고객의 매출 비중은 10퍼센트도 채 못 되었다. 이러한 현상도 불록이 실세를 잡고부터 회사가 엄청나게 성장했기 때문에 생긴 결과였다. 달리 말해, 사장은 사장이라는 직함만 빼면 판매관리자 보조보다 나을 게 별로 없었다.

회사 내 다른 임원들은 전부 불록의 사환이나 다름없었고, 실제로 불록은 이들을 개인 비서 부리듯 했다. 불록의 영향권에서 벗어나 독자적으로 일하는 사람은 오직 한 명, 스탠리 그린백Stanley Greenback뿐이었다. 부자금 담당으로 일하는 그는 이 회사의 회계감사를 맡아보던 회계법인에 있다가 4년 전 세무를 처리하기 위해 입사했다. 독자적으로 일한다지만, 아직 어린 나이였고 회계감사와 세무를 빼면 다른 업무 경험이 전혀 없었다.

창업 초기에 회사지분을 전부 소유했던 라수모프스키 집안의 마지막 주자가 이사장을 맡고 있었는데, 그가 보기에도 불록 혼자서 회사 일을 주관하는 게 걱정스러웠다. 한동안 그 문제로 걱정을 하다가, 마음을 편히 먹기로 했다. 불록은 이제 55세에 불과하니 적어도 10년은 더 왕성하게 일할 수 있으리라고 생각했기 때문이다. 또한 아무한테도 말하지는 않았지만, 이사장은 불록과 싸울 만한 배포도 별로 없었다. 오히려 그런 사태를 두려워했는데, 그와 싸움이 붙다가 잘못하면 다른 대주주들(라수모프스키 집안의 미망인들, 창업주의 조카와 질녀, 손자들을 포함해서)이 자기를 버리고 불록의 손을 들어줄지도 모를 일이었기 때문이다.

한편, 1928년 최초공모발행을 통해 주주층이 폭넓게 확산됨에 따라 대다수 지분은 회사 밖의 소주주들 수중에 있었다. 불록은 소주주들의 의결권을 조절할 수 있는 대리 의결권 장치를 손에 쥐고 있었다.

그런데 1993년 초, 갑작스러운 심근경색으로 불록이 사망했다. 명목상으로는 회사에 별 큰일도 아니었다. 사실 그의 간섭이 사라짐에 따라 기능별 부사장들이 곧바로 사장에게 보고하면 되니, 조직도는 더 말끔해진 셈이다. 하지만 실상 회사의 사정을 들여다보면 실질적 사장이 사라진 것 같은 크나큰 충격이었다.

그뿐 아니라, 불록이 죽자 그의 전횡에 짓눌려 있던 감정이 봇물처럼 터져 나왔다. 그동안 관심 어린 눈으로 지켜보지 않았던 사장과 이사장이 보기에도 불록이 공포와 힘으로 조직을 통솔했다는 사실이 분명히 드러났다. 또한 그가 의욕 있고 독립심 강한 임직원들을 의도적으로 쫓아내거나 망가뜨렸고, 시키는 대로 무조건 따르는 사람을 우선적으로 기용했다는 것도 알게 됐다. 더욱이 불록이 부사장급으로 앉혀놓은 사람들마저 다시는 '일인 지배체제'를 더 이상 못 견디겠다는 태도였다. 하지만 어쩔 도리가 없었다. 부사장급 중에서도 자기 직무를 스스로 처리하고 결정을 내릴 만한 인물이 하나도 없었다. 그들 모두가 강자 한 사람에게 너무 오랫동안 의존했던 것이다.

질문

- 이 회사가 지금 할 수 있는 것은 무엇이겠는가?
- 경영이론과 경영실무를 놓고 볼 때 이 사례에서 일반적인 결론이나 논평으로 지적할 만한 사항을 찾을 수 있는가?

47

회사가 커서 좋은 점은 무엇인가
What Is the Contribution of Bigness?

1890년에 설립된 밀러공작기계Miller Tool Company는 1980년 신임 사장이 회사를 맡을 때까지 90년 동안 이렇다 할 성장을 하지는 못했다. 대공황 무렵에는 거의 법정관리 상태까지 몰리기도 했다. 하지만 2차 세계대전이 터진 뒤부터 금속가공기계 설계와 제조에서 앞서가기 시작했다. 신임 사장 맥페트리지McFettridge는 두 가지를 성사시키지 못하면 회사가 존속하지 못할 거라고 확신했다. 하나는, 전통적인 기계식 공작기계에서 벗어나 새로운 전자식 공작기계 분야로 진출해야 한다는 것이다. 맥페트리지는 공장자동화 분야에서 전자식 제어로 작동하는 공작기계들의 진화를 눈여겨보고 있던 참이었다. 하지만 자기 회사에는 전자분야에 대한 기술이 전혀 없었다. 다른 하나는, 그동안 중공업 업종에만 의존했지만 경기

변동이 덜 민감한 산업에 지분참여로 진출해서 사업 불균형을 줄여야 한다는 것이었다.

밀러공작기계는 1920년대 들어 뉴욕증권거래소 상장에 성공했다. 그때부터 맥페트리지는 상장된 자사 주식과 소기업의 비상장주식을 맞교환하는 방식으로 인수제의를 할 수 있었다. 인수대금으로 현금을 조달할 필요가 없으니 자기도 좋았고, 피인수 측은 세제 혜택도 누리면서 유동성이 훨씬 높은 주식을 수중에 넣을 수 있으니 양측 모두에게 유리한 거래였다. 맥페트리지는 이러한 이점과 아울러 넉넉히 비축해둔 현금유보와 회사 평판을 등에 업고, 인수할 기업을 찾아 나섰다.

우선, 전자회사 다섯 곳을 인수했다. 전부 소기업이고 전문성이 높은 곳들이었다. 이어서 회사의 경제적 위험을 '다변화'하기 위해 다양한 서비스회사 여섯 곳을 더 인수했다. 개중에는 화물운송업체도 있었고, 빌딩유지보수회사, 건설회사(학교, 고속도로, 공적발주건설에 특화된), 소규모 세탁체인점 등이 있었다. 나아가 쉽게 분류가 되지 않는 소기업 일곱 곳을 더 인수했다. 맥페트리지가 보기에 전부 성장 전망이 좋은 투자였고 인수가격도 합리적이었다. 이중 가장 큰 기업은 제과회사였는데, 그가 성장 지역으로 봤던 미국 남동부에 잘 자리 잡은 회사였다.

왕성하게 활동하던 맥페트리지가 갑자기 사망한 것은 1989년의 일이었다. 이때는 그가 일군 회사가 공격적인 성장기업이라는 평판도 얻었고, 회사주식을 즐겨 편입해주는 고위험·고성장 추구형 투자펀드와 연금펀드도 출현한 시점이었다. 게다가 그의 나이가 아직 한창때여서 아무도 후임 문제를 생각해보지 않은 데다, 회사 경영을 맡을 만한 후임자가 사내에 없었다.

이사회 임원들은 노련한 경영자인 헨리 오지너Henry Augener를 사장으로 영입했다. 그는 대형 가전업체에서 부사장으로 재직하다가 몇 해 전에 경영컨설팅 회사의 파트너로 자리를 옮겼던 인물이었다. 오지너는 사장으로 오면서, 재무통으로 그보다 좀 젊은 유진 디위트Eugene De Witt를 데리고 왔다.

두 사람은 여러 달 동안 회사를 점검해봤다. 실상이 드러나자 둘 다 깜짝 놀랐다. 오지너는 사장직 취임을 수락하기 전에 친구들과 이야기하다가, 심각한 문제는 보이지 않다가 나중에야 드러날 거라는 경고를 들은 적이 있었다. 재무분석가들의 평가증評價增 회계처리도 있기 마련이니, 좋아 보이는 그대로일 리가 없다는 이야기도 들었다. 하지만 진짜 실상은 외부에서 짐작할 수 없을 정도로 심각한 수준이었다.

우선 인수한 기업들이 하나같이 단위 사업이 될 만한 규모가 못 되었다. 본래의 밀러공작기계는 매출이 7,000만 달러인데 총매출에서 약 25퍼센트를 차지했고, 총이익에서는 이보다 훨씬 높은 비중을 차지했다. 인수로 덧붙인 사업 가운데 가장 큰 것의 매출이 고작 1,500만 달러(제과회사)였고, 가장 작은 것은 매출이 200만 달러도 안 되었다. 그러니까 밀러공작기계는 수많은 소기업들을 합쳐놓은 회사였다.

그뿐 아니라, 이들 조그만 사업들이 서로 통합되지도 않고 제각각 분리된 상태였다. 또 통합할 방도를 찾기도 어려웠다. 전자부문 사업들을 보면, 그중 공작기계 사업에 기여하는 단위 사업이 하나도 없었다. 반대로 전자부문 내 사업들은 각자 자기 길을 가고 있었다. 그중 하나는 국방산업에 쓰이는 연구업무만 했다. 또 어떤 사업은 TV 제조업체들에게 부품을 공급했는데, 똑같은 부품을 수백만 개씩 찍어내는 효율적인 대기업들과 경쟁해야 했다. 맥페트리지가 공작기계 사업과 관련해 8년 전에 내다봤던 전자기술 융합은 여전히 진행되고는 있었지만, 속도도 더뎠을 뿐 아니라 2차 세계대전 직후에 만들던 똑같은 공작기계가 아직도 옛날 그대로인 게 태반이었다.

보통 경기가 오르내리며 순환이 반복되다 보면 취약한 기업들이 도태되면서 과잉설비가 폐기되고 새 기술과 장비로 무장한 새로운 기업들이 나타나기 마련이다. 밀러공작기계의 경우 경기순환을 여러 번 통과하면서 생산라인은 낙후되고 오히려 상태가 열악해졌다는 게 역력했다. 이와 더불어 본래의 밀러에 있던 좋은 인재들이 일류 엔지니어와 디자이너를 요구하는 신규 사업 분야로 흡수되는 일도 많았다. 이로 인해 정작 밀러의 디자인팀은 인재와 아이디어가 동나게 됐다. 서비스 사업의 사정도 더나을 게 없었다.

오지너와 디위트는 여섯 달 동안 힘들게 연구해봤지만, 잡스러운 사업들 전부 합쳐봐야 쓸 만한 게 무엇이고 각각 어디를 향해 가고 있는 것인지 종잡을 수가 없었다. 하지만 문제는 사정이 매우 안 좋다는 게 아니라, 이 상태에서 무엇을 해야 하고 무엇을 할 수 있는지 답이 안 보인다는 점이었다.

두말할 것도 없이 기존 사업 중 상당수를 정리해야 할 상황이었다. 하지만 어떤 사업들을 걷어내야 할 것인가? 성장 잠재력이 가장 작은 사업들을 정리하자니 현재는 그런 곳들이 현금을 가장 많이 벌어들였고, 회사는 현금이 한 푼이라도 아쉬운 상태였다. 장기적으로 성장과 이익의 잠재력이 가장 나은 사업들을 보면, 그런 데가 현금을 가장 많이 잡아먹는 곳들이었다. 사실 이런 유망한 사업들은 회사가 벌어들일 수 있는 것보다 더 많은 현금을 필요로 했고, 아주 큰 위험이 따르는 데다 기술개발 리더십도 많이 필요했다.

무엇보다 가장 시급한 일은 최고경영진을 구성하는 것이었다. 오지너와 디위트가 보니 회사를 최상위에서 지휘할 팀이 필요했다. 지금껏 맥페트리지는 혼자서 회사를 운영해왔다. '똑똑한 젊은 친구들'을 많이 데려오기는 했지만, 자기 연락병처럼 썼을 뿐이었다. '똑똑한 젊은 친구들'과 어울려 속닥거리면서 혼자서 모든 문제를 결정했던 것이다. 오지너와 디위터는 조직 꼭대기에서 회사를 돌볼 전문적인 경영팀이 절실하다고 생각했다.

전사 차원의 최고경영진뿐 아니라, 사업부별 경영진도 새로 갖춰야 할 상황이었다. 맥페트리지는 아주 유리한 가격에 소기업을 많이 인수했는데, 그 비결인즉 은퇴연령에 접어든 고령의 소유주 겸 경영자들을 골라 회사를 정리할 해결책을 제시했기 때문이다. 이들 고령의 소유주들은 대부분 경영팀을 육성하지 않았기 때문에 은퇴 후에 후임자로 내세울 만한 사람이 없었다. 이런 회사들을 줄줄이 인수할 때마다 맥페트리지는 혼자서 경영을 떠맡아 고령의 전 소유주들 역할을 '대신했다'.

오지너와 디위터는 끌고 갈 사업마다 사업성과를 책임질 경영팀을 하나씩 두어야 한다고 생각했다. 이 대목에서 고려해야 할 문제는 또 있었다. 첫째, 현 상황에서 끌고 갈 사업은 어떤 것인가? 둘째, 경영팀에 배치할 사람들을 어디서 데려와야 하는가? 사람들을 물색해보니, 쓸 만한 전문경영자들은 자그마한 사업을 떠맡는 데 별 관심이 없었고, 창업가적 기질의 활발한 사업가들은 자기 사업을 만들어 소유지분을 불려 나가기를 선호했다. 하지만 전사 최고경영진을 구축하는 문제는 두고두고 해결해야 할 핵심적인 문제였다. 그들의 기능, 구조, 권한과 책임을 분명하게 정해야 했다.

두 사람은 여러 달을 보내며 토의하고 분석했지만, 일을 어디서부터 어떻게 시작해야 할지 아무 결론도 얻지 못했다. 어느 날 디위트가 말했다. "이렇게 봐야 합니다. 개별 사업 어느 걸 붙잡고 이야기해봐야 아무 결론도 나오지 않을 겁니다. 전체적인 방향을 정해놓고 문제를 풀어야겠어요. 충분한 근거가 있거나 적어도 그렇게 간주할 수 있는 소수를 확정하고 시작해야 합니다." 그는 말을 이었다.

"회사는 매출이 3억 달러 남짓하고, 기술과 세부적인 게 많이 따라붙는 사업들을 수두룩하게 거느린 데다, 그 각각이 경쟁이 심한 분야입니다. 따라서 대기업과 같은 방식으로 경영하는 게 합리적입니다. 즉 그들과 같은 조직구조도 갖춰야 하고, 몸값 비싼 전문가들도 둬야 하고, 그 밖에 여러 가지가 요구됩니다. 이런 경영 체계를 갖추자면 아주 큰 비용이 듭니다. 따라서 그 경영 체계에서 투입 비용에 걸맞은 효과를 얻을 수 있어야 합니다. 이것만큼은 우리가 아는 사실입니다. 나머지 것들은 전부 짐작일 뿐입니다. 그러므로 이 회사가 대기업 방식으로 경영해야 할 큰 회사라는 사실을 출발점으로 삼자는 이야기입니다. 바로 그 크다는 것과 그에 적합한 경영이 사업에 기여할 수 있는 게 무엇일까요? 그와 같은 대기업형 비용을 보상해줄 요인은 어디서 나올까요? 대기업형 경영의 필요성은 아니라 해도 그 타당성을 (지금 현재나 아니면 앞으로) 찾을 수 있는 사업이 있다면, 어떤 사업들일까요? 제가 볼 때 가장 먼저 답해야 할 질문은 바로 이것입니다. 대기업형 경영에 적합한 성격이 지금 아니거나, 앞으로 마이너스 성장을 할 부문은 우리가 해야 할 사업이 단연코 아니라는 것입니다. 이런 사업들을 과감하게 걷어내야 합니다. 지금 당장 벌어들이는 현금이 얼마든 걷어내야 하고, 앞으로의 성장 잠재력과 상관없이 결단을 내려야 합니다. 왜냐하면 대기업형 경영하에서는 그 성장 잠재력을 실현하지 못하게 될 것이기 때문이지요. 나머지 사업들 가지고 꾸려 나갈 방도를 찾아야 합니다."

오지너는 잠시 생각에 잠겼다가 말했다. "글쎄. 그런 방법도 있겠지. 하지만 두 가지가 마음에 걸리는데, 나도 확신할 수가 없다네. 첫째, '소기업'으로 봐야 할 사업이 따로 있고, '대기업'으로 봐야 할 사업이 따로 있다는 게 헷갈린단 말이지. 자네는 늘 다루는 사업 크기에 맞는 경영 방식을 개발하더군. 이 회사 문제에서도 소기업 경영에 맞느냐 아니면 대기업 경영에 맞느냐는 관점으로 사업을 논하고 있지 않은가? 그리고 둘째, 자네 관점을 따라가다 보면 다른 문제가 또 마음에 걸리네. 무언가 타당한 경영방식이나 경영방법(이 문제에서는 대기업에 적용 가능한 방식과 방법이 되겠지)을 활용하기만 하면, 산업과 업종을 불문하고 어떤 경영진이라도 경영을 잘할 수 있게 될 거라는 논리가 되네. 경영진 한 팀이 조직하고 관리할 수 있는 사업의 수나 다양성에는 과연 아무런 한계가 없는 것일까?"

질문 _____

- 이 두 가지 질문에 대해 어떻게 생각하는가?
- 당신이라면 어떻게 대답하겠는가?

Part 10

지속 성장은
가능한가

48

최고경영자의 기능
The Function of the Chief Executive

이 회사의 의무적인 은퇴 연령은 65세이지만, 존 네이랜드John Neyland 사장은 62세에 은퇴하기로 결정했다. 60세가 되던 해에 마음먹은 일이다. 그는 21년 전 이 회사에 들어올 때 최고경영자를 맡았다. 그가 지휘하는 동안 회사는 규모도 커졌고 사정도 좋아졌다. 일을 할 때의 그는 늘 활력이 넘쳤는데, 얼마 전부터 부쩍 빨리 지치는 경향이 생겼다.

한편 네이랜드는 교회에 열심히 다니는 기독교 신자였는데, 자신이 교회에 기여할 수 있는 게 많다는 생각이 들었다. 특히 교회 부설 대학에 관심을 갖고, 지난 5년 동안 교회의 고등교육 자문단에서 일하기도 했다. 이 일은 그에게 큰 즐거움과 보람을 선사했고, 자신이 필요한 만큼 많이 일하고 있지 못하다는 아쉬움을 느꼈다. 특히 지금처럼 교육정책 차원의 심각한 문제뿐 아니라 재원과 시설, 교수진에 걸쳐 대학이 당면한 문제가 엄청날 때는 할 일이 너무나 산적해 있는데 다 못하고 있다고 느꼈다.

하지만 존 네이랜드가 규정보다 빨리 물러나기로 마음먹을 수 있었던 것은 자기 후임으로 손색이 없는 뛰어난 사람이 있다고 확신했기 때문이다. 네이랜드가 회사에 들어왔을 때 빌 스트롱Bill Strong은 대학을 갓 졸업한 회계담당 사원이었다. 하지만 그는 어린 나이에도 아주 출중한 직원으로 인정받았다. 주택대부조합 위기 중에 까다로운 세무협상 문제가 생겼을 때의 일이다. 네이랜드에게는 이 일을 도와줄 젊은 분석가가 필요했는데, 이때 스트롱이 그의 스태프로 참여했다. 그 뒤 스트롱은 사장을 보좌하는 비서실로 발령이 났다. 앞서 3년 전에는 관리담당 부사장을 보좌하는 직무로 발탁됐던 경력도 있었다. 네이랜드는 스트롱이 성장해 자기 뒤를 잇기에 충분하다고 확신했고, 자기보다 더 잘할 거라고 생각했다.

은퇴 의사를 이사회에 알리기 전에 네이랜드는 오래도록 친구처럼 지낸 이사회 임원 한 사람과 상의하는 게 좋겠다고 생각했다. 그는 아주 오래전에 자신을 이 회사로 불러들인 사람이자, 영향력이 가장 큰 대주주 집단을 대변하는 임원이기도 했다. 그는 좀 더 일찍 은퇴하기로 했다는 네이랜드의 결정에 수긍했다. 하지만 스트롱을 후임자로 지명하겠다는 의견에는 거세게 반대했다.

그의 이야기는 이랬다. "자, 보게. 현직 경영진의 의사에 반하는 표결을 해본 적도 없고, 그런 일은 내 원칙에 어긋난다는 것을 잘 알 걸세. 하지만 자네가 스트롱을 후임자로 내세우면, 나는 주저 없이 반대표를 던지겠네. 그리고 후임자 선정을 다시 의제로 올릴 거야. 나 역시 회사에 능력 있는 후임자감으로 한 사람을 염두에 두고 있지만, 스트롱은 아닐세. 바로 제조담당 부사장 마거릿 웨더럴Margaret Wetherall이지. 스트롱은 한 번도 현업을 맡아보지 않았네. 줄곧 스태프업무만 했던 사람이고, 맡은 직무도 재무 분야가 유일하네. 반면 웨더럴은 디자인 엔지니어로 일을 시작해 영업 관리를 거쳐 지금은 10년째 제조부문을 경영하고 있는 사람일세. 그녀는 사업을 제대로 알아. 또 하나, 스트롱은 독립적인 책임을 맡아본 경험이 없네. 실적을 스스로 책임지는 일이 아니라, 언제나 자네를 보좌해왔던 셈이지."

네이랜드는 반론을 폈다. "하지만 그동안 스트롱이 했던 일을 보게. 자네도 아주 탁월하다고 생각하지 않았는가? 15년 전부터 우리가 사업을 이끄는 동안 중요한 방향전환은 거의 다 스트롱의 머릿속에서 나왔네. 우리 회사가 성장한 것도 그 덕분이지. 회사 재무를 꾸리는 일도 전부 스트롱이 기획한 일이야. 또 스트롱은 어느 자리에 누구를 배치할지 결정하면서 사람들을 육성한 사람이기도 하네. 마거릿 웨더럴을 영업본부에서 빼내서 제조본부 경영자로 배치시킨 것도 스트롱이 대담하게 추진해서 성사시킨 일일세. 우리 기업의 인재 중에 생각하는 능력이 가장 뛰어난 사람이 바로 스트롱이네. 대담하고 용기 있는 데다 업무적으로 흠잡을 데 없다고 자네도 힘주어 칭찬했던 적도 많지 않았는가. 물론 웨더럴은 완벽한 현업 관리자일세. 하지만 그녀는 최고 직무에 꼭 필요한 상상력이나 기획하는 능력이 없어."

네이랜드의 이야기를 듣고 친구가 대답했다. "존, 나는 그리 보지 않네. 이 문제가 사람을 놓고 이야기하는 쪽으로 흐른다면 각자 마음먹은 대로 주장하기 마련이네. 자네는 이미 스트롱으로 마음을 먹었네. 내 입장을 묻는다면 그는 안 된다고 마음을 먹었고. 하지만 사람을 놓고 이야기를 풀어가서는 안 되네. 우리는 최고경영자의 기능이 무엇이고 그가 할 일이 무엇인지를 이야기해야 해. 이 대목에서 우리 생각이 어긋나고 있어. 개인의 자질에 대해서는 자네나 나나 생각이 같아. 이 회사 최고경영자가 해야 할 일이 무엇이고, 책임과 기능 그리고 갖춰야 할 자질은 무엇이어야 할지 다시 한 번 곰곰이 생각해보는 게 어떻겠나? 그동안 나도 한 번 더 생각해보겠네. 그러고 나서도 우리 생각이 일치하지는 않을 게 분명해. 그렇게 쉽게 합의될 거라면 오늘 벌써 뜻이 통했을 테니까. 하지만 자네와 내가 곰곰이 생각해본 뒤에는 적어도 우리 생각이 왜 다른지 이해할 수 있게 될 거야. 그리고 이 사안을 이사회 동료들 앞에 풀어놓기 전에, 아무래도 자네와 내가 먼저 합의를 보는 게 좋겠지.”

질문

- 존 네이랜드는 최고경영자의 기능을 어떠한 개념으로 이해하고 있는가?
- 그의 친구는 또 어떤 개념으로 이해하고 있는가?
- 기능에 대한 객관적인 개념에서부터 시작하는 친구가 옳다고 생각하는가? 아니면 돋보이는 후보(혹은 후보들)를 출발점으로 삼아서 그 사람의 특징과 그가 일하는 방식에 맞도록 최고경영자의 직무를 조정하는 게 더 낫다고 보는가?

교육 개혁에 대한 드러커의 착상
Drucker's Ideas for School Reform[*]

피터 드러커는 1939년부터 2005년까지 65년 동안 기업경영과 리더십에 걸쳐 다양한 주제로 책과 논문을 저술했다. 그는 교육 문제에 대해서도 다루었고, 그 해결 방안에 대해서도 글을 남겼다. 교육을 다룬 그의 저술에 대해 우리가 바라보는 커다란 세 가지 문제를 먼저 짚어본다.

1. 피터 드러커의 논의에서 소수의 교사를 교육하는 일뿐 아니라 미국의 교육 전체를 개혁하기 위한 좋은 착상을 찾아볼 수 있는가?

---

[*] 이 사례는 저자들의 허가를 얻어 다음의 연구초고를 수정해 작성한 것이다. Kenneth G. Wilson and Constance K. Barsky, "Learning by Redesign," the Ohio State University, October 10, 2006. (케네스 윌슨은 1982년 노벨물리학상을 수상했다.)

2. 그러한 그의 착상들이 아래 논의에 잘 포함되어 있으며 빠트린 요소들은 없는가?
3. 교육 개혁 방안에 대한 드러커의 착상이 그리 신통치 않다면, 누구에게서 그러한 착상을 구할 것인가?

■ 드러커의 교육 구상에 대한 우리의 인식

드러커의 1985년 저서 《혁신과 기업가정신Innovation and Entrepreneurship》*에는 기업가적 사업을 새롭고 적절히 계획해 시도할 만한 기회로 교육을 꼽는 짤막한 언급이 많이 나온다. 일례로 드러커는 다음과 같이 지적한다. "이제는 해묵은 속설에서 벗어나 배움의 과정이 어떤 것인지 우리가 아는 바를 기초로 기업가가 학교를 창업할 때가 됐을지도 모르겠다."(110쪽) 그리고 3장에서 9장까지 다양한 혁신의 '원천'을 꽤 많이 논하고 있고, 16장에서 19장까지는 '기업가적 전략'을 취할 만한 대안을 많이 제시한다. 개정판 《매니지먼트》(2008)의 36장과 37장에서는 이러한 혁신의 원천과 기업가적 전략이 요약되어 있다.

《혁신과 기업가정신》에는 개혁의 주제 전반에 적용 가능한 큰 개념도 나오고, 드러커가 툭툭 던지면서 다시 언급하지는 않는 '짤막한 농담들'

---

* Peter Drucker, 1985 Innovation and Entrepreneurship, New York: Harper & Row. 본문에서 인용구 뒤 괄호 안에 기입한 숫자는 전부 별도 각주가 없는 한 이 책의 쪽 번호를 가리킨다.

도 수없이 나온다. 우리는 이 책에서 드러커의 좋은 생각으로 꼽을 만한 흔적들을 찾아 검토할 것이다. 또 이 흔적들을 토대로 교육에 대한 질문 다섯 개를 더 제기해 토론의 기회로 삼고자 한다. 아울러 이 질문에 대한 잠정적인 대답도 제시해보겠다. 아직 비판과 평가가 필요한 상태다. 그러고 나서 다시 맨 앞에 적어둔 세 가지 질문으로 돌아올 것이다.

■ 드러커의 첫 번째 생각: 자원

《혁신과 기업가정신》에서 눈여겨봐야 할 개념 하나는 드러커가 말하는 '자원'이다. 그의 설명을 살펴보자. "혁신은 자원에 부를 창조할 새 능력을 부여하는 행위다. 혁신은 실제로 자원을 창조한다. 사람이 무언가에 쓸 용도를 자연에서 발견하여 그것에 경제적 가치를 부여하기 전까지는 '자원'이란 것은 아예 존재하지 않는다. 그때까지는 천지사방의 식물은 그저 잡초일 뿐이고 광물이나 무기물도 그저 바윗덩어리일 뿐이다. 지금부터 100년 남짓만 거슬러 올라가도 땅속 깊이 묻혀 있던 광물유鑛物油도 자원이 아니었고, 알루미늄 광물인 보크사이트도 자원이 아니었다." (30쪽) 이어지는 이야기를 더 들어보자. "사회경제적 영역에서도 마찬가지다. 경제에서 '구매력'보다 대단한 자원은 없다. 하지만 구매력은 혁신적인 기업가가 만드는 창조물이다."(30쪽)

좀 더 뒤로 가서 드러커는 이렇게 지적한다. "보편교육universal schooling 이 실현 가능하도록 만들어준 진짜 이유는 교과서라는 아주 작은 혁신 덕분이었다. 교과서에 비하면 일반대중의 교육열, 사범대학의 체계적인 교사 양성, 교수법 이론은 그리 중요한 요인도 아니다."(31쪽) 교과서 덕분에 교과서 없이 가르칠 경우보다 훨씬 많은 학생들을 교사들이 잘 가르칠 수 있게 됐다고 드러커는 주장한다. 우리의 첫 번째 질문은 교육의 자원에 대한 것이다.

1. 교육에서 이미 활용 가능한 자원은 무엇이며, '부를 창조할 능력'이 부여되기를 기다리고만 있는 자원은 무엇인가?

우리의 대답은 간단히 다음과 같다. 전체 학생 중 80퍼센트 이상이 충분히 활용되지 못하고 있는 자원이고 동시에 앞으로 가장 유망한 자원이다.*

■ 드러커의 두 번째 생각: 변화는 혁신의 두 번째 원천이다

우리가 주목하는 주요한 개념이 또 하나 있는데, 드러커의 '변화' 개념이다. 혁신할 기회를 주는 원천이 변화다. 드러커는 (본인의 강조 표시와 함께) 다음과 같이 쓴다. "따라서 체계적 혁신은 변화를 의식적이고 조직적

---

* 학생이 무엇을 할 수 있는지를 바라보는 두 가지 다른 관점이 있다. 다음 자료를 참조하라. Cary Cherniss, 2006, School Change and the MicroSociety Program, Thousand Oaks, CA: Corwin Press. 특히 다음 자료도 눈여겨보라. Louis V. Gerstner, Jr. et al, 1994, Reinventing Education: Entrepreneurship in America's Public Schools, New York: Dutton Group, pp. 244-245.

으로 찾아 나서는 일이고, 그러한 변화가 경제·사회적 혁신에 가져다줄 기회들을 체계적으로 분석하는 일이다."(35쪽)

드러커는 '변화' 개념을 좀 더 구체적으로 다듬기 위해 3장에서 9장까지 '경제·사회적 혁신의 원천'이 될 만한 다양한 성격의 사회적 변화를 줄줄이 열거하며 따져본다. 교육 개혁에 적합한 변화를 생각할 때, 우리의 두 번째 질문은 간략히 다음과 같다.

2. 지금 일어나는 변화 중 교육에 커다란 혁신을 가져올 만한 가장 유망한 원천은 어디에서 찾을 수 있는가?

지금 일어나는 핵심적 변화 하나는 교육에 써먹을 수 있는 지식이 많이 축적됐다는 점이다. 서로 다른 연구 분야가 충분히 참여했고 만족할 만한 지식이 나오기도 했다. 그중 하나가 (드러커가 언급했듯이) 심리학에서 다루는 학습이론이다.

지식에 바탕을 둔 교육 혁신에 필요했던 것이지만 결핍됐던 지식을 찾아내서 생산하는 게 이제 가능해졌다. 더욱이 뜻밖의 성과도 충분히 나왔고 다른 변화들도 일어나고 있어서, 새 지식만 가지고 혁신을 실험할 때보다 실험의 위험이 어느 정도 줄어들게 됐다. 이 모든 연구 분야에서 10년이 걸려 연구한 끝에, **지금 시점에서** 필요한 지식이 무엇인지 알 수 있게 됐고 그런 지식들을 창출하고 또 (하나 이상의 사례에서) 혁신을 실험해볼 예비적인(또 꾸밈없는) 계획의 대강을 이렇게 통합된 지식을 토대로 개발할 수 있게 됐다.*

《혁신과 기업가정신》에서 드러커는 그가 기존 지식과 자기가 기여한 지식을 결합해서 성과를 거둔 혁신 사례에 대해 다음과 같이 썼다. "내가 경영학 분야에서 혁신가로 성공했다지만 이미 1940년대 초에 나와 있던 유사한 분석에 힘입은 것이다. 필요한 지식의 여러 조각들은 벌써 나와 있었다. 예컨대 조직이론도 있었고 업무와 사람의 관리에 대한 지식도 상당히 많이 나와 있었다.

하지만 분석해보니, 이러한 단편적인 지식들이 대여섯 개 학문 분야에 이리저리 흩어져 있었다. 계속 들여다보다가 핵심적인 지식이 빠져 있다는 걸 알게 됐다. 즉 사업의 목적을 다룬 연구가 없었고, 최고경영진의 업무와 구조에 대한 지식은 전무했다. 또 요새 '기업정책business policy'이나 '전략'이라 칭하는 내용, 목표와 자율통제에 의한 관리(MBO) 등이 그러한 지식들이었다. 이처럼 이 빠진 지식을 모두 다 창출할 수 있을 거라고 마음먹었다. 하지만 그전에 뭐가 빠졌는지 분석해보지 않았다면, 무엇을 알아야 하고 무엇을 모르고 있는지 알아낼 도리가 없었을 것이다." (116쪽)

---

* 이 짤막한 사례에서 우리가 탐색 중인 모든 지식을 거론할 수는 없다. 그 지식을 활용할 계획을 거론하기는 더욱 어려울 것이다. 하지만 '새로운 미국 학교 이니시어티브New American Schools initiative(NASI)'의 평가와 진화 과정에서 교육 연구에 탄탄히 근거한 평가가 담당하는 중요한 역할을 주목하고 싶다. NASI는 1991년 업계 지도자들이 조지 부시George H. W. Bush 전 미국 대통령의 요청에 부응해 설립한 것이다. 다음 자료를 참조하라. Mark Berends, Susan J. Bodilly, and Sheila Nataraj Kirby, 2002, Facing the Challenges of Whole School Reform: New American Schools After a Decade, Santa Monica, CA: Rand Corporation.

다음에 제시할 질문들은 좀 더 구체화된 드러커의 세 가지 생각에 바탕을 두고 있다. 그의 생각을 검토해 보고 나서 질문들을 적어보자.

■ 드러커의 세 번째 생각: 뜻밖의 성과

드러커는 혁신의 원천을 언급하면서, 추구하기가 **상당히 겁나는** 것도 하나 있지만, 이와 달리 **비교적 쉽게** 추구할 수 있는 혁신의 원천도 여럿 있다고 지적한다. 수월하게 추구할 수 있는 혁신의 첫 번째 원천으로 거론했던 것은 '뜻밖의 성과'다. (37~36쪽)

> 뜻밖의 성과보다 혁신을 성공으로 이끄는 데 풍요로운 기회가 되는 것은 없다. 혁신의 기회라는 것이 다 위험도 따르고 수고가 따르기 마련이지만, 뜻밖의 성과만큼 위험도 작고 수고가 덜한 것은 없다. 그럼에도 뜻밖의 성과는 완전히 무시되다시피 한다. 설상가상으로 애써서 내다버리는 경영진도 많이 본다.(37쪽)

이어서 드러커는 자기 사업에서 생긴 뜻밖의 성과를 내다버리는 경영진의 여러 사례를 열거한다. 이와 반대로 뜻밖의 성과를 잘 챙겨서 아주 큰 시장을 획득하는 경영진 사례들도 제시한다.

하지만 드러커가 분명히 밝히고 있듯이, 뜻밖의 성과를 챙기는 일에는 고된 작업이 많이 따른다. 뜻밖의 성과가 생길 때마다 경영진은 다음 질문을 품고 그 하나하나를 눈여겨봐야 한다.

1. 뜻밖의 성과를 이용할 경우, 우리에게 어떤 의미가 있는 것인가?
2. 이용해서 어떤 결과를 볼 것 같은가?
3. 뜻밖의 성과를 더 써먹을 기회로 바꾸려면 무엇을 해야 할 것인가?
4. 어떤 방법으로 접근해야 하는가?(45쪽)

나아가 드러커는 다음과 같이 말한다. "뜻밖의 성과는 기회다. 하지만 포착하려면 정성이 필요하다. 우선 진지하게 취급하는 자세가 필요하다. 또 여분으로 쓸 아무 인력이나 배치해서는 안 되고 **동원 가능한 출중한 인재**(글쓴이 강조)를 배치하는 게 필요하다. 기회의 잠재력이 얼마나 크냐에 따라서 그에 버금가는 진지함과 뒷받침이 경영진으로부터 나와야 한다. 뜻밖의 성과에서 생기는 기회는 아주 클 수 있다"(45~46쪽) 이 대목에서 경영진이 실제로 무엇을 해야 하는가를 기술한 내용은 알아듣기 **쉽지** 않고 **단순**하지도 않다.

더욱이 교육 분야를 살펴보면, 뜻밖의 성과로 들 만한 사례를 찾기는 그리 어렵지 않다. 가령 학생들을 데리고 가히 경탄할 만한 교육 효과를 성취하는 극히 이례적인 교사가 눈에 확 띄기도 한다. 하지만 아무리 고심해도 풀기 어려운 난제는 (극히 단순하게 말하자면) 군계일학의 교사가 한 명 있다고 해서 현재 4,000만 학생들의 교육 현장에서 뛰고 있는 300만 교사들 전체를 대신할 수는 없다는 점이다.

드러커의 네 번째 생각: 새로운 지식은 혁신의 원천이다

드러커가 다루기 극히 어렵다고 보는 혁신의 원천이 하나 있는데, 이에 대한 논의도 찾아볼 수 있다. 바로 같은 책 9장에 나오는 새로운 지식이다. 새로운 지식은 '이랬다 저랬다 아주 변덕스럽고 관리하기 까다로우며'(107쪽), 적어도 교육의 경우를 두고 볼 때 "지식을 토대로 혁신을 추진하는 일은 아주 오랫동안 공을 들여야 효과가 나타난다는 점이 더욱 어려운 문제다. 다른 어떤 혁신보다도 지식 기반의 혁신이 제일 오래 걸린다(인용문은 더 이어진다).

> 첫째, 새 지식이 출현하고 나서 그 지식을 기술에 적용할 수 있는 시점까지 아주 오래 걸린다.
> 둘째, 새 지식이 기술로 구현된 뒤에도 새로운 기술을 시장에 내보낼 제품, 공정, 서비스로 전환시키기까지 아주 오래 걸린다.(107쪽)
> (좀 더 뒤에 나오는 지적을 보면) 지식을 기술에 적용할 수 있기까지 걸리는 시간, 그리고 시장에서 수용되기 시작할 시점까지 걸리는 시간을 합치면 25년에서 35년 정도가 걸린다.(110쪽)

하지만 교육의 경우에 드러커는 교육 혁신의 원천으로 삼을 새 지식 자체가 탐구하는 데 오랜 시간이 걸리는 문제일지도 모른다고 말한다. "오늘날 학습이론을 보면 교육 혁신에 앞서 오랜 시간이 걸렸다는 것을 알 수 있다. 학습에 대한 과학적 연구는 1890년경에 시작됐는데, 독일의 빌

헬름Wilhelm과 미국의 윌리엄 제임스William James가 처음이었다. 2차 세계대전이 끝난 뒤 미국 하버드대학교의 스키너B. F. Skinner와 제롬 브러너Jerome Bruner 교수가 학습의 기초이론을 개발하고 시험해봤다. 스키너는 행동 쪽을 파고들었고, 브러너는 인지 쪽을 파고들었다. 하지만 이제야 학습이론이 학교에서 다루는 교육 내용에 들어가기 시작했다.” 바로 이 문장 뒤에 앞서 인용했던 구절이 나온다. “이제는 해묵은 속설에서 벗어나 배움의 과정이 어떤 것인지 우리가 아는 바를 기초로 기업가가 학교를 창업할 때가 됐을지도 모르겠다.”(110쪽)

하지만 드러커는 지식 기반 혁신에서 부딪치는 어려움이 또 하나 있다고 지적한다. 즉 반드시 충족되어야 할 전제 조건이 하나 있는데, 이게 없다면 “지식 기반 혁신이 끝까지 가지 못하고 결국 실패할 수밖에 없다”는 것이다.(114쪽) 이 전제 조건을 알아보려면, 《혁신과 기업가정신》의 111~116쪽을 읽어야 하는데 이곳에 인용하기는 너무 길다. 하지만 그가 말하는 내용의 핵심 화제는 이것이다. 지식 기반 혁신을 창출하는 데 꼭 필요한 '지식들'이 있다는 점이다.

■ 드러커의 다섯 번째 생각: 혁신의 원천을 결합하기

지식 기반 혁신은 창출하기가 아주 어려움에도 불구하고, 드러커는 이런 말도 한다. “첨단기술과 같이 혁신의 위험이 큰 분야라고 하더라도, 새 지식을 혁신의 원천으로 삼고 이것을 다른 요소와 결합하면 혁신의 위험을 대폭 줄일 수 있다. 그러한 다른 요소로는 이미 성취한 혁신을 통해 잘 알고 있는 원천, 뜻밖의 결과, 불일치 사례들, 특히 절차상의 필요다.” (129쪽) 방금 살펴본 마지막 세 가지 아이디어를 기초로 세 가지 질문을 추가로 제기할 수 있다.

1. 이제 지식 기반 혁신을 교육에 도입할 만한 때가 되었다는 드러커의 지적은 옳은 것인가?
2. 그의 지적이 옳다면, 그러한 혁신을 기획하고 성사시키는 일은 얼마나 어렵겠는가?
3. 이 일이 에베레스트산보다 오르기 더 어려운 산으로 비유할 만큼 지난한 과제일까?

앞서 지적한 것처럼 1번에 대한 우리의 답은 ‘그렇다’는 것이다. 그럴 만한 때가 되었다. 2번에 대한 답은 ‘아주 어렵다’는 것이다. 지금까지 활용할 수 있는 뜻밖의 성과를 모두 동원하더라도 혁신은 아주 어렵고 성사시키는 데 **오랜 시간이 걸릴 것**이다. 3번의 경우도 역시 긍정이다. 에베레스트산보다 오르기 더 어려운 산이라고 해도 좋을 만큼 어려운 일이겠고, 어쩌면 이러한 비유도 부족한 것일지 모른다.[*]

---

[*] 미국의 학교 전체를 올바르게 개혁하는 일이 얼마나 어려운 과제일지, 그 난이도를 이해하는 데만도 오랜 시간이 걸렸다. 이를 깨닫는 데 많은 도움이 필요했고, 특히 다음에 밝히는 저서들에서 큰 도움을 받았다. Seymur Sarason, 1990, The Predictable Failure of Education Reform: Can We Change Course Before It Is Too Late?, San Francisco: Jossey-Bass, Per Dalin, and Val D. Rust, Towards Schooling for the 21st Century, New York: Cassell, Per Dalin, School Development: Theories and Strategies, New York: Cassell. 마지막 두 책

■ 드러커의 구상에 대해 앞서 언급했던 세 가지 질문

맨 처음에 언급했던 세 가지 질문으로 돌아가보자.

1. 피터 드러커의 논의에서 소수의 교사를 교육하는 일뿐 아니라 미국의 교육 전체를 개혁하기 위한 좋은 착상을 찾아볼 수 있는가?
2. 그러한 그의 착상들이 아래 논의에 잘 포함되어 있으며 빠트린 요소들은 없는가?
3. 교육 개혁 방안에 대한 드러커의 착상이 그리 신통치 않다면, 누구에게서 그러한 착상을 구할 것인가?

우리는 지식 기반 혁신이라는 드러커의 개념을 바탕으로 10년 동안 연구해왔다. 그동안 매우 다양한 시각에서 저술된 1,000권 가량의 저서들을 연구했다. 하지만 전체적인 교육개혁이라는 까다로운 숙제를 놓고 볼 때, 드러커만큼 이 문제를 깊이 파고드는 논의는 아직 발견하지 못했다. 또 드러커는 지식 기반 혁신을 성취하는 데 꼭 필요한 지식을 강조했지만, 이를 찾아 나서는 힘겨운 과정을 덜어줄 만한 착상을 그의 저술에서 찾아내지도 못했다. 교육개혁을 주제로 우리가 읽고 이해한 내용에 비추어보자면, 미국의 교육 전체를 개혁하자는 취지에서 지금까지 드러커에 버금갈 만한 생각을 제시한 사람은 없다고 본다.

은 시리즈로 발행되었다. 매튜 마일스Matthew Miles는 오래전에 교육개혁이란 지난한 과제를 인식했던 사람이다. 퍼달린Per Dalin은 그에게서 큰 영향을 받았다고 밝히고 있다.

하지만 교육개혁의 전체상에 대한 우리의 지식도 극히 미미할 뿐 아니라, 교육에 대한 드러커의 생각을 전부 파악했다고 하기에는 아직도 많이 부족하다. 그러니 우리가 제시한 답변들도 언제고 바뀔 수 있는 잠정적인 것에 불과함을 인정할 수밖에 없다.

권고와 질문

- 지식 경제는 교육이 전부라고 할 만큼 교육을 빼고는 생각할 수 없다. 드러커는 미국의 교육 시스템을 다시 활성화하고 개혁하는 게 꼭 필요하다고 봤다. 이 사례를 읽은 다음, 개정판 《매니지먼트》 14장과 구할 수 있는 다른 자료를 검토해보라. 검토한 내용에 비추어 미국의 초등교육과 중고등교육에 어떤 문제들이 있는지 지적해보라.
  어떻게 하면 교육을 활성화하고 개혁할 수 있겠는가?

세상 사람들이 당신을 어떻게
기억해주기를 바라는가
What Do You Want to Be Remembered For?

열세 살 때 학창시절의 일이다. 종교과목 선생님은 참 인상적이었다. 그분의 말씀을 들으면 언제나 새로운 생각이 샘솟는 듯했다. 어느 날 선생님은 학급을 쭉 훑고 지나가면서 한 학생 한 학생에게 질문을 던졌다. "세상 사람들이 너를 생각할 때 무엇을 기억해주면 좋겠니?" 물론, 우리들 중 아무도 대답을 하지 못했다. 선생님은 빙긋 웃으면서 말했다. "너희들이 답하지 못할 질문이라고 생각했지. 하지만 50세가 되어서도 그 답을 찾지 못한다면 인생을 낭비한 꼴이 될 게야."

세월은 흘러서 그 학급 동창생들과 60번째 반창회가 열렸다. 친구들은 대부분 죽지 않고 살아 있었는데, 졸업한 뒤 얼굴을 마주한 것은 그때가 처음이었다. 당연히 처음에는 서먹한 분위기였다. 그러다 한 친구가 물었다. "종교과목을 가르치던 플리거Pflieger 신부님 기억나니? 그때 그 질문 생각나?" 우리들 모두 잘 기억하고 있었다. 다들 40대에 들어서기 전에는 그 질문의 뜻을 잘 몰랐지만, 살면서 가장 의미 있는 질문이었다고 회상했다.

사람들 중에는 20대의 젊은 나이에 그 답을 찾으려고 애썼던 이들도 있었다. 하지만 대체로 어리석은 답을 생각했다. 20세기의 위대한 경제학자 조지프 슘페터Joseph Schumpeter를 예로 들면, 25세 때 그의 생각은 이러했다. 유럽에서 승마를 가장 잘하는 사람으로 기억되고 싶고, 유럽에서 대단한 연애를 한 사람으로 기억되고 싶고, 위대한 경제학자로 기억되고 싶다는 세 가지였다.

그가 세상을 떠나기 직전 60세 때, 누군가로부터 똑같은 질문을 받았다. 슘페터는 그때 승마 이야기는 꺼내지도 않았고 여자 이야기도 하지 않았다. 그의 답변은 인플레이션의 위험을 일찌감치 경고한 사람으로 기억되고 싶다는 것이었다. 이것이 그가 기억해 달라고 한 것이었다. 25세 젊은 나이의 답이라고 봐주더라도 아주 어리석은 답이었지만, 그래도 그 질문 덕분에 그의 삶은 바뀌었다.

나는 늘 이 질문을 생각해본다. 세상 사람들이 당신을 생각할 때 무엇을 기억해주기를 바라는가? 이것은 당신 자신을 새롭게 바꾸도록 안내하는 질문이다. 왜냐하면 스스로를 다른 사람, 당신이 앞으로 **되고자 하는 사람**으로 인식하도록 자극하기 때문이다.

당신이 복 많은 사람이라면 인생 초반에 덕과 권위를 갖춘 사람에게서 그 질문을 들을 것이고, 그 덕분에 살아가면서 스스로에게 계속 그 질문을 던지게 될 것이다.

질문

• 세상 사람들이 당신을 생각할 때 무엇을 기억해주기를 바라는가?

옮긴이 김홍식

연세대학교 학부와 대학원에서 경제학을 전공했다. 석사 학위를 마치고 프랑스 파리10대학에서 경제학 박사 교과과정을 공부하였고, 삼성경제연구소와 삼성전자에서 10년 가까이 근무했다. 경제, 금융, 투자 분야의 사회과학서를 주로 번역하고 공부하며 그와 관련한 사회현상도 관찰하는 것을 업으로 삼고 있다. 《새뮤얼슨의 경제학》《물질문명과 자본주의 읽기》《장인》《성장숭배》《광기, 패닉, 붕괴》 등을 우리말로 옮겼다.
이메일 : hsalbert@gmail.com

피터 드러커
리더의 도전

제1판 1쇄 인쇄 | 2014년 5월 23일
제1판 1쇄 발행 | 2014년 5월 30일

지은이 | 피터 드러커
옮긴이 | 김홍식
펴낸이 | 고광철
펴낸곳 | 한국경제신문 한경BP
편집주간 | 전준석
외주편집 | 이수희
외서기획 | 김건희
영업마케팅 | 배한일 · 김규형
홍보마케팅 | 정명찬 · 이진화
디자인 | 김홍신

주소 | 서울특별시 중구 청파로463
기획출판팀 | 02-3604-553~6
영업마케팅팀 | 02-3604-595, 583 FAX | 02-3604-599
H | http://bp.hankyung.com   E | bp@hankyung.com
T | @hankbp   F | www.facebook.com/hankyungbp
등록 | 제 2-315(1967. 5. 15)

ISBN 978-89-475-2960-0   03320